D1723786

Helmut Richter

Bauten und Projekte | Buildings and Projects

HELMUT RICHTER

Bauten und Projekte | Buildings and Projects

Walter M. Chramosta

Vorwort: Peter Cook
Einleitung: Liesbeth Waechter-Böhm

Preface by Peter Cook
Introduction by Liesbeth Waechter-Böhm

Birkhäuser
Verlag für Architektur
Publishers for Architecture
Basel • Boston • Berlin

Translation into English: Roderick O'Donovan, Vienna

A CIP catalogue record for this book is available
from the Library of Congress, Washington D.C., USA.

Deutsche Bibliothek Cataloging-in-Publication Data

Richter, Helmut:
[Helmut Richter, buildings and projects]
Helmut Richter, buildings and projects, Bauten und Projekte /
Walter M. Chramosta. [Transl. into Engl.: Roderick O'Donovan]. -
Basel ; Boston ; Berlin : Birkhäuser, 2000

ISBN 3-7643-5361-9 (Basel ...)
ISBN 0-8176-5361-9 (Boston)

P.O. Box 133, CH-4010 Basel, Switzerland.
Printed on acid-free paper produced from chlorine-free
pulp. TCF ∞
Graphic Design: Bohatsch Graphic Design GmbH, Vienna
Printed in Austria
ISBN 3-7643-5361-9
ISBN 0-8176-5361-9

9 8 7 6 5 4 3 2 1

Inhalt | Contents

Vorwort

Es braucht einen neuen Begriff an Stelle des abgenutzten »High-Tech«, um eine kritische Nahtstelle im Architekturgeschehen der zweiten Hälfte dieses Jahrhunderts zu bezeichnen: etwas wie »Hand-tailored Tech«. Damit ließe sich das Werk von Helmut Richter und einigen anderen weltweit verstreuten Architekten treffend beschreiben.

Von der Atmosphäre der Grazer Architekturschule in den sechziger Jahren kann man sich nur Vorstellungen machen: in gewisser Weise abseits der Hauptströmungen in Europa und doch mit einer eigenen, schöpferischen Kultur, unausgesprochen kritisch gegenüber Wien und seinem Hochkultur-Selbstbewußtsein und mit einer Handvoll eigenwilliger Professoren, die den endlosen Gehässigkeiten der Großstadt hatten entkommen können. Ihre Studenten erfinden unverhältnismäßig viele seltsame Maschinen und originelle Kombinationen von Bauteilen: Nicht alles davon leitet sich unmittelbar vom Bauen her, aber es werden doch fast immer Bauteile verwendet. Richters Diplomarbeit gehörte bereits zu den elegantesten und durchdachtesten dieser Arbeiten: Tatsächlich war sie so gut, daß er noch 1998 bei einer erfolgreichen Wettbewerbsteilnahme für ein Bank-Café zum Teil (nun natürlich am Computer bearbeitet) darauf zurückgreifen konnte.

Sein Entschluß, eine Postgraduate-Ausbildung an der University of California, Los Angeles, zu absolvieren, hatte sicherlich mit der Grazer Situation zu tun. Weit weg von der stets kritischen und kulturell selbstbewußten Ostküste war das dortige Institut für Architektur von Archigram, Reyner Banham und Arata Isozaki unterwandert. Die eingesessene Kultur berief sich auf Schindler, Neutra, Eames, Craig Ellwood und Konrad Wachsmann (der damals am Gelände der University of Southern Calofornia immer noch an seinem Universalmodul bastelte). Richters Freundschaft mit der jungen englischen Gruppe »Chrysalis« hatte zur Folge, daß er mit ihnen gemeinsam ein Haus in Paris bezog, als sie Piano und Rogers zum Bau des Centre Pompidou dorthin folgten.

Somit läßt sich ein Zeitraum von neun oder zehn Jahren ständiger Auseinandersetzung ausmachen, bei der es im Design nicht darum ging, sich artig den Regeln des Formalismus oder Rationalismus zu unterwerfen, sondern vielmehr um neue Ideen und Erfindungen. Die Art und Weise, wie Richters Bauten sich im Detail präsentieren, erinnert an die Verspieltheiten der österreichischen kleinodienhaften Gestaltung von Ecken, Kanten oder Verbindungen *nur wenn nötig*. Seine Arbeiten sind weit weniger überladen als die vieler seiner Freunde, ihre gelegentliche Üppigkeit ist stimmig. Vielleicht hat Richter mit der Wahl der Städte unbewußt seine Entwicklung vorweggenommen: Denn seine Studentenarbeiten umfaßten kleine gestaltete Objekte, die sehr gut in die eine oder andere Ecke von Chareaus Maison de Verre gepaßt hätten, sowie Bewegungsstudien, die sich wohl als Antwort auf Wachsmanns Universalmodul verstehen lassen, und seine späteren, größeren Werke haben sicherlich die Direktheit der besten amerikanischen Bauten.

Preface

A new term needs to be coined in place of the over-used "High Tech" in order to describe a critical seam in mid and late twentieth century architecture: something like "Hand-tailored Tech": that would describe the work of Helmut Richter and a few other such architects around the world.

The 1960's atmosphere of the architecture school at Graz can only be imagined: somehow detached from the main traffic of Europe but having its own inventive culture, implicitly critical towards Vienna and the self-consciousness of its high culture and with a more quizzical set of professors who could escape the endless bitching of the big city. Its students creating a disproportionate number of strange machines and original combinations of hardware: not all of it deriving from buildings per se but almost always using working-parts. Richter's graduating Thesis was already at the most elegant and considered end of this output: so strong in fact, that he has in 1998 re-launched a part of it (passed through the computer of course) in a successful competition scheme for bank-cafés.

His decision to make his postgraduate studies at UCLA has certain parallels with the Graz situation. Away from the ever-critical and culturally self-conscious East Coast, the department of architecture had been infiltrated by Archigram, Reyner Banham and Arata Isozaki. The inherited culture was via Schindler, Neutra, Eames, Craig Ellwood and Konrad Wachsmann (who was still playing with his universal joint machine down the street at USC). His friendship with the young English group "Chrysalis" led to his sharing a house with them in Paris when they followed Piano and Rogers to build the Pompidou Centre.

Thus we can log a period of some nine or ten years of sustained conversation in which design was certainly not about following the well-behaved rules of formalism or rationalism but had to do with new ideas and new inventions. The manners displayed by the parts of his buildings recall those inherent niceties of the jewel-like Austrian fashioning of corners, joints and edges *only when they need to.* His work is less fussy than that of many of his friends, its occasional sumptuousness is in line. Perhaps the chosen cities of his development were even subconsciously anticipated: for his student work contained small designed objects that might well have occupied certain corners of Chareau's glass house and moving parts that might well have responded to Wachsmann's universal joint, and the later, larger buildings certainly have a directness of the best American work.

Die am meisten beachteten Arbeiten Richters zeichnen sich jedenfalls durch mehr aus als durch bloß geschickte und geistreiche Kombinationen von Metall, Glas und Kunststoff. Es ist eine besondere Poesie der Linienführung darin zu entdecken, die Freude daran, problematische Verbindungsstellen im Ganzen aufgehen oder Scheiben fugenlos aufeinandertreffen zu lassen, die an Arbeiten von Eileen Grey oder an das Asplund-Jacobsen-Aalto-Syndrom erinnert. Im Gegensatz zu seinen englischen Freunden verfolgt Richter jedoch eine Architektur der sehr klaren und direkten Konzepte, und zwar durch etwas, das ich als das »Lockere Richter-Detail« bezeichnen möchte.

In seinem frühen chinesischen Restaurant »Kiang« ist die hautartige hintere Stellwand so täuschend einfach wie eine Zeltplane. In seinem sozialen Wohnbau im Süden Wiens wird der Erschließungsbereich durch eine beunruhigend zarte Wand aus Glasscheiben – von beachtlichen Dimensionen – von der Straße getrennt; die Scheiben sind mit simplen Bolzen befestigt und nicht mittels komplizierter Verstrebungen voneinander getrennt, sondern durch Luft: Die Glasscheiben stehen frei, und ein kostspieliges Gewirr von Details ist vermieden. Auch sein Wiener Schulbau und das japanische Restaurant im 3. Bezirk bieten reichlich Beispiele für dieses überzeugte Vermeiden eines jeden Zuviel. Dennoch ist Richter kein bloßer Minimalist: Insbesondere die Schule behauptet sich als ein zwingender, sofort verständlicher Umriß – mit riesigen Glasrastern, die große Räume auf mehreren Ebenen einsehbar machen; diese Geschlossenheit wird freilich durch lyrisch geschwungene Treppenaufgänge vervollständigt (die den mit dem Treppenhaus der Faguswerke von Gropius und Meyer begonnenen Diskurs ins späte 20. Jahrhundert führen).

Im Augenblick aber ist Richters Antwort auf die vertrackte und oft frustrierende Tradition des öffentlichen Wohnbaus der beeindruckendste Strang seiner Arbeit. Zuerst eng und sparsam zu planen und dann eine irritierende gelbe Kiste, einen Abstellraum, abseits aller Fluchtlinien mitten in den Grundriß zu stellen, das könnte eine schicke Finesse in einem japanischen Projekt sein oder, in den Händen eines geringeren Könners, ein lästiges Ärgernis: Im Süden Wiens ist es in virtuosem Stil gelöst – ein solcher »Hintergrund« muß, scheint es, dem Familienleben zuträglich sein. Die jüngste Reihe von Häusern für Berlin ist exquisit. Der sanfte Bogen des Hauses in Oberösterreich und die lyrischen Details im Badezimmer Sares wirkten in den Achtzigern inspirierend auf viele junge Architekten; die neuen Häuser aber lassen (abgesehen von den offensichtlichen »Vorgaben«) wieder eine ähnlich geschmeidige Paßform erkennen, wie sie sonst bei öffentlichen Bauprojekten fast unbekannt ist.

Je lockerer Richter wird, desto mehr Finesse hat er: ein einzigartiger Höhenflug.

Peter Cook
Wien 1998

The most studied parts of Richter's output have something more, however, than neat and witty combinations of metal, glass and plastic. There is a special lyricism of line and delight in absorbing the critical joint or an interleaving of sheets that recalls the work of Eileen Gray or of the Asplund-Jacobsen-Aalto syndrome. Unlike his English friends, he has pursued an architecture of very clear and direct concepts through what I like to think of as the "Richter Relaxed Detail."

In his early Chinese Restaurant "Kiang" the skinned rear wall is as deceptively simple as the flap of a tent. In his social housing in southern Vienna, the public space is separated from the street by a tantalisingly subtle series of facets of glass – of considerable size – held by the most simple bolting system and the facets separated, not by complicated slivers of skin, but by air: the surfaces are free-standing and an expensive and fussy set of details is avoided. The Vienna school and the Japanese restaurant in the 3rd district of Vienna are similarly replete with such confident avoidance of fuss. Yet he is no mere miniaturist: the school in particular asserts itself as a total, immediately readable figure, with enormous grids of glass that expose major spaces within a series of planes only to complete their encompassment with a couple of lyrical staircases (that carry the conversation started by Gropius and Meyers' Faguswerke stair into the late 20th century).

At this moment, however, his response to the tricky and often frustrating tradition of public housing is the most impressive part of the work. To plan tightly and economically and then throw a tantalising yellow box – way off grid – into the middle of the house plan would be a fancy trick in some Japanese work or excruciatingly tiresome in the hands of a lesser designer: in the south of Vienna it is resolved in virtuoso style – such a "foil" seeming to be inevitable to the sanity of a family lifestyle! The latest series of houses for Berlin are exquisite. The sweeping curves of the early house in Upper Austria and the lyrical details in the Sares bathroom were inspirational to many young architects in the "eighties": but the new houses (without the obvious "bespoke" conditions) suggest a similar velvety fit: again, almost unknown in the public domain.

As Richter becomes more relaxed he becomes more refined: a unique trajectory.

Peter Cook
Vienna 1998

Über Helmut Richter

In der Architektur sind die wirklich guten Resultate noch nie auf einer Basis der bequem angepaßten Verbindlichkeit ihrer Autoren zustande gekommen. Architekten, die etwas bauen wollen, das mehr bietet als eine gängige, abgesicherte, hundertfach wiederholte Lösung, können es sich einfach nicht leisten, konfliktscheu zu sein. Irgendein Widerspruch regt sich immer, von der Seite der Bauherren, von den Behörden, vom Generalunternehmer oder von den beteiligten Firmen, möglicherweise auch von den Nutzern. Man muß das wirklich vorweg festhalten: Helmut Richter ist ein Architekt, der etwas so schwer Objektivierbares wie die Konsequenz einer Haltung in seine Arbeit investiert. Man muß festhalten, daß ihm dafür auch kein Aufwand zu groß ist.

Es überrascht, wie geradlinig sich die Entwicklung seiner Arbeit in der Rückschau darstellt. Selbst ganz frühe Projekte, etwa das »Mobile Büro« oder der »Zeitschriftenstand«, passen ins Bild, das Richters heutige Arbeiten vermitteln. Selbst sie haben schon durch die logische Folgerichtigkeit ihres Konzeptes überzeugt, durch den rationalen und sparsamen Einsatz industrieller Materialien, durch die selbstverständliche, uneitle Eleganz ihrer Form. Dieser letzte Aspekt ist zwar eine qualitative Größe, die Richter in ihrer Bedeutung gern herunterspielt – Zitat: »Es gibt kein formales Argument, es gibt nur ein formales Postulat« –, aber wenn man seine Bauten genau betrachtet, dann vermittelt sich eben doch zwingend der Eindruck, daß sie wie nebenbei höchst absichtsvolle ästhetische Statements sind. (In diesen Zusammenhang würde daher auch ein anderes Richter-Zitat passen: »Wenn etwas unansehnlich ist, ist es schon falsch.«)

Die bedeutsamste Komponente in seiner Arbeit liegt nicht in erster Linie auf der Ebene des rein Formalen. Formalismus im engen Sinn wird von Richter sogar zutiefst verabscheut, weil er jedes wirklich kreative Denken im Grund verhindert. Der ausschlaggebende Wert seiner Arbeit liegt in der konzeptuellen Stärke und Logik, mit der die verschiedenen Bauaufgaben bewältigt sind. Richter haftet zwar der Ruf an, eine gewisse Vorliebe für technisch aufwendige Lösungen zu haben, er gilt als Vertreter der »High Tech«-Richtung in der Architektur. Aber das ist insofern der blanke Unsinn, als er sich niemals für eine Lösung entscheiden würde, die nicht mehrfach kodiert und durch hinreichende Begründungen legitimiert ist. Er würde Technik niemals per se, als Selbstzweck einsetzen, nur um vordergründig auf dem letzten Stand zu agieren. Allerdings, das muß man auch sagen, hat er sich noch nie mit Lösungen zufrieden gegeben, die risikolos und gefällig, also bekannt, bewährt, abgesichert sind. Und er würde nie in eine Handwerklichkeit und Materialität ausweichen, die den heutigen Möglichkeiten einer industrialisierten Bauwirtschaft zuwider laufen. Anders ausgedrückt: Ziegelmauerwerk muß man bei Richter-Bauten suchen, das ist ihm zu massig, zu schwer, zu naß, zu schmutzig, zu ungenau. Da zieht er schon einen Wandaufbau vor, der trocken und leicht ist und aus vorgefertigten Elementen besteht, die auf der Baustelle nur noch montiert zu werden brauchen, und der nach

On Helmut Richter

In architecture really good results have never been produced by comfortable, well-adjusted, civil authors. Architects who wish to build something offering more than the standard, safe, hundred times repeated solution simply cannot afford to avoid conflicts. There will always be an objection from some quarter, from the client, from the authorities, from the building contractor or from the firms involved, possibly also from the users. One really must state initially: Helmut Richter is the kind of architect who invests consistency of approach, something that is so hard to objectify, in his work. One must also record that to achieve this end no effort is too great for him.

Reviewing his work in retrospect it is surprising how straight a line his development has taken. Even very early projects such as the "Mobile office" or the "Newspaper stand" accord with the image which Richter's current works convey. They too convinced through the logical consistency of their concept, the rational and economic use of industrial materials and the natural elegance of their forms that avoids any trace of vanity. This latter aspect is a qualitative strength the significance of which Richter likes to underplay – to quote him: "There is no formal argument, there is merely a formal thesis" – but on examining his buildings closely one gains the clear impression that they are, also, highly conscious aesthetic statements. (In this context another Richter quote is also apposite: "If something is unattractive then it is wrong.")

The most important components in his work do not lie primarily on the level of the purely formal. Formalism in the narrow meaning of the word is something Richter deeply despises because it essentially prevents truly creative thought. The decisive value of his work lies in the conceptual strength and logic with which the various building commissions are handled. Richter has the reputation of having a certain preference for technically complex solutions and is regarded as a representative of the "High-Tech" direction in architecture. But this is complete nonsense as he would never decide on a solution which is not coded in a variety of ways and justified by numerous arguments. He would never employ technology per se, as its own justification, merely to operate superficially at the most up-to-date level. However one must also say that he has never been satisfied with solutions that involve no risk, or are simply pleasant, that is familiar, tried and tested, safe. He would never resort to using crafts and materials at variance with the current possibilities of an industrialised building industry. To put it another way: one has to search for brickwork walls in a Richter building, he finds them too massive, too heavy, too wet, too dirty, too imprecise. He prefers walling that is dry and light, made of prefabricated elements which only need to be assembled on the building site and, under certain circumstances, can also achieve more in terms of thermal or acoustic insulation etc. than the usual brick wall. The extravagant use of glass in Helmut Richter's architecture can also be rationally justified. The fact is that glass technology today

Restaurant Kiang 2

Möglichkeit auch punkto Wärmedämmung, Akustik etc. mehr leistet als die übliche Hohlziegelwand. Auch der verschwenderische Einsatz von Glas in der Architektur des Helmut Richter läßt sich natürlich begründen. Tatsächlich ist die Glastechnologie heute ja so weit entwickelt, daß sich fast alles mit Glas erreichen läßt. Und daß es sich verhältnismäßig kostengünstig erreichen läßt. Außerdem: Ist ein entmaterialisierter, lichtdurchfluteter Raum, der sich gegenüber seiner Umgebung nicht abschließt, sondern geradezu transitorische Qualitäten erzielt, nicht ein sinnliches Vergnügen?

Die sinnliche Qualität der Architektur des Helmut Richter ist möglicherweise jener entscheidende Punkt, der seine Projekte und Bauten vor denen vieler seiner Kollegen auszeichnet. Das gilt für die kleinen Arbeiten genauso wie für die großen. Das Bad Sares zum Beispiel: Es ist wirklich nur eine ganz minimale Intervention in einer Gründerzeitwohnung. Und doch ist dieser Einbau durch ein Raffinement des Raumkonzeptes charakterisiert, das die atmosphärische Abgestandenheit dieser gutbürgerlichen Bausubstanz erfrischend zeitgenössisch auflädt. Wobei – und das ist irgendwie typisch für Richter – die Materialisierung dieser Innenarchitektur auch dem Inhalt des Raumes Rechnung trägt: Er ist intim, aber nicht beengt; er ist praktikabel organisiert; und er wirkt mit seinen glatten Oberflächen in ästhetischer Hinsicht einfach viel selbstverständlicher, aber auch vornehmer als jede kleinteilige Verfliesung.

Richter liefert mit seiner Architektur neue Antworten auf bekannte Fragen. Denn wie eine Schule im wesentlichen funktioniert oder wie man wohnt, auch was bei einem Restaurant zu berücksichtigen ist, das ist in den Grundzügen bekannt. Trotzdem gilt für Richters Architektur, daß sie einen sinnlichen Mehrwert schafft. Und dieser sinnliche Mehrwert – an seinen ausgeführten Bauten läßt er sich überprüfen –, der resultiert daraus, daß er tradierte Inhalte, daß er gewohnte Nutzungsmuster und daß er vor allem das räumliche Ergebnis, zu dem sie in der Umsetzung normalerweise führen, sehr grundsätzlich hinterfragt. Würde er Architektur nicht auf diese

is so highly developed that one can achieve, relatively inexpensively, almost anything with this material. Furthermore: is a dematerialised, light-flooded space, which does not close itself off from its surroundings but aims at transitory qualities, not a sensual delight?

The sensual quality of Helmut Richter's architecture is possibly the decisive point which separates his projects and buildings from those of many of his colleagues. This applies equally to both the small and larger works. Take for example the "Sares bathroom": it is really only a minimal intervention in a Gründerzeit apartment and yet this insertion is characterised by a sophisticated spatial concept which charges the atmospheric staidness of the middle class building substance in a refreshingly contemporary manner. Whereby, and this is somehow typical of Richter, the materials of this interior design also respond to the content of the space. It is intimate but not cramped; it is practically organised and, from an aesthetic viewpoint, its smooth surfaces are far more natural and also elegant than fussy, small-scale tiling.

Richter's architecture supplies new answers to familiar questions. After all we essentially know how a school functions or how people live or what must be taken into account in planning a restaurant. Nevertheless, one can say of Richter's architecture that it achieves a heightened sensuality. This sensual extra, which can be examined in his built designs, results from the fact that he fundamentally questions traditional contents, familiar patterns of use and, above all, the spatial results to which they normally lead. Were he not to approach architecture in this way his two restaurants would certainly not occupy that position which they can claim in Vienna's gastronomic scene as places that reveal a highly pleasant urbanity completely free of the accessories of apparent cosiness. They are open spaces which can be used in a completely self-evident way, spatial stages for anonymous individuality as well as for communicative patterns of behaviour. It is precisely the restaurants which demonstratively prove how wrong it is to call industrial materials such as aluminium, steel, plastics, glass and

Weise angehen, seine beiden Restaurants hätten gewiß nicht den Stellenwert, den sie in der Wiener gastronomischen Landschaft tatsächlich beanspruchen können: als Orte einer höchst angenehmen Urbanität, ganz befreit von den Accessoires jeglicher Scheingemütlichkeit; offene Orte, die sich irgendwie selbstverständlich benutzen lassen; Raumbühnen für anonyme Individualität genauso wie für kommunikative Verhaltensmuster. Insbesondere die Restaurants beweisen übrigens geradezu demonstrativ, wie falsch es ist, wenn industriellen Materialien – Aluminium und Stahl, Kunststoffen, Glas, Schaltafeln – das Attribut »kalt« zugeschrieben wird. Kälte ist etwas Unangenehmes, in Richters räumlich überaus großzügigen Lokalen verspürt man sie nicht. Vielmehr fühlt man sich von dem lästigen, einengenden Ballast konventioneller Vorstellungen von Intimität und »Wärme« wie befreit.

Richters Architektur ist offen, leicht, beweglich. Seinem Wohnbau in der Brunner Straße sieht man das von weitem an. Der wirkt in dieser unwirtlichen Umgebung wie ein ganz fremdes und überraschendes Implantat, wie ein eigener Kontinent. Richter überfrachtet seinen Entwurf, der mit einer unheimlich elegant verglasten Laubengangzone an der Straße und den zur grünen Rückseite hin durchgesteckten Grundrissen wirklich besticht, dabei nicht mit einer sozialen, ideologischen Argumentation. Er bleibt ganz auf dem Boden der nüchternen Tatsachen: Der Wohnbau liegt an einer besonders stark befahrenen Einfahrtsstraße von Wien, dieses Problem bedurfte der Lösung; Wohnen verlangt nach Rückzugsmöglichkeiten für jedes Familienmitglied und nach Orten für die freiwillige Kommunikation, auch dieses Problem galt es zu lösen. Und: Wohnnutzungen ändern sich, Flexibilität ist gefragt. All das ist bei diesem Wohnbau bewältigt. Daß seine Lösung mit Mitteln erreicht wurde, die es fünfzig Jahre früher noch nicht gegeben hat, ist wiederum eine Konsequenz grundsätzlicher Fragen: Wenn ein Architekt dem herkömmlichen Resultat das bessere, überzeugendere vorzieht, dann wird er das Potential, das in neuen Möglichkeiten steckt, auch nicht ignorieren. Darin eine Fortsetzung des heute so negativ bewerteten »blinden Fortschrittsglaubens« der sechziger Jahre zu sehen, ist schlichtweg zu kurz gedacht. Denn wo wären wir letztlich, wenn es nicht so etwas wie Entwicklung gäbe?

shuttering panels "cold". Coldness is something unpleasant which one does not feel in Richter's spatially generous restaurants. Rather one feels freed from the tedious, restrictive ballast of conventional ideas of intimacy and "warmth".

Richter's architecture is open, light and flexible. In his housing project on Brunner Strasse this can be seen from afar. In these depressing surroundings it seems like a completely foreign and surprising implantation, like a continent of its own. Richter does not load his design, which impresses with an incredibly elegant glazed gallery zone on the street front and floor plans extending through to the leafy rear, with a social or ideological line of argument. He remains with his feet on the ground, dealing with the sober facts: the building lies on a particularly busy main exit route from Vienna, the problem produced the solution. Housing demands spaces to withdraw to for each member of the family and places for free communication, this problem too had to be solved. The way an apartment is used changes which means that flexibility is required. This apartment building deals with all these problems. The fact that his solution is achieved using means not in existence fifty years ago is again a consequence of his basic questioning. An architect who opts for the better, more convincing solution rather than the usual result will not ignore the potential that lies in new possibilities. To see in this approach a continuation of that "blind belief in progress," today so negatively evaluated, is thinking far too simply. After all, where would we be if development of this kind did not exist?

The complexity of this apartment building, particularly as regards the gallery and floor plan solutions and the flexibility of the individual dwelling units, has not received anything like an adequate analysis. Urban and typological questions also play a role here and there are many remarkable constructional and technological details. Richter does not follow any definite, predetermined concepts; on the contrary, the way a building finally looks and functions has nothing to do with the

Wohnanlage Brunner Straße und Wohnbau Grundäcker

Brunner Strasse Housing Development and Grundäcker Housing Development

Hauptschule der Stadt Wien

Secondary School of the City of Vienna

Es ist dieser Wohnbau mit dem Hinweis auf die Laubengang- und Grundrißlösung, auf die Flexibilität der einzelnen Wohneinheit sicher nicht annähernd in seiner umfassenden Komplexität analysiert. Da spielt auch die städtebauliche, die typologische Frage eine Rolle, da gibt es bemerkenswerte konstruktive und bautechnologische Details. Richter verficht schließlich keine bestimmten, von vornherein fixierten Konzepte; im Gegenteil, wie ein Gebäude im Endeffekt aussieht und funktioniert, das hängt eben nicht von willkürlichen Vorlieben des Architekten, sondern vor allem vom Ort und von der Aufgabenstellung ab. Etwas zeigt sein Planungsansatz allerdings schon: Es gibt keine »richtige« architektonische Sprache für das Wohnen, wie es auch keine »richtige« andere, zum Beispiel für den Schulbau, gibt. Überhaupt zieht Richter die »Sprachlichkeit« der Architektur in Zweifel, denn »das einzige, was Architektur mit Sprache zu tun hat ist, daß sowohl ihre Elemente als auch die Verknüpfung der Elemente möglichst klar und sinnvoll« zu sein haben.

Im Fall des Schulbaus am Kinkplatz zum Beispiel ging es um die Verknüpfung folgender Elemente: Es gibt die großzügigen, wunderbar belichteten Unterrichtsräume, den Verwaltungs- und Lehrerbereich, die Schulwartwohnung (sie hat fast Einfamilienhausqualität), es gibt die Erschließung, den Pausenbereich, die Turnhalle. Richter hat dabei jedes einzelne dieser Elemente in eine räumliche Lösung übersetzt, die dazu geeignet ist, die Enge der Raumgrenzen, die im Schulbetrieb ja oft mit einer Enge der Geisteshaltung konform geht, ein wenig zu dehnen, hinauszuschieben. Die verglaste Eingangs- und Pausenhalle, der verglaste Turnsaal, aber auch seine Veröffentlichung durch die Erschließungslösung zeigen, wie eine auf der Grundlage heutiger technologischer Möglichkeiten durchdachte Formulierung solcher Elemente durch ihre konzeptuell neu überlegte Verbindung zu einer atmosphärischen Befreiung führen kann. Zitat Richter: »Das Wesentliche in unseren Handlungen ist das freie Handeln. Wir bedauern jene, die an Gesetze glauben; nicht nur unsere Ämter sind voll von jenen, die dem Formalismus huldigen.«

Diese Bemerkung ist einem Text entnommen, der lange vor diesem Schulbau geschrieben wurde. Aber er trifft auf alle Arbeiten Helmut Richters zu. Wenn es darin heißt, daß nicht die Wiederholung, das Sammeln

architect's subjective preferences but results, above all, from the location and from the problem set. His planning approach does, however, reveal something: there is no "correct" architectural language for housing just as there is no "correct" language for, say, a school. In fact, Richter questions in general the idea of a "language" of architecture for, to quote him: "all that architecture has to do with language is that its elements and the linking of these elements (should be) clear and meaningful."

In the case of the school building on Kinkplatz the issue was the linking of the following elements: the generous, wonderfully lit classrooms, the administration and teachers' area, the school janitor's apartment (which has almost the quality of a single-family house), the circulation, the hall used during school breaks, the gym. Richter translated each of these elements into a spatial solution which is able to stretch and extend the limitations of the spatial boundaries which in school life are often matched by mental limitations. The glazed entrance hall, the glazed gym and also the way it is announced by the handling of the circulation show how a formulation of such elements that is based on contemporary technological possibilities can, through a conceptually newly defined combination, lead to an atmospheric liberation. To quote Richter: "the most important thing in our dealings is freedom of action. We pity those who believe in regulations, it is not only our administration which is full of those who worship formalism."

This comment is taken from a text which was written long before this school building came into existence. But it applies to all of Helmut Richter's works. When he says that it is not the repetition, the collection and arrangement of elements from the past that leads to awareness but that new information and insights are found in unlikely areas then he brings his decision in favour of a complete glazing of the gym and the school hall to the point: someone who does not ask unlikely questions – i.e. whether a glazing of these areas is climatically possible despite the fact that they lie on the south side – will not achieve a spatial impression that is in any way comparable nor a softening of the prescribed school system that is so spectacular in terms of materials.

Richter detests ideological arguments and would never defend his architecture on this level. Freedom of action does not merely include a way of thinking and

und Arrangieren von Elementen der Vergangenheit zur Erkenntnis beiträgt, sondern viel eher im Unwahrscheinlichen neue Informationen und Einsichten begründet sind, dann bringt er damit seine Entscheidung zugunsten einer Vollverglasung von Pausenhalle und Turnsaal vorausschauend auf den Punkt: Wer nicht nach dem Unwahrscheinlichen fragt – nämlich ob die Verglasung dieser Bereiche klimatisch möglich ist, obwohl sie an der Südseite liegen –, der wird auch keinen vergleichbar überzeugenden Raumeindruck erreichen, keine so spektakulär materialisierte Aufweichung der üblichen, verordneten Schulsystematik.

Richter sind ideologische Begründungen ein Greuel, er würde seine Architektur nie auf dieser Ebene argumentieren. Das freie Handeln schließt ideologiefreies (Denken und) Handeln nicht nur ein, es setzt es voraus. Und dennoch: Man könnte ihm, durchaus ein wenig provokant, unterstellen, daß sich in seiner mit engagierter Vehemenz verfochtenen Auffassung von Ideologiefreiheit, auch von Konzessionslosigkeit, von Kompromißlosigkeit fast eine (andere) Art Ideologie ausdrückt. Die Ideologie eines Architekten, der über die geplanten Fassaden seiner Projekte hinaus-, der durch sie hindurchsieht und mit seinen Bauten und Projekten Statements in die Welt entläßt, die Zeichen einer selbstbewußten und befreiten Haltung sind. Auf diese Zeichenhaftigkeit seiner Architektur kommt es Helmut Richter an.

Liesbeth Waechter-Böhm
Wien 1999

acting that is free from ideology but in fact expects it. Yet one could, if one wished to be somewhat provocative, suggest that his vehement, committed interpretation of freedom from ideology, from concessions or compromises is itself almost the expression of a different ideology: the ideology of an architect who sees beyond the planned facades of his projects, who sees through them and, with his buildings and projects, makes statements that are a sign of a self-confident and liberated approach. It is this aspect of his architecture that is important to Helmut Richter.

Liesbeth Waechter-Böhm
Vienna 1999

Bauten und Projekte | Buildings and Projects

Fernsehsessel
TV Armchair

1968

Prototyp

Prototype

Die berühmt lapidare Konstruktion der Sitze im Citroën 2CV ist Hintergrund dieses auf einen Auftrag der Firma Wittmann zurückgehenden Entwurfs. Grobes, braunes Leinen, zweilagig mit Hinterfütterung verarbeitet, wird über den weißen Stahlrahmen gespannt. Die Lehne kann mit Federkraft, dem Gewicht des Nutzers entgegenwirkend, justiert werden.

The well-known lapidary construction of the seats in the Citroën 2CV forms the background for this design which originated in a commission from the Wittmann furniture company. Two layers of coarse brown linen with an internal lining are stretched across a white steel frame. The back can be adjusted by means of a spring which forms a counter-balance to the weight of the user.

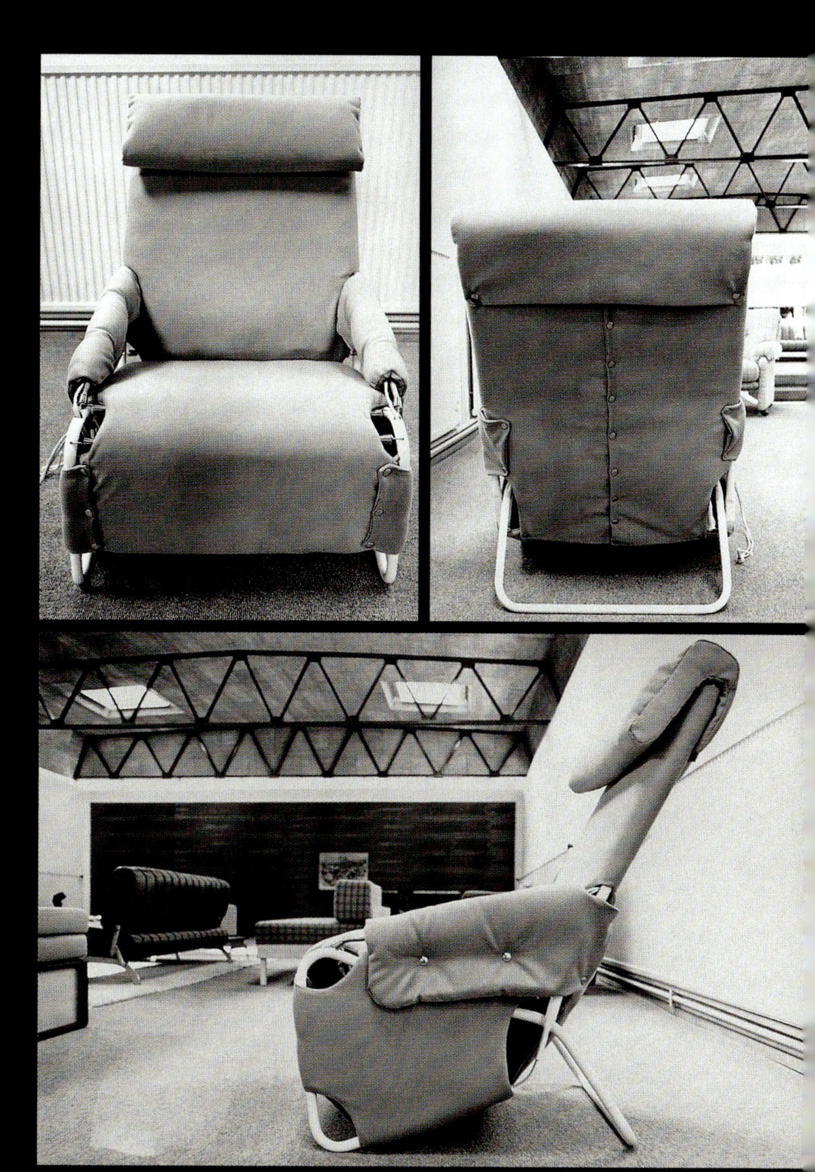

Die kreisförmigen Aussparungen an den gekrümmten Rahmen zeigen, daß es sich um ein schlankes Möbel mit einem einfachen Mechanismus handelt. Zwei in den Stahlrohrrahmen eingebundene Blattfedern treiben die Rückenlehne hoch, wenn über einen Schnurzug die Arretierung gelöst wird. Die Schnur durchdringt die Bekleidung, auffällig auf ihren Zweck hinweisend, unter der Armstütze.

The rounded cut-outs at the curved frames reveal that this is a slender piece of furniture with a simple mechanism. Two plate springs connected to the steel frame can lift up the chairback when the lock is released by means of a cord. This cord penetrates the covering below the arm support, drawing attention to its function.

Die Überlagerung von Liegen und Sitzen entspringt der Erfahrung Richters von Enge in einer Kleinwohnung, gibt sich praktisch, ohne es zu sein. Das Gelb der Matratze, das Rot der Kopfstütze, die Glätte der glasklar glänzenden Membranen, der technoide Ausdruck deuten auf ein persönliches Manifest eines ästhetisch und ökonomisch ausgereiften Funktionalismus. Richter bezieht damit eine charakteristische Position, die er bis heute stets innehat.

The layering of lying and sitting is derived from Richter's personal experience of the tightness of a small apartment and appears to be practical although it is not. The yellow of the mattress, the red of the headrest, the smoothness of the glass-clear, shiny membranes, the technoid expression indicate a personal manifesto of an aesthetically and economically matured functionalism. Richter here takes up a characteristic position which he has maintained to the present day.

Liegen – Sitzen
Lying – Sitting

1966 – 67

Wettbewerb
1. Preis

Competition entry
1st prize

1,2) Franz Wittmann KG (Hrsg.): Wittmann-Möbelwettbewerb 1967, Katalog, Etsdorf/Kamp, 1967, ohne Seitenangabe

1,2) Franz Wittmann (ed.), Wittmann furniture competition 1967, catalogue, Etsdorf/Kamp, 1967, without page citation

Einer der wenigen über Österreichs Grenzen hinaus konkurrenzfähigen Möbelhersteller sucht »eine gute Lösung für ein Wohn- und Schlafmöbel«[1]. Den ersten Preis erhält Richters doppelter Stahlrohrrahmen, in dem Liegen und Sitzen klar getrennt werden. Auf einem Metallnetz liegen Luftkissen, die Sitze sind abnehmbar und klappbar, mit durchsichtigen und farbigen Pneus als Kopf- und Armstützen. »Das Möbel ist ein System«[2], kein Schmuckstück. Es wird als funktional optimierter Apparat zur Unterstützung des menschlichen Körpers aufgefaßt. Einfach konstruiert, zeittypisch mit Kunststoffen ausgestattet und steril anmutend.

One of the few Austrian furniture manufacturers that can compete outside the borders of the country sought a good solution for "a piece of furniture for living and sleeping."[1] Richter's double steel tube frame, in which lying and sitting are clearly separated, won the first prize. Air cushions lie on a metal mesh, the seats can be taken down and folded up, transparent and coloured, inflated pillows serve as head- and armrests. "The piece of furniture is a system"[2] and not a decorative element. It is viewed as a functionally optimised apparatus to support the human body. Simply constructed, using the plastics typical of the time and somewhat sterile in feeling.

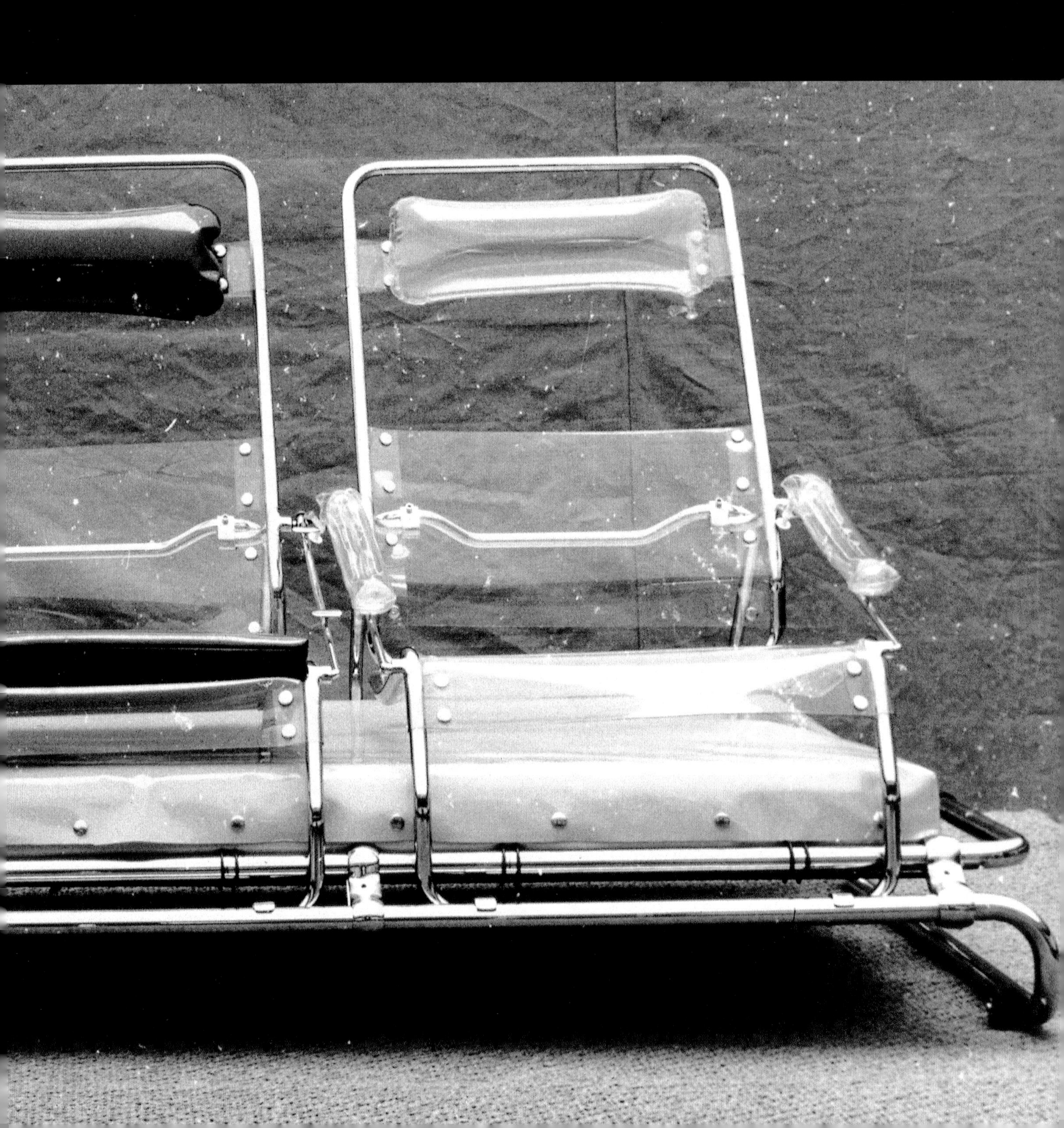

Mobiles Büro
Mobile Office

1967

Wettbewerb

Competition entry

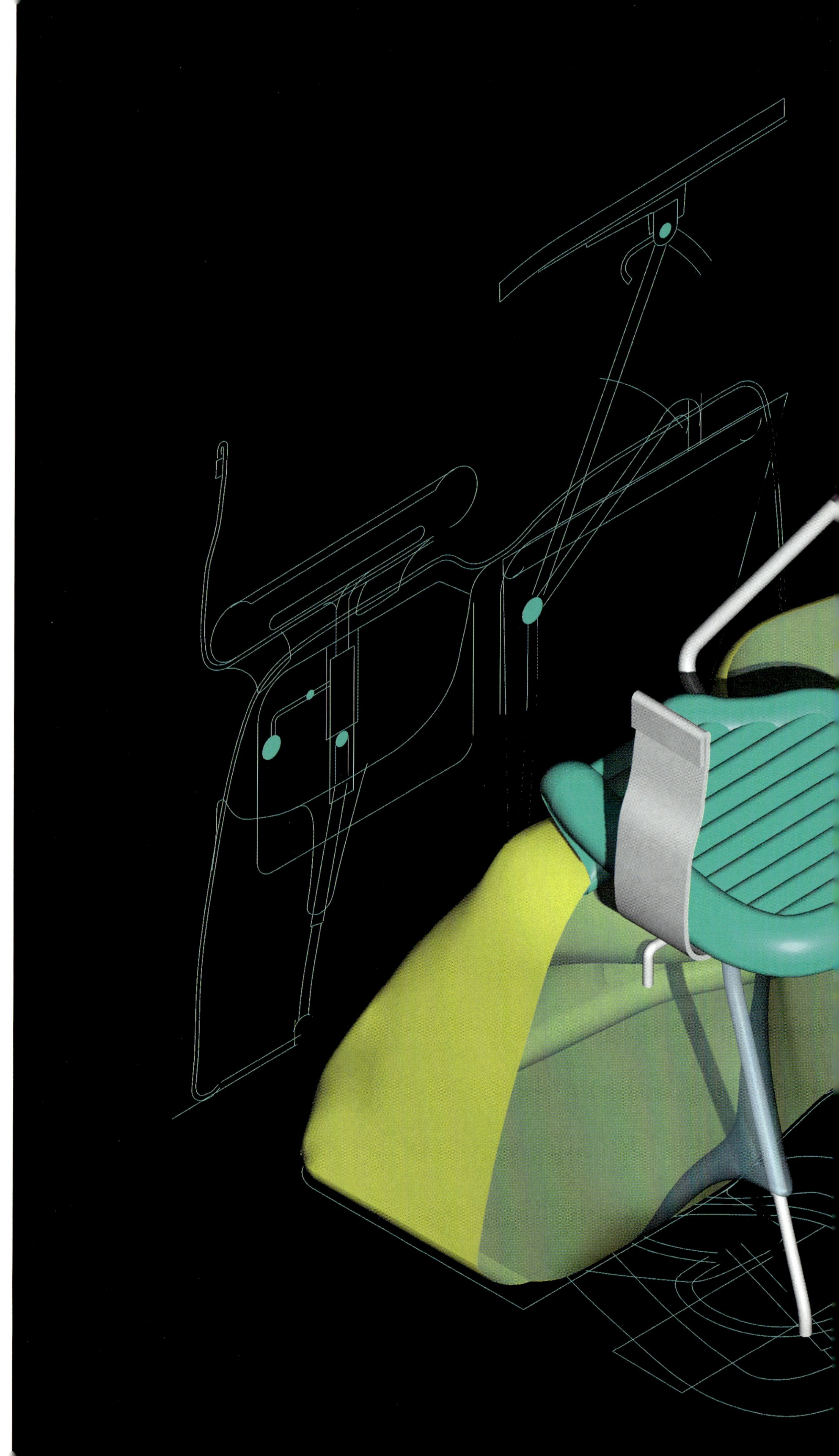

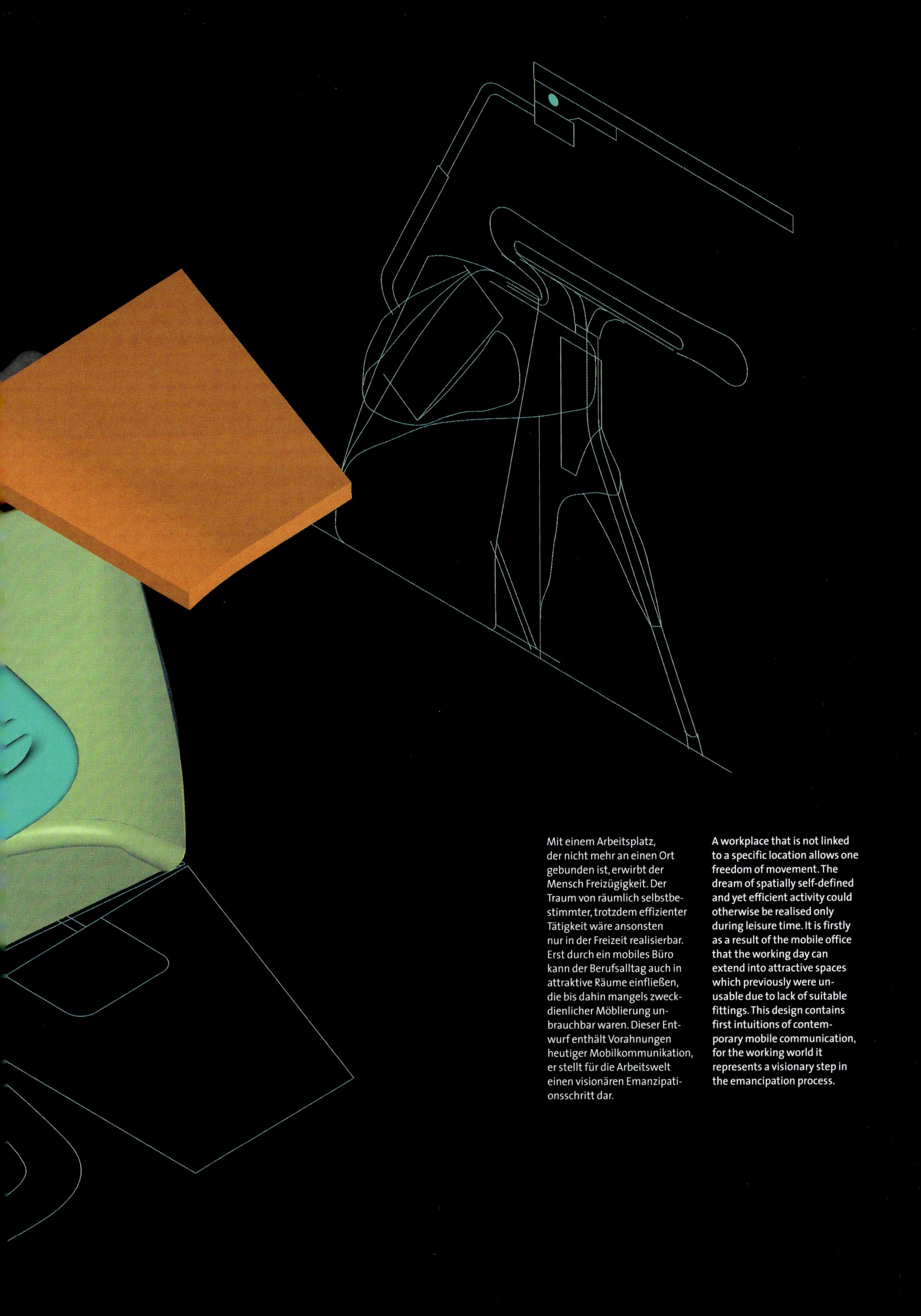

Mit einem Arbeitsplatz, der nicht mehr an einen Ort gebunden ist, erwirbt der Mensch Freizügigkeit. Der Traum von räumlich selbstbestimmter, trotzdem effizienter Tätigkeit wäre ansonsten nur in der Freizeit realisierbar. Erst durch ein mobiles Büro kann der Berufsalltag auch in attraktive Räume einfließen, die bis dahin mangels zweckdienlicher Möblierung unbrauchbar waren. Dieser Entwurf enthält Vorahnungen heutiger Mobilkommunikation, er stellt für die Arbeitswelt einen visionären Emanzipationsschritt dar.

A workplace that is not linked to a specific location allows one freedom of movement. The dream of spatially self-defined and yet efficient activity could otherwise be realised only during leisure time. It is firstly as a result of the mobile office that the working day can extend into attractive spaces which previously were unusable due to lack of suitable fittings. This design contains first intuitions of contemporary mobile communication, for the working world it represents a visionary step in the emancipation process.

Das »mobile Büro« ist ein vom Nutzer allein zu bewegendes Gerät, das alle wünschbaren Dienstbarkeiten für die Schreibtischarbeit enthält. Es vereint einen gepolsterten Sitz mit einem Tisch und einem Regal.

Zusammengeklappt ist es ein robuster Koffer, entfaltet eine fragile Skulptur. Eine glasfaserverstärkte Polyesterschale bildet das tragende Grundelement, von dem Aluminiumrohre ausgehen, um die Unterstützung für einen Sitzenden zu schaffen. Ein drehbar gelagerter Stab gibt Stabilität gegen seitliches Kippen und unterstützt kreisförmig das pneumatische Sitzkissen. Wenn der Pneu schlaff ist, läßt sich die Rückenlehne nach unten schwenken. Die Arbeitsplatte kann senkrecht gestellt werden und schließt dann die offene Flanke der Schale teilweise ab. Für den Transport wird diese Seite mit einer textilen Hülle geschützt.

The "mobile office" is an appliance steered solely by the user which contains all the services necessary for desk work. It combines an upholstered seat with a table and shelf.

Folded up it is a robust suitcase, when opened a fragile sculpture. A polyester shell reinforced with glass fibre forms the load-bearing main element from which aluminium tubes protrude to create the support for someone sitting down. A swivelling rod prevents it from tipping over sideways and offers circular support for the inflatable cushion. When this is not inflated the back support can be folded down. The work surface can be placed vertically and then partially closes the open side of the shell. During transport this side can be protected by a textile cover.

In der Computeranimation wird die plastische Wirkung des »mobilen Büros« deutlicher, als es die Entwurfszeichnungen in Grund- und Aufriß zu zeigen vermögen.

In the computer animation the sculptural effect of the "mobile office" becomes clearer as the design drawings can show both in plan and elevation.

An der Außenseite gibt die gelbe Polyesterschale die Form permanent vor, an der Sitzseite ist eine textile, mit Druckknöpfen und Reißverschlüssen befestigte Membran vorgesehen, die die Stauräume für Schreibmaterial und Bücher verschließt.

Externally the yellow polyester shell permanently indicates the form. A textile membrane with zips and press fasteners provided on the side of the seating element closes the storage space for writing utensils and books.

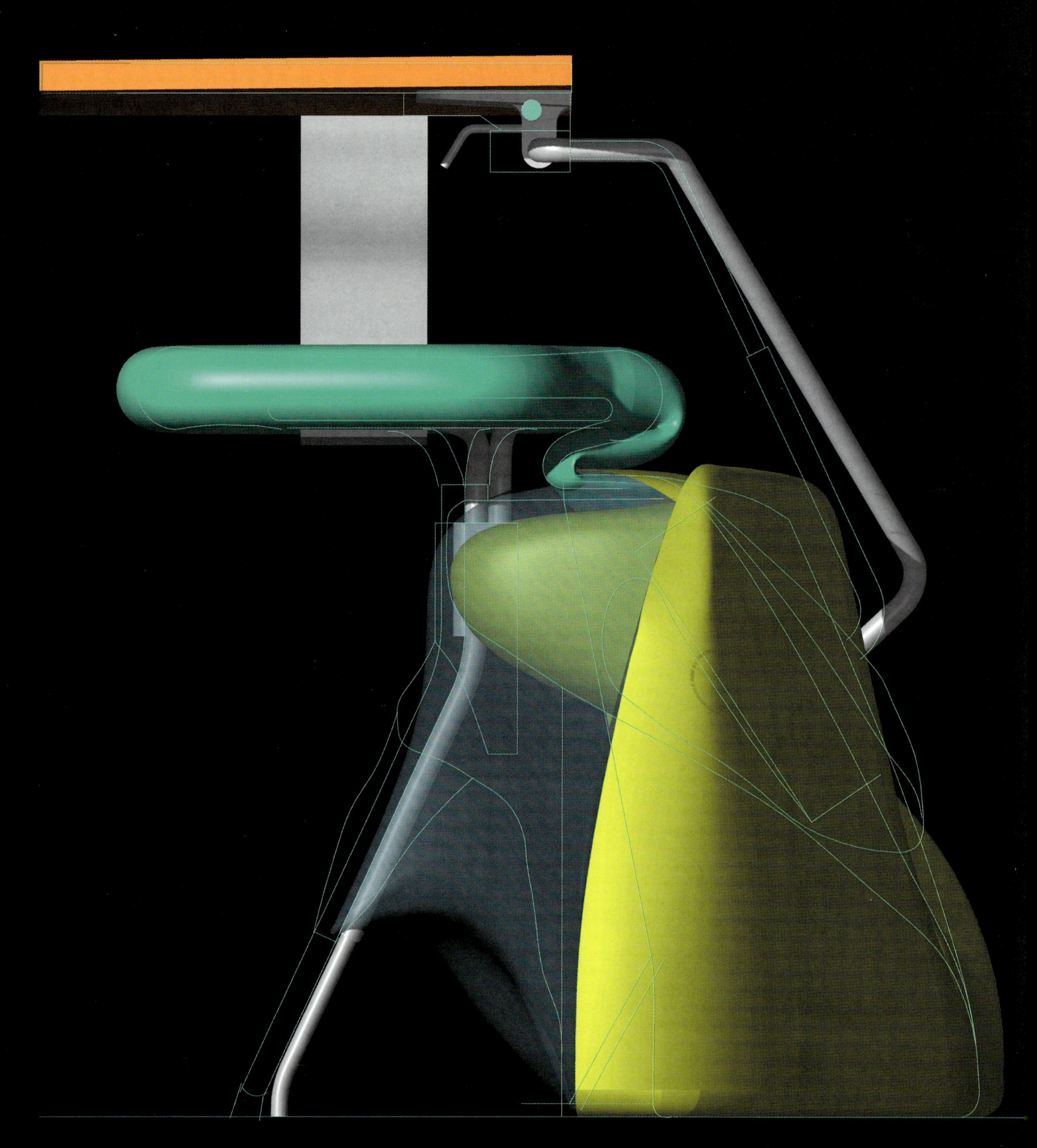

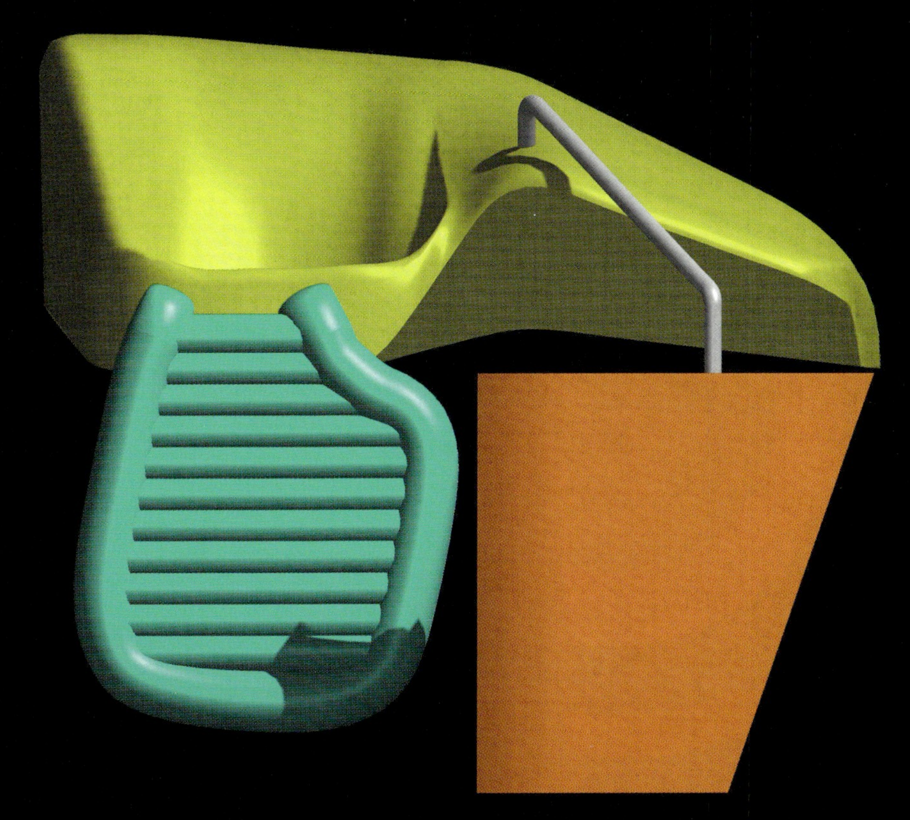

Der wandelbare Schreibtisch versteht sich, gemäß der für den Wettbewerb selbst gestellten Aufgabe, als Vorzeichen einer offeneren Gesellschaft, als Instrument einer neuen, dezentralen Arbeitsweise. Er operiert mit damals beherrschbaren technischen Details und wäre folglich realisierbar gewesen. So zeigt das »mobile Büro« einen für die ausgehenden sechziger Jahre bezeichnenden Reformwillen.

This adaptable desk is viewed in terms of the task set in the competition as a preliminary sign of a more open society, as an instrument of a new, decentralised way of working. It operates with manageable technical details and could therefore have been realised. The "mobile office" thus illustrates a reforming zeal typical of the late sixties.

Zeitschriftenstand
Newspaper Stand

1968

Staatsprüfung,
Technische Hochschule
Graz

State Examination,
Technical University
Graz

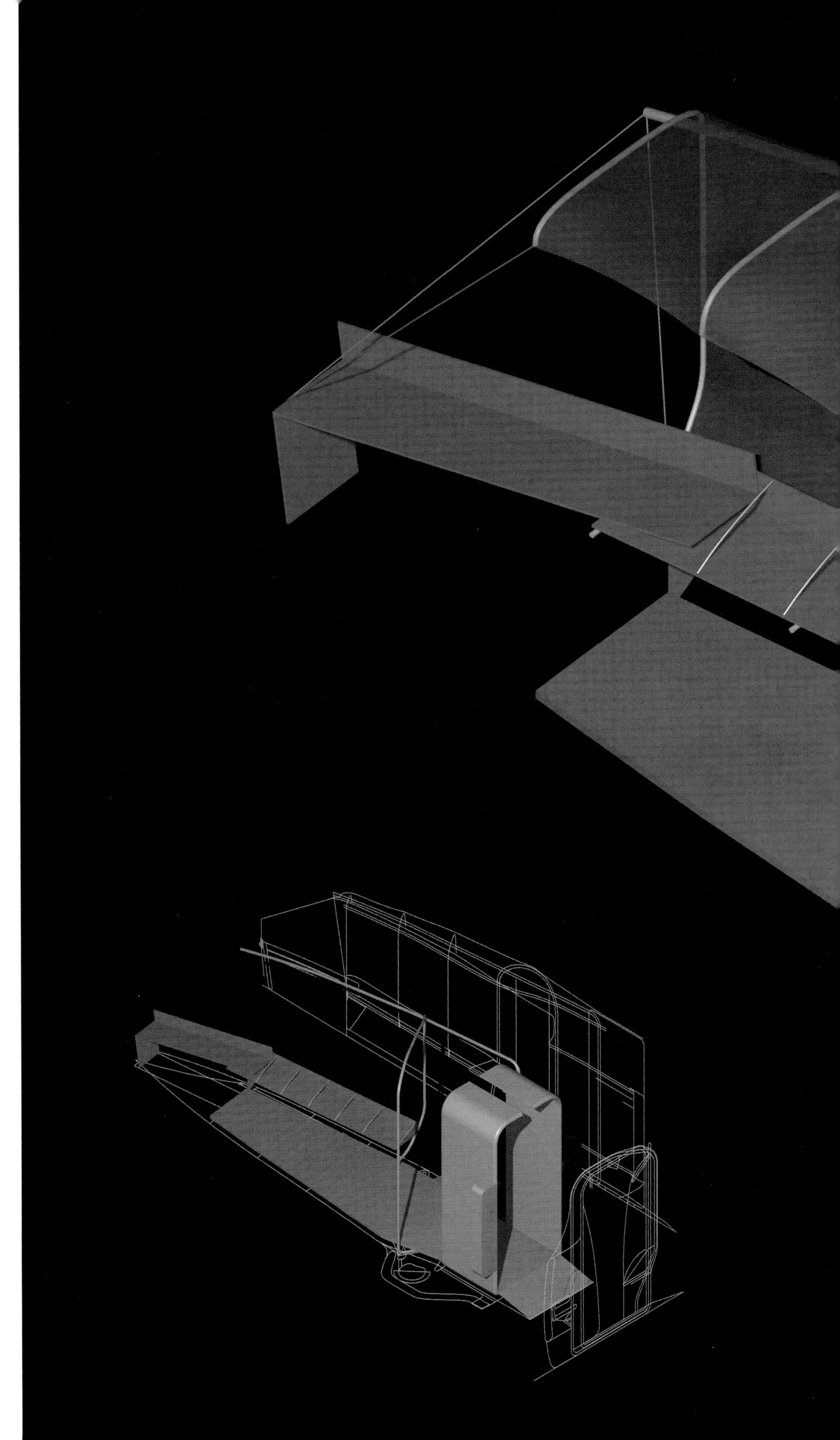

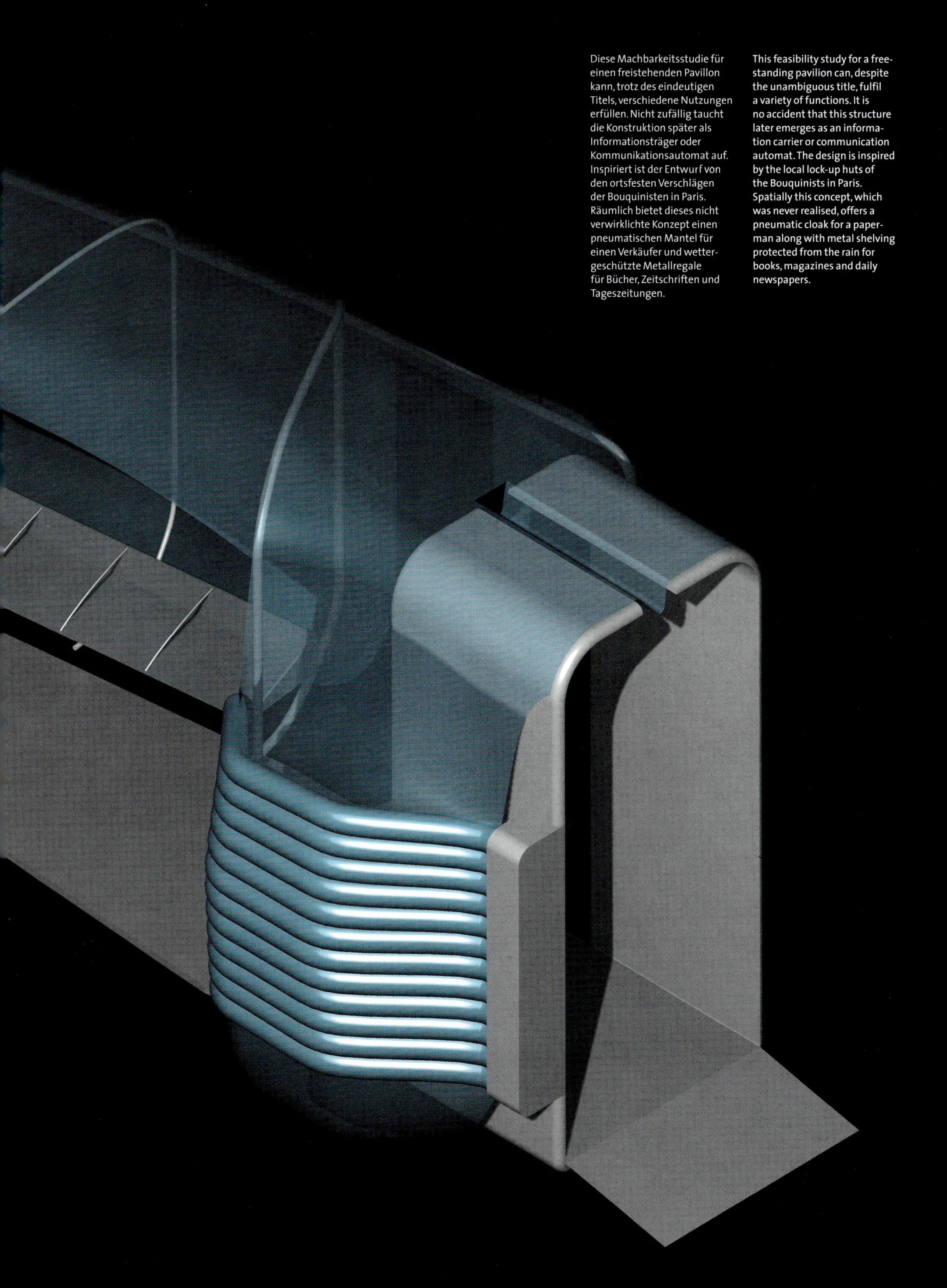

Diese Machbarkeitsstudie für einen freistehenden Pavillon kann, trotz des eindeutigen Titels, verschiedene Nutzungen erfüllen. Nicht zufällig taucht die Konstruktion später als Informationsträger oder Kommunikationsautomat auf. Inspiriert ist der Entwurf von den ortsfesten Verschlägen der Bouquinisten in Paris. Räumlich bietet dieses nicht verwirklichte Konzept einen pneumatischen Mantel für einen Verkäufer und wettergeschützte Metallregale für Bücher, Zeitschriften und Tageszeitungen.

This feasibility study for a free-standing pavilion can, despite the unambiguous title, fulfil a variety of functions. It is no accident that this structure later emerges as an information carrier or communication automat. The design is inspired by the local lock-up huts of the Bouquinists in Paris. Spatially this concept, which was never realised, offers a pneumatic cloak for a paperman along with metal shelving protected from the rain for books, magazines and daily newspapers.

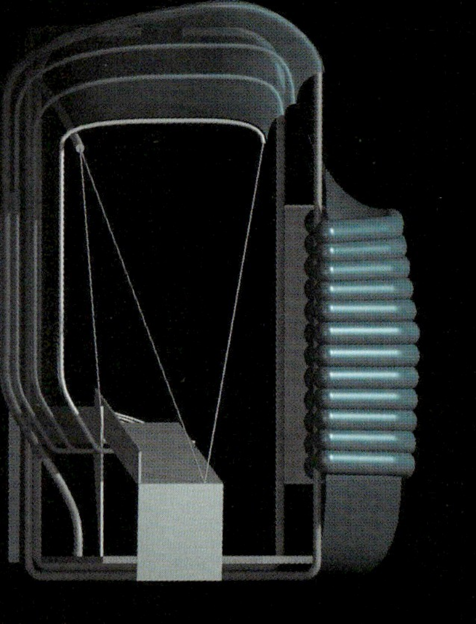

An die Bodenplatte ist eine torartige Aluminiumschale angeschlossen, die die strukturelle Basis des Standes abgibt. Sie dient einerseits als Träger verschließbarer Vitrinen, sie unterstützt andererseits den aus einer Schar von zylindrischen Luftpolstern aufgebauten, beheizbaren Sitzplatz für den Verkäufer und das Rückgrat der leichten Dachkonstruktion. Aus dem textilen, mit Reißverschlüssen zu öffnenden »Ruhemantel« sind über eine »Sprech- und Betreuungsöffnung«[1] die Präsentationsflächen zu sehen. Seitlich kann ein Büchergestell per Schnurzug ausgefahren werden, rückseitig ist der Stand durch eine PE-Folie wettergeschützt, vorne kann er mit einer textilen Membran dicht gemacht werden.

A gate-like aluminium shell attached to the floor plate provides the structural base of the stand. It serves as the carrier of lockable display cases and supports the seat for the paperman, which can be heated and is built up of layers of cylindrical air cushions, and also carries the spine of the light-weight roof construction. From the textile "night time cloak" which can be opened with zips the display areas can be seen through a "speech and service opening."[1] At the side book shelving can be moved outwards by pulling a cord, at the rear the stand is protected from the weather by a polyethylene sheet, at the front it can be closed up by means of a textile membrane.

1 Begriffe aus einer Entwurfsskizze Helmut Richters zur 2. Staatsprüfung, TH Graz, 1968

1 Terms taken from a design sketch by Helmut Richter for the second State Examination, TH Graz, 1968

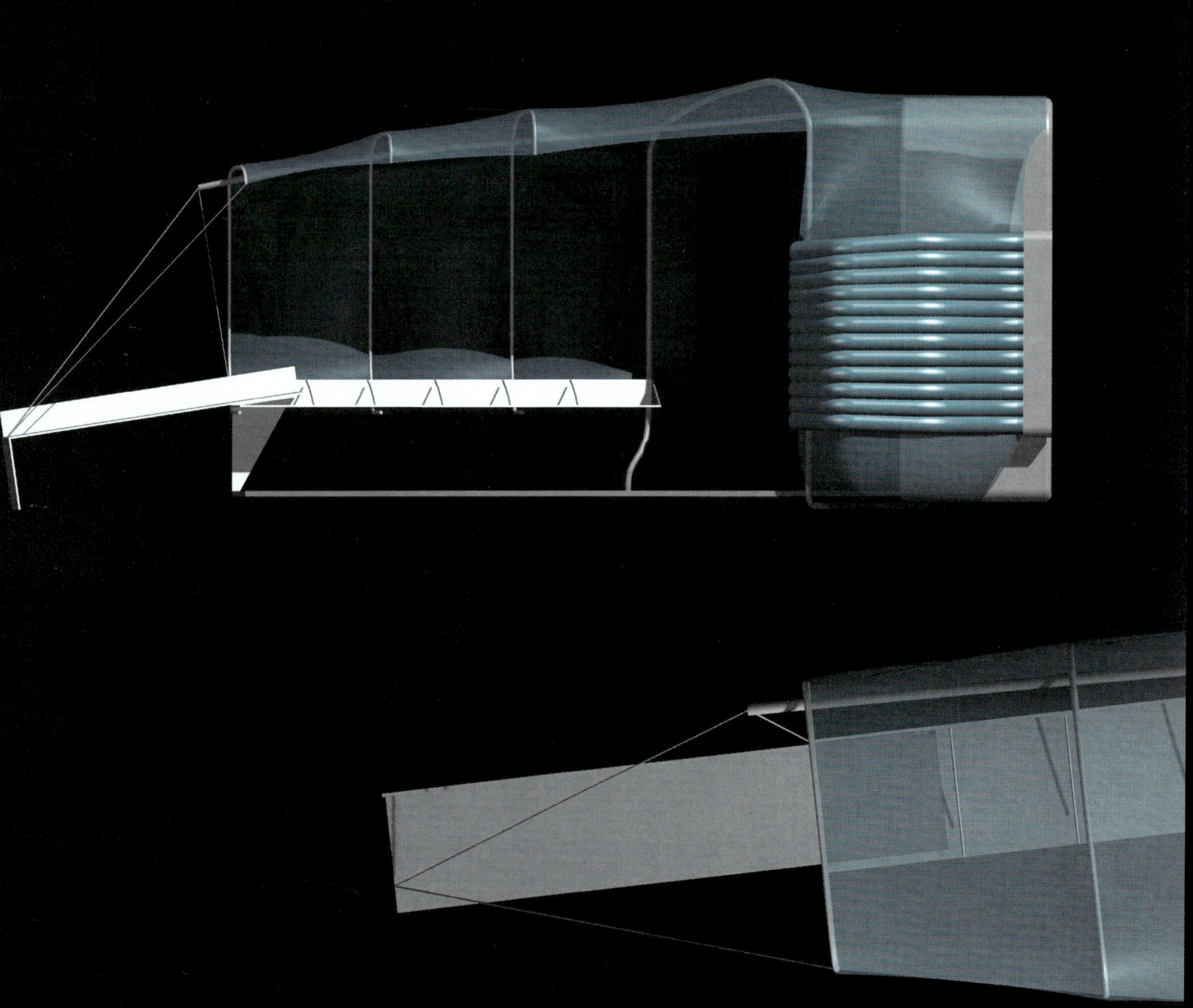

Der Zeitschriftenstand für ein urbanes Ambiente ist nicht nur Richters Arbeit zur Erlangung der zweiten Staatsprüfung an der Technischen Hochschule in Graz, sondern auch eine grundsätzliche Positionsbestimmung in der Architektur, die bis heute gilt. Mit minimalem Aufwand wandelbare Räume von hohem Nutzwert und prägnanter Gestalt unter Anwendung neuer Techniken entstehen zu lassen: das ist seit drei Jahrzehnten Richters Credo.

The newspaper stand for an urban ambience was not only Richter's submission for the second State Examination at the Technical University in Graz but also a basic definition of his position in architecture which today remains valid. To create spaces that can be changed with minimum effort, that have a high functional value and significant form by employing new techniques has, for three decades, formed the basis of Richter's creed.

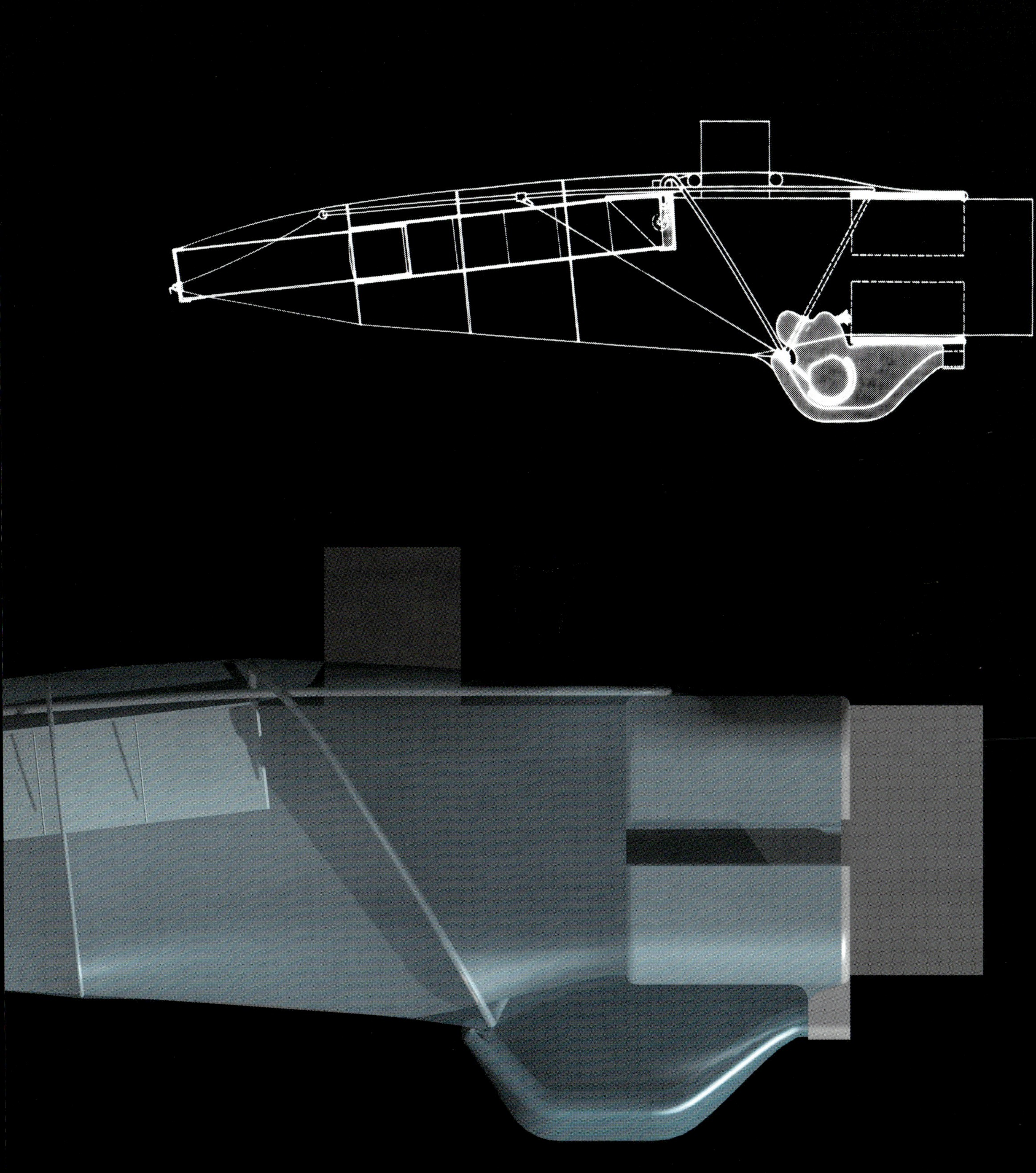

Bad Sares
Sares Bathroom

1983–84

Wien / Vienna

Obwohl für die Öffentlichkeit ein unsichtbares Kabinettstück, ist dieser Einbau in eine gutbürgerliche Stadtwohnung aus der Gründerzeit eine Zeichensetzung an der architektonischen Zeitenwende zurück zu einer zweiten Moderne. Richter verwirklicht erstmals sein mit historischen Strukturen radikal brechendes, dynamisierendes Raumkonzept – keine für Wien typische synchrone Inszenierung von freigelegten alten und beigefügten neuen Schichten.

Although it is a cabinet piece hidden from the general public this insertion in an upper-middle class town apartment that dates from the Gründerzeit period represents a sign set at the time of the return in architecture to a second Modernism. Richter realises for the first time his dynamic spatial concept which radically breaks with historic structures – this not a typically Viennese synchronous staging of old layers revealed and new ones added.

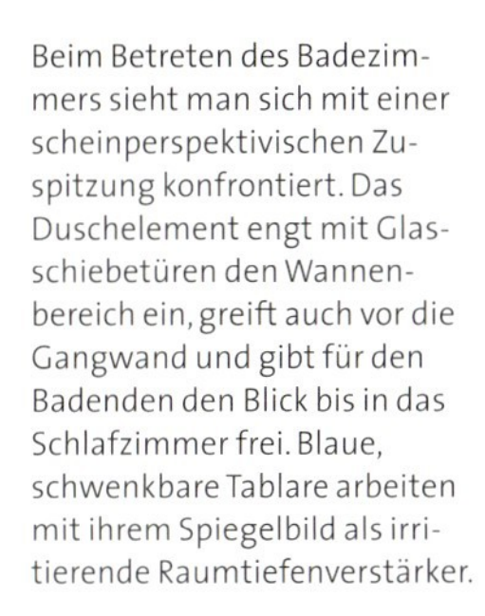

Beim Betreten des Badezimmers sieht man sich mit einer scheinperspektivischen Zuspitzung konfrontiert. Das Duschelement engt mit Glasschiebetüren den Wannenbereich ein, greift auch vor die Gangwand und gibt für den Badenden den Blick bis in das Schlafzimmer frei. Blaue, schwenkbare Tablare arbeiten mit ihrem Spiegelbild als irritierende Raumtiefenverstärker.

On entering the bathroom one finds oneself confronted by a tapering of the space which creates a false perspective. The shower with sliding glass doors defines the bathtub area, anticipates the corridor wall and, for someone lying in the bathtub, opens a view into the bedroom. Blue swivelling shelves operate together with their mirrored reflection as an irritant that increases the depth of the space.

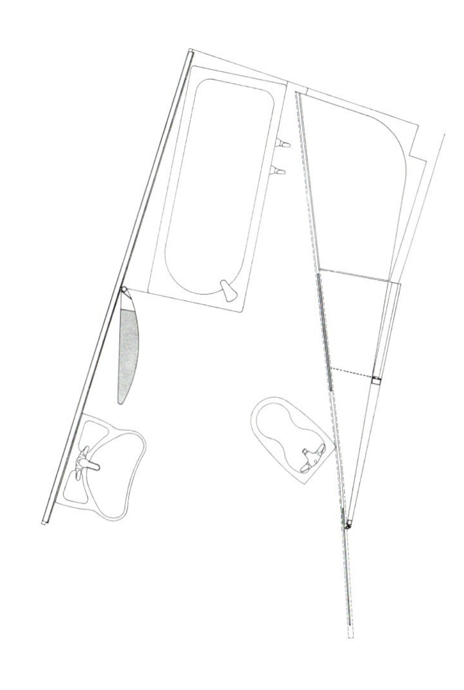

Haus Plattner
Plattner House

1979 – 82

Sollenau
Niederösterreich

Sollenau
Lower Austria

Sollenau ist ein Ziel für Wiener auf der Suche nach einem erschwinglichen Zweitwohnsitz. Die kleine Gemeinde im südlichen Wiener Becken liegt weniger als eine Fahrstunde vom Stadtzentrum und bietet preiswerte Baugründe in der Nähe von Bahn und Autobahn. Aus der Unzahl kleinbürgerlicher Versuche, das Thema Landhaus – mit zumeist untauglichen Mitteln – abzuhandeln, sticht dieses Haus fast als Systemkritik hervor. Es bildet mehr die Persönlichkeit des Bauherrn ab, als daß es konventionelle Erwartungen der Nachbarschaft bedient: Es wirkt stolz und eigenwillig, zweckorientiert und sparsam. Auch eine abstrakte Figur kann Bewohner eng an sich binden.

Sollenau is a goal for Viennese looking for a second house at a reasonable price. This small community lies in the southern part of the Vienna Basin, less than an hour by car from the city centre, and offers inexpensive building sites close to the railway and motor way. This house sticks out, almost as a criticism of the system, from the mass of petit bourgeois attempts to handle the theme "house in the country" using unsuitable means. It reflects the personality of the client rather than responding to the conventional expectations of the neighbourhoood, it seems proud and self-willed, functionally oriented and economical. An abstract figure can also establish a close tie to its inhabitants.

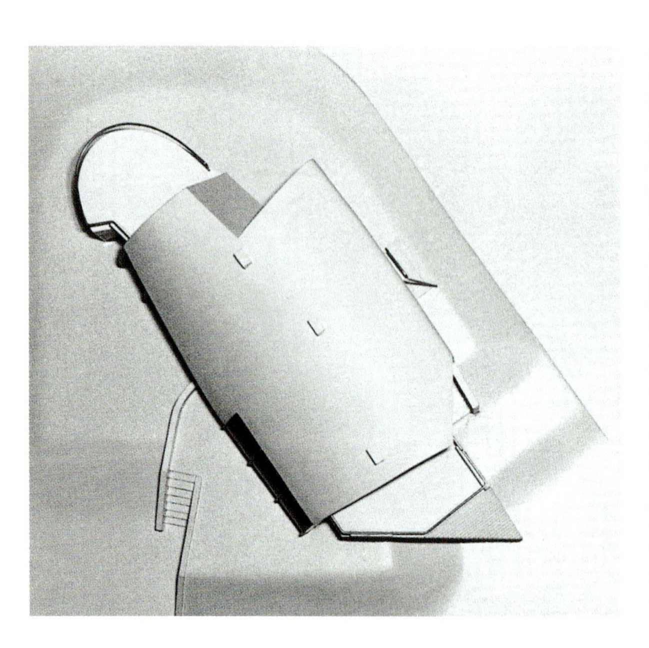

Der Bauherr wollte ein Haus »außer der Norm«[1]. Die nur auf politischer Ebene zu überwindenden Schwierigkeiten vor der Baubewilligung beweisen, daß hier ungeschriebene Regeln regionaler Baugesinnung verletzt werden. Ein Haus, bei dem Dach und Wand durch die Verwendung von industriell vorgefertigten Aluminiumbögen in einer markanten Tonne aufgehen, bei dem auch noch weitere Fassadenteile mit Aluminium bekleidet sind, genügt auch heute noch nicht dem öffentlichen Minimalkonsens für das Private. Die zwei konischen Randstücke und die überwölbte Mitte ergeben einen länglichen, organisch wirkenden Baukörper, der das Grundstück gut nutzt. Als Teil des Siedlungsrandes entfaltet der Bau sogar Fernwirkung.

The client wanted a house "outside the norm."[1] The difficulties confronted before the granting of planning permission, which could be solved only at political level, are an indication of the fact that unwritten rules of regional architectural taste were infringed here. A house in which roof and a wall create a prominant vault made of prefabricated curved aluminium sections and in which further sections of the facade are clad in aluminium does not, even today, achieve the minimum public consensus for private buildings. The two tapering edge pieces and the vaulted centre produce a long, seemingly organic element which exploits the site excellently. As it forms part of the edge of a housing development the building even acquires a long-distance effect.

1) persönliche Mitteilung des Bauherrn an den Autor, März 1998

1) Information given personally to the author by the client, March 1998

Bei der Umsetzung des Entwurfes hat der Bauherr selbst Hand angelegt und mehr auf Sparsamkeit als auf Selbstdarstellung geachtet. Der innenräumliche Zuschnitt mutet im Gemeinschaftsbereich des Erdgeschoßes offen und großzügig an. Es erweist sich hier die Qualität des Entwurfs, ein dichtes Geflecht von Nutzungen mit einem Minimum von Raumtrennungen, ein Raumkontinuum mit akzentuierten Übergängen, zu organisieren. Das Obergeschoß mit einer Einliegerwohnung und der Keller runden das erstaunlich umfängliche Programm ab. Minimale Verschwenkungen der raumbegrenzenden Elemente formen die rechtwinkelige konstruktive Ordnung des Hauses in ein freieres Nutzungsmuster um.

In realising this design the client himself got to work, paying more attention to economy than self-presentation. The interior in the common areas at ground floor level seems open and generous. The quality of the design, which organises a dense mesh of functions with a minimum of separating elements between the spaces and forms a spatial continuum with accentuated transitional areas, is revealed here. The upper floor, with a self-contained apartment, and the basement complete the astonishingly comprehensive programme of spaces. Minimal swivellings of the elements bordering the spaces transform the rectilinear constructional order of the house into a more free pattern of uses.

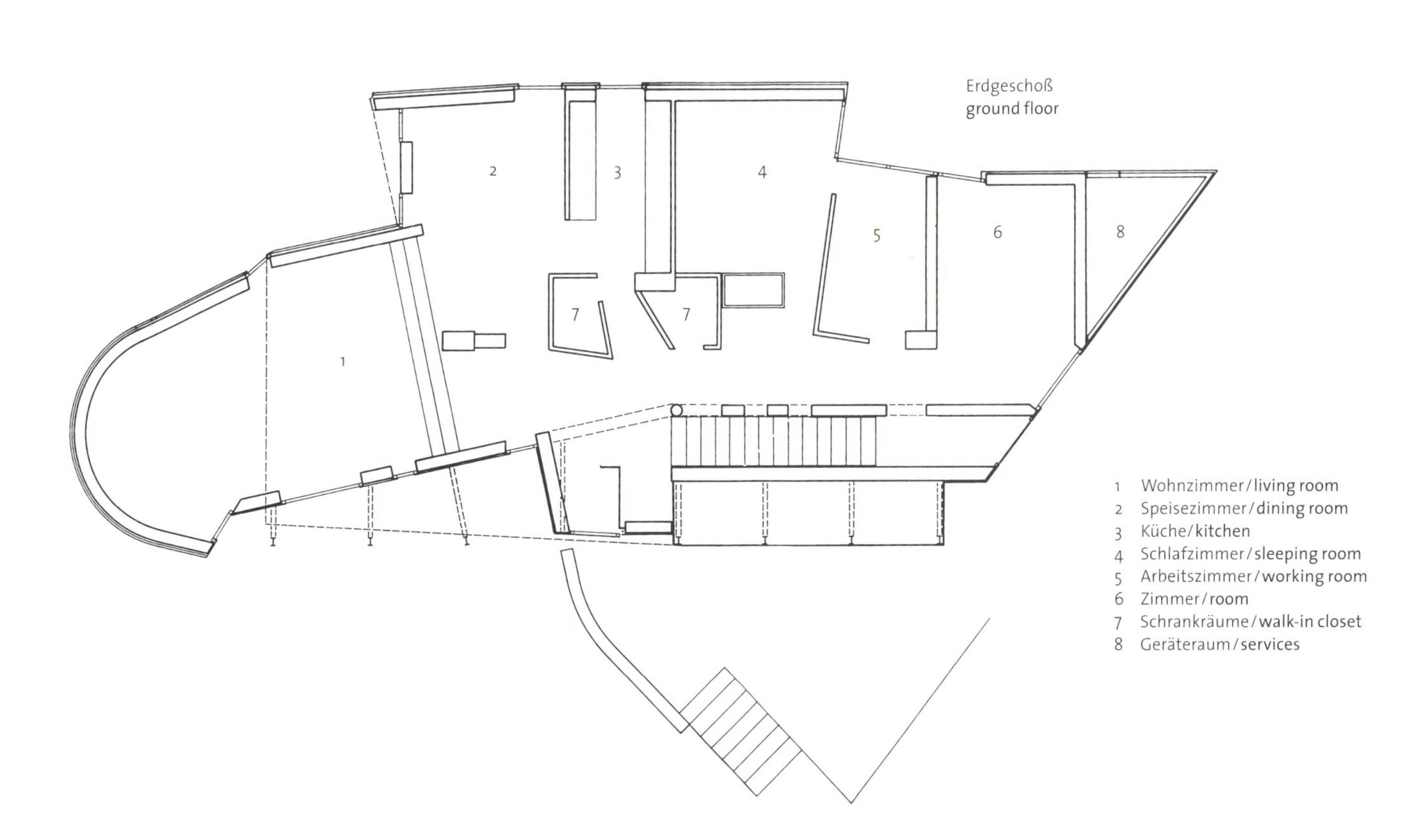

Erdgeschoß
ground floor

1 Wohnzimmer / living room
2 Speisezimmer / dining room
3 Küche / kitchen
4 Schlafzimmer / sleeping room
5 Arbeitszimmer / working room
6 Zimmer / room
7 Schrankräume / walk-in closet
8 Geräteraum / services

Haus Königseder
Königseder House

1977 – 80

Baumgartenberg, Oberösterreich

Baumgartenberg, Upper Austria

Das Einfamilienhaus eines Arztes aus den späten fünfziger Jahren bildet den Ausgangspunkt für diese Erweiterung, die als ein Signal des Aufbruchs in der österreichischen Architektur Ende der siebziger Jahre gilt. Am Höhepunkt postmoderner Rückbesinnung entworfen, zeugt dieser Annex von »neumoderner« Kraft. Für den jungen Gemeindearzt der kleinen Ortschaft im Machland sollte ein Ordinationstrakt mit Hausapotheke errichtet

A single-family doctor's house dating from the late fifties formed the starting point for this extension which can be seen as a signal of those new directions that emerged in Austrian architecture at the end of the seventies. Although it was designed at the high point of the Post-Modern revivalist tendencies this annex indicates a new, modern strength. The task was to build a surgery wing and local chemist's shop for a general practitioner in a

werden. Bedingung war die Erhaltung eines Sgrafitto-Wandbildes an der Westseite des Bestandes, das nun den Warteraum ziert. Dem zurückhaltenden Satteldachhaus mit Putzfassaden wird eine ausdrucksstarke Architektur beigestellt, die ihre Gestalt vorwiegend aus der tragenden Struktur, aber auch aus den starken Texturen der Oberflächen schöpft.

small community in Machland. One precondition was the preservation of a graffito mural on the west facade of the existing building which now adorns the waiting room. The highly expressive architecture placed beside the restrained, pitched roof house derives its form predominantly from the load-bearing structure but also from the strong textures of the surfaces.

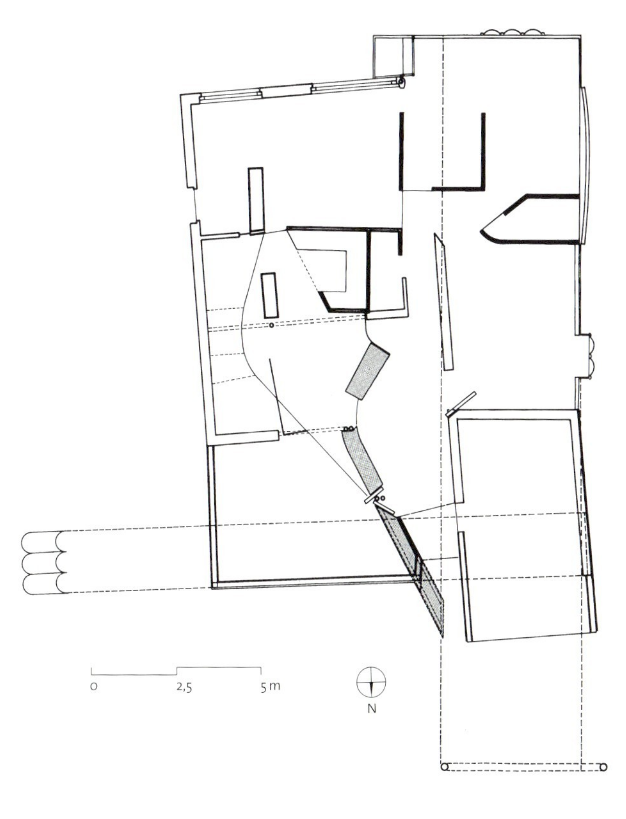

Zwei im rechten Winkel zueinander verlegte Scharen von Para-Schalen ergeben ein weitgespanntes Tragwerk, das den Bestand an zwei Seiten einfaßt und den Zugang zu Wohnung und Ordination durch einladende Vordächer neu definiert. An der Straße wirkt der die Aluminiumschalen unterstützende, schrägstehende Rahmen sowohl als Zugangsmarkierung wie auch als Lesezeichen für das statische Prinzip. Unter dem freitragenden Abschnitt

Two series of parabolic shells placed at right angles to each other produce a wide-spanning structure that encloses the existing building on two sides and newly defines the approach to the house and surgery with inviting canopies. On the street side the inclined frame supporting the aluminium shells marks the approach and is a legible symbol of the structural principle. The concrete garage was slid under the cantilevered

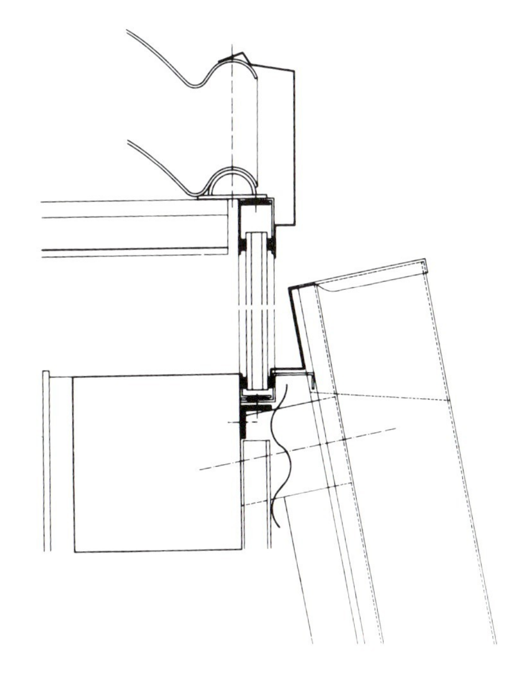

Aluminium gibt dem Zubau sein Gepräge. Das Wellblech und die auch längs gekrümmten Schalen erzeugen zwei unterschiedliche Rhythmen an den Fassaden. Die liegenden Schalen initiieren eine spürbare Dynamik, die stehenden Schalen an der Gartenseite bremsen sie ab.

Aluminium gives the extension its character. The corrugated metal sheeting and the shells, also curved on their long axis, establish two different rhythms on the facades. The lying shells initiate a noticeable dynamic, the upright shells on the garden side serve to brake it.

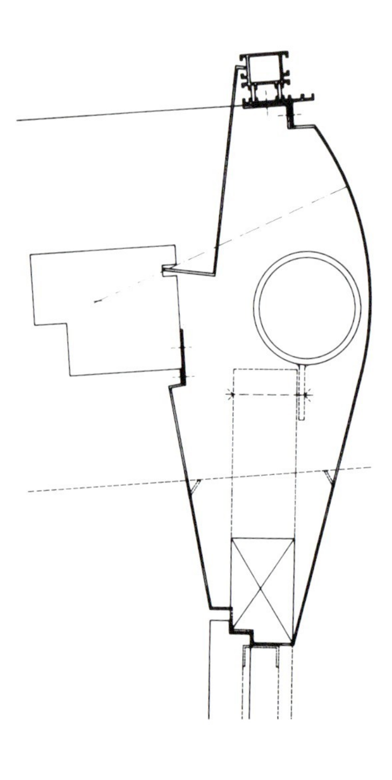

Die nichttragenden Wände sind Holzriegelkonstruktionen, für die Sichtflächen wird, wie öfters beim Mobiliar und der Deckenuntersicht, Okoume-Sperrholz verwendet. Durch die innige Verschränkung architektonischer Mittel, wie die Schrägstellung der Fenster, die Krümmung der Dachuntersicht, die Verspiegelung großer Wandflächen, die Farbgebung, die Lichtführung, entsteht eine komplexe Raumfolge.

The non-load-bearing walls are in timber frame construction, the visible surfaces are made of Okoume plywood frequently used for furnishings and ceilings. The intimate interlocking of the architectural means employed such as the inclined windows, the curvature of the roof soffit, the large areas of mirror, the col[...] scheme and the handling of light creates a complex se[...]quence of spaces.

der oberen Schar ist die betonierte Garage eingeschoben, auf der die untere auflagert. Zwischen den beiden Schalengruppen sitzt der in rote LKW-Plane gehüllte Dachboden.

An diesem Kreuzungspunkt der Tragwerke betritt man die Ordination. Der Weg vom Vorplatz zum Warteraum ist eine fließende Folge wechselnder Raumsituationen, zusammengefaßt von der gekrümmten Untersicht der Schalen, akzentuiert von gezielt gesetzten Ausblicken, Lichteinfällen und Möbeln.

upper layer, the lower layer rests upon it. The attic space shrouded in red tarpaulins sits between the two groups of shells.

You enter the surgery at this crossing point of the structures. The route from the forecourt to the waiting room is a flowing sequence of changing spatial situations contained by the curved soffit of the shells and accentuated by carefully placed views to the outside, the entry of light and by the furniture.

Der auskragende Windfang führt den Patienten an der Apotheke vorbei in den Empfangsbereich, von dessen Pult der Patient in den Wartebereich gelenkt wird. Selbst Details wie die Situierung der Heizkörper, die Teilung der Sperrholztäfelungen oder die Ketten von Leuchtstoffröhren stärken das Gerichtetsein des Raums. Die architektonisch so vielfach unterstützte Bewegung des Patienten zum Arzt kommt in den Ordinationszimmern zur Ruhe.

The projecting draught lobby leads the patient past the chemist's into the reception area from where he/she is directed into the waiting area by the counter. Even details such as the positioning of the radiators, the rhythm of the plywood panelling or the series of fluorescent light fittings strengthen the direction of the space. The movement of the patient towards the doctor, which is supported at so many points, comes to rest in the surgery.

Wohnbau Gräf & Stift
Gräf & Stift Housing Development

1981 – 88

Wettbewerb,
Realisierung, Wien

Competition entry,
realisation, Vienna

Durch die Abwanderung der Automobilfabrik Gräf & Stift steht zu Beginn der achtziger Jahre ein drei Hektar großes Gelände in guter Wohnlage zur Disposition. Dieser Siedlungsbereich des 19. Bezirks verzahnt sich noch nicht schlüssig mit den reizvollen Ausläufern des Wienerwalds. Die Bebauungsdichte ist uneinheitlich; spekulative Brachen kontrastieren die in der Gründerzeit angelegten, für Wien typischen Blockraster.

In einem von der Stadtplanung ausgelobten Wettbewerb[1] wird sowohl nach einem angemessenen Bebauungskonzept als auch nach innovativen Grundrissen für etwa 500 Mietwohnungen gefragt. Das prämierte städtebauliche Leitprojekt, mit dessen Umsetzung auch neun weitere Preisträger befaßt werden, reagiert zeitbedingt konservativ – mit der Wiederholung von innerstädtischen Straßenmotiven.

Der nicht als Gesamtvorschlag, aber für einen Bauteil am Westrand herangezogene Entwurf sieht höhenschichtparallele Zeilen vor: diese offenbaren ihre Qualität in einer neuartigen, weil variablen räumlichen Organisation, die auf einer intelligenten Baukörpergliederung und einer minimierten Konstruktion fußt. Von den mehr als 200 im Wettbewerb angebotenen Wohnungstypen[2] bleiben nur zwei übrig. Die von der Jury gewür-

As the Gräf & Stift automobile assembly plant moved location at the beginning of the eighties a three hectare site in a good residential area became available for development. The built-up area of the 19th district interlocks in an inconclusive way with the delightful outlying slopes of the Vienna Woods. The degree of density is not uniform, fallow areas available for speculation contrast with a block grid pattern, so typical of Vienna, that was laid out in the Gründerzeit period.

In a competition set up by the Vienna urban planning body[1] the requirement both for a suitable development concept along with innovative floor plans for about 500 rented apartments was outlined. The urban guideline project which was awarded the prize reacted to these requirements in a conservative manner with the repetition of inner city street motifs, nine further prize winners were commissioned to apply this guideline project.

The design presented here, which was not accepted as a master plan but was applied only to a part of the development on the western edge of the site, envisaged four rows parallel to the site contours. These reveal their quality in a new, flexible spatial organisation based on an intelligent articulation of the building elements and a minimised construction. Of the more than 200

digte »Grundrißvielfalt durch Kombinationsmöglichkeit« wird bewußt nicht ausgeschöpft. Zudem wird die primäre Struktur – auf politischen Druck – mit dem üblichen Ziegel anstatt aus einem Stahlskelett errichtet, wodurch wertvolle Nutzfläche verschenkt wird und die als integrierter Teil der Konstruktion angedachten Loggien, Wintergärten, Geländer etc. nun wie nachträgliche Applikationen wirken. Da die Preisträger nur bei der behördlichen Eingabe und bei Detailvorschlägen mitwirken dürfen, vergröbern sich diese architektonisch essentiellen Sekundärelemente bei der Realisierung.

Immerhin erweisen sich einige seitdem in den Wohnprojekten Richters wiederkehrende Aspekte als leistungsfähig und ihrer Zeit voraus.[3] Der Zweispännertyp mit eingeschlossenem Lichthof erlaubt auch bei großer Trakttiefe noch eine gute Belichtung der Kernzone. Die damit verbundene Einschnürung des Grundrisses läßt gleichzeitig zwei Abschnitte in jeder Wohnung entstehen. Die dadurch angelegte Hierarchie der Intimität wird bei halbgeschossig versetzten Wohnebenen noch verstärkt. Jede Wohnung verfügt über einen Freiraum, baut aber auch klare Schwellen zum Öffentlichen auf. Die Grundrisse vermeiden Durchgangsräume, garantieren Querdurchlüftung und Nutzungsneutralität.

apartment types[2] offered in the competition entry only two remain.

The primary structure was, as a result of political pressure, constructed in the usual brickwork rather than in steel frame which meant both the loss of valuable floor area and that the loggias, wintergardens railings etc., originally planned as an integral part of the construction, now seem like an after-thought. As the prize winners only carried out the planning application and made suggestions for details the actual execution of these architecturally essential secondary elements became rather crude.

Nevertheless, certain aspects later to reoccur in Richters housing projects proved successful and ahead of their time.[3] The double-loaded staircase type with incorporated lightwell allows good lighting of the core zone even in the case of deeper tracts.The resultant narrowing of the floor plan at the centre creates two sections in each apartment. The hierarchy of intimacy thus created is strengthened by a split-level arrangement. Each apartment has an open space but still establishes a clear threshold to the public realm. The floorplans avoid through-spaces, and guarantee cross-ventilation and a functional neutrality.

1) Wettbewerb Wohnbebauung Gräf & Stift-Gründe, in: Wettbewerbe, Nr. 23, Wien 1982, S. 23 ff.
2) Helmut Richter: Bemerkungen zum Wohnbau (mit Matrizen der möglichen Wohnungstypen), a. a. O., S. 20 f.; vgl. auch Werk, Bauen, Wohnen, Nr. 5, Zürich 1989, S. 56 f.
3) Gabriele Radtke: Architektur ist Sache des Charakters, in: Bauwelt, Nr. 37, Berlin 1988, S. 1620 f.

1) Wettbewerb Wohnbebauung Gräf & Stift Gründe [Competition Housing Development on the Gräf & Stift Grounds], in: Wettbewerbe, No. 23, Vienna 1982, p. 23 ff
2) Helmut Richter: Bemerkungen zum Wohnbau (mit Matrizen der möglichen Wohnungstypen) [Remarks on Housing (with matrices of possible apartment types)], loc. cit., p. 20 f, comp. Werk, Bauen, Wohnen, No. 5, Zurich 1989, p. 56 f
3) Gabriele Radtke: Architektur ist Sache des Charakters [Architecture is a Question of Character], in: Bauwelt, No. 37, Berlin, p. 1620 f

Wohnanlage Graz
Housing Development Graz

1985–92

Graz,
Steiermark / Styria

St. Peter ist ein Vorort im Südosten von Graz, ländlich und doch zentrumsnahe. 13 Eigentumswohnungen mit Nutzflächen zwischen 75 und 120 m² sind im Direktauftrag eines Bauträgers zu errichten. Die Grundrisse basieren auf gereihten Zweispännern, die sich auf einer Ebene oder als Maisonetten entwickeln. Die tragende Struktur besteht aus einem Stahlbetonskelett, über das eine Stahlkonstruktion mit außenliegenden Stützen für das Dach gestellt ist. Die Fassaden bestehen aus vorgefertigten Holzzement-Paneelen.

St Peter is a suburb to the south-east of Graz, rural and yet close to the city centre. The project involved the construction of 13 privately owned apartments, with floor areas ranging from 75 to 120 m², directly commissioned by the builder. The floor plans are based on a row of dwellings with staircases serving two apartments on each level which are developed either as single-storey or maisonette units. The load-bearing structure consists of a reinforced concrete skeleton frame on top of which a steel construction with external supports for the roof was placed. The facade is made of pre-fabricated wood cement panels.

Der Entwurf für diese Wohnanlage datiert vor dem Projekt Brunner Straße, wird aber erst nach diesem fertiggestellt. Schon im kleinen Maßstab erweist sich die Variationsbreite von um einen halben Lichthof gruppierten Wohnungen. Einerseits gewährleisten diese Höfe eine gute Tagesbelichtung in der Mitte des tiefen Traktes, andererseits ermöglichen sie eine klare Hierarchisierung der Wohnräume nach Intimitätsgraden.[1] Der am Innenhof liegende Flur entkoppelt die öffentlicheren Tageswohnräume von den privateren Schlafzimmern. Lokale Bauvorschriften erfordern bei jeder vierten Wohneinheit, das Treppenhaus als Zäsur offen zu gestalten. Durch die Terrassen auf den beiden Obergeschoßen ergibt sich eine starke Tiefenstaffelung des Baukörpers, die von den freistehenden Rauchfängen noch verstärkt wird.

Whereas the design for this building dates from before the Brunner Strasse project it was only completed after this scheme. Even at this small scale the extent of the variations in the apartments grouped around half a lightwell is clearly revealed. These courtyards serve to provide good daylighting in the centre of the deep tract while also permitting a clear hierarchical arrangement of the internal spaces that is based on the appropriate degrees of intimacy.[1] The corridor facing onto the inner courtyard separates the more public rooms intended for daytime use from the private bedrooms. Local building regulations required that at every fourth dwelling unit the staircase be designed as an open caesura. The terraces on both upper levels produce a dramatic stacking of the depth of the building which is further accentuated by the free-standing chimney flues.

1) Helmut Richter: Bemerkungen zum Wohnbau, in: Wettbewerbe, Nr. 23, Wien 1982, S. 20 f.

1) Helmut Richter, Bemerkungen zum Wohnbau [Remarks on Housing], in: Wettbewerbe, No. 23, Vienna 1982, p. 20 f

Eingang / entrance

Herzog

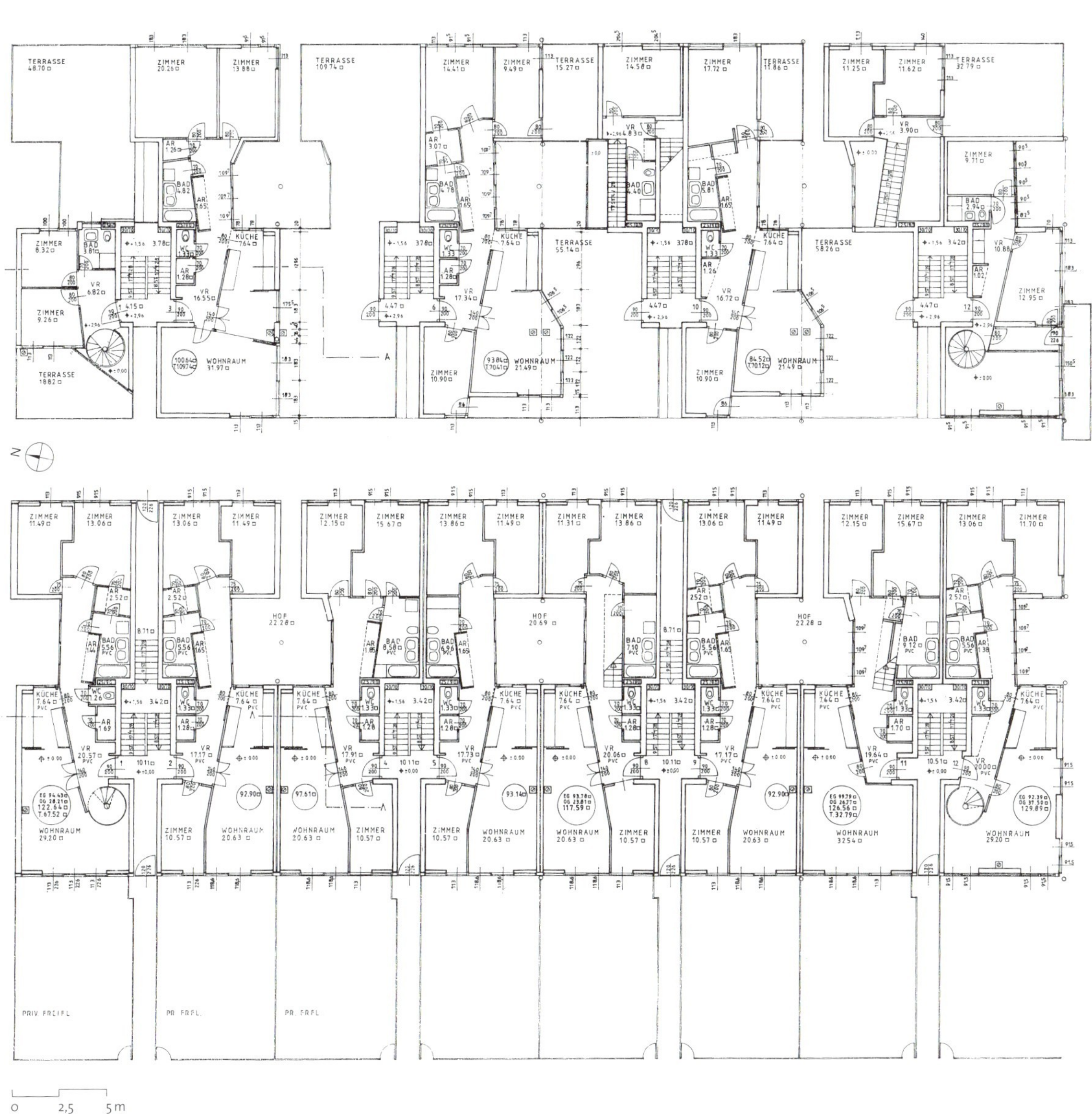
0 2,5 5m

Wohnanlage Brunner Straße

Brunner Strasse Housing Development

1986–90

Wien / Vienna

Herb mutet der Ort für Wiener Verhältnisse an, ortsunüblich hart – weil die städtebaulichen Randbedingungen radikalisierend – Richters architektonische Antwort. Die Brunner Straße ist eine Hauptverkehrsader aus dem südlichsten Bezirk Wiens in das verstädterte Umland, die umtriebige Betriebsstandorte und preisgünstige Wohnadressen abgibt. Das Verkehrsgeschehen auf den beiden Richtungsfahrbahnen und den schmalen Gehsteigen vor Richters Wohnbau ist dicht, die Lärmbelastung für die Anrainer hoch. Eine Beruhigung ist nicht absehbar. Der noch in der Ära des Pferdefuhrwerks dimensionierte Straßenzug bildet ein beengendes Gefäß für den Großstadtverkehr.

Das Wachstum des Individualverkehrs übertrifft hier bei weitem jenes des Stadtkörpers. Der zu Beginn der neunziger Jahre ausgelöste Erweiterungsschub Wiens

For Viennese conditions the location is austere and Richter's architectural response has a hardness that is unusual here as it handles the urban outline conditions in a radical manner. Brunner Strasse is a main traffic artery leading out of Vienna's southernmost district into a surrounding urban sprawl with busy industrial locations and reasonably priced residential areas. The heavy traffic in both directions and the narrow footpath in front of Richter's housing block create an extreme density, the level of noise pollution for the residents is high. A reduction in the amount of traffic is not foreseeable. The street, its width dating from the days of the horse-drawn carriage, creates a bottle-neck for city traffic.

The growth of private traffic here is far in excess of that in the city itself. The expansion phase, which started in Vienna at the beginning of the nineties, has long

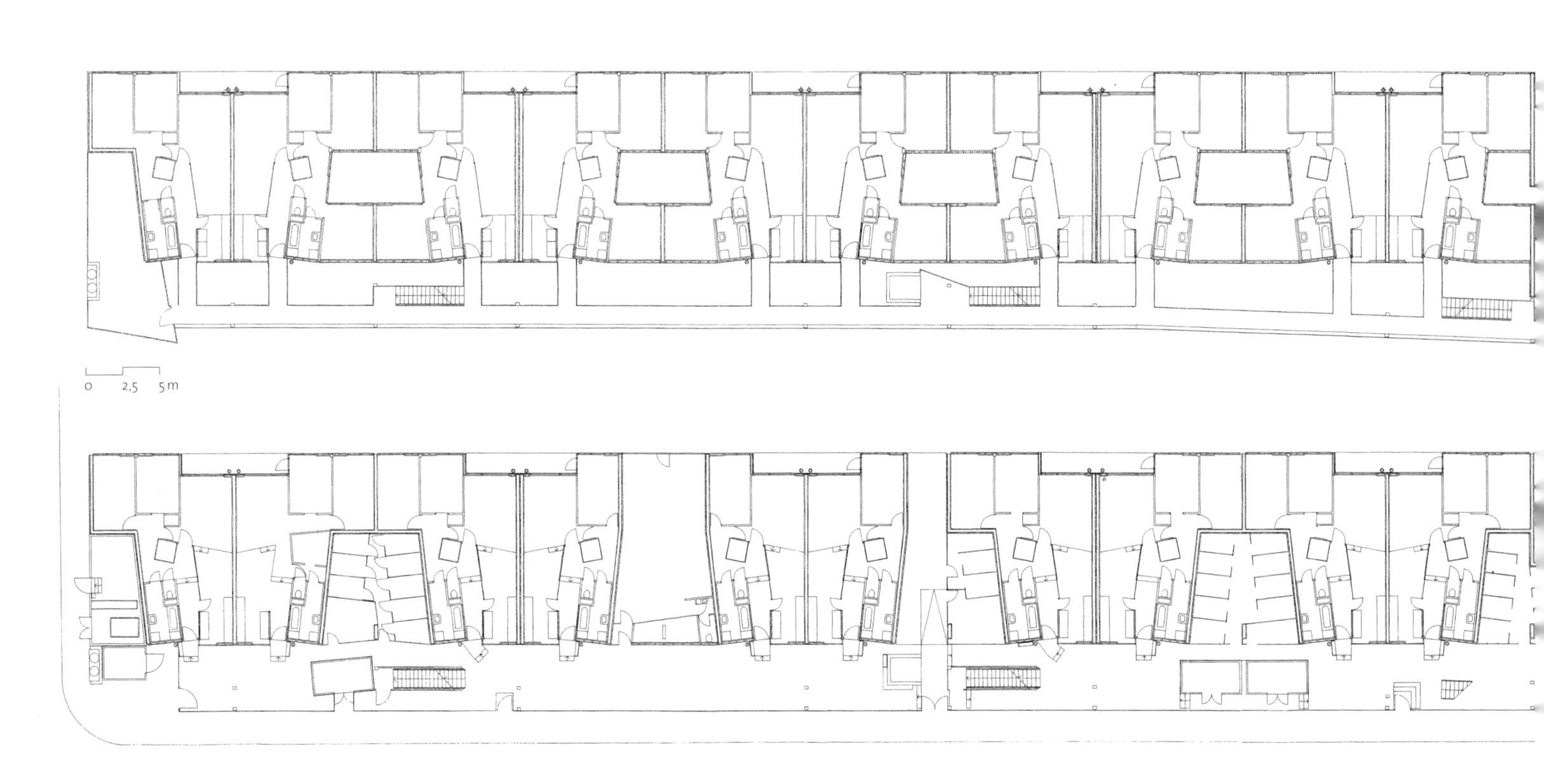

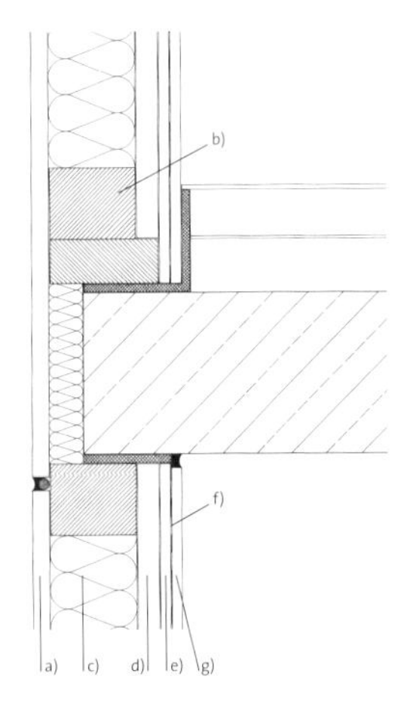

Die Grundrisse von Erdgeschoß und erstem Obergeschoß zeigen eine durchgehende Zonierung in dienende und bediente Teile: Im Osten der etwa 160 Meter lange Laubengang mit den Treppen, im Westen die zu spiegelgleichen Paaren zusammengefaßten Wohnungen. Der Haupttrakt ist durch Höfe und Loggien so gegliedert, daß immer auch der zentrale Bereich der Wohnungen gut belichtet ist. Im nördlichen Drittel reagiert Richter mit gegen Süden gedrehten, vereinzelten Wohnungstypen auf das hier schmälere Grundstück.

Der Vertikalschnitt durch die Fassade mit Deckenanschluß verdeutlicht die Schlankheit der Außenwandtafeln: 17,25 cm starke Sandwichelemente mit Holzzementplatte [a)], Vollholzsteher [b)], 10 cm Mineralfasermatte [c)] als Wärmedämmung, Federschiene [d)], Spanplatte [e)], Dampfsperre [f)] und Gipskartonplatte [g)]. Die Decken sind aus Ortbeton.

The plans of the ground and first floors reveal a consistent zoning into servant and served spaces. On the east side is the deck, approximately 160 metres long, and the staircases, on the west the apartments combined in mirrored pairs. The main tract is articulated by the use of loggias and internal courtyards in such a way that the central area of the apartments is also well lit. In the northern third Richter reacted to the fact that the site is narrower at this point with individual apartment types turned to the south.

The vertical section through the junction between the facade and floor slab reveals the slenderness of the external wall panels: 17.25 cm thick sandwich elements made of wood cement panels [a)], solid timber uprights [b)], 10 cm mineral fibre matting [c)] as thermal insulation, metal frame [d)], compressed wood chip panels [e)], vapour barrier [f)] and plasterboard panels [g)]. The floor slabs are made of in-situ concrete.

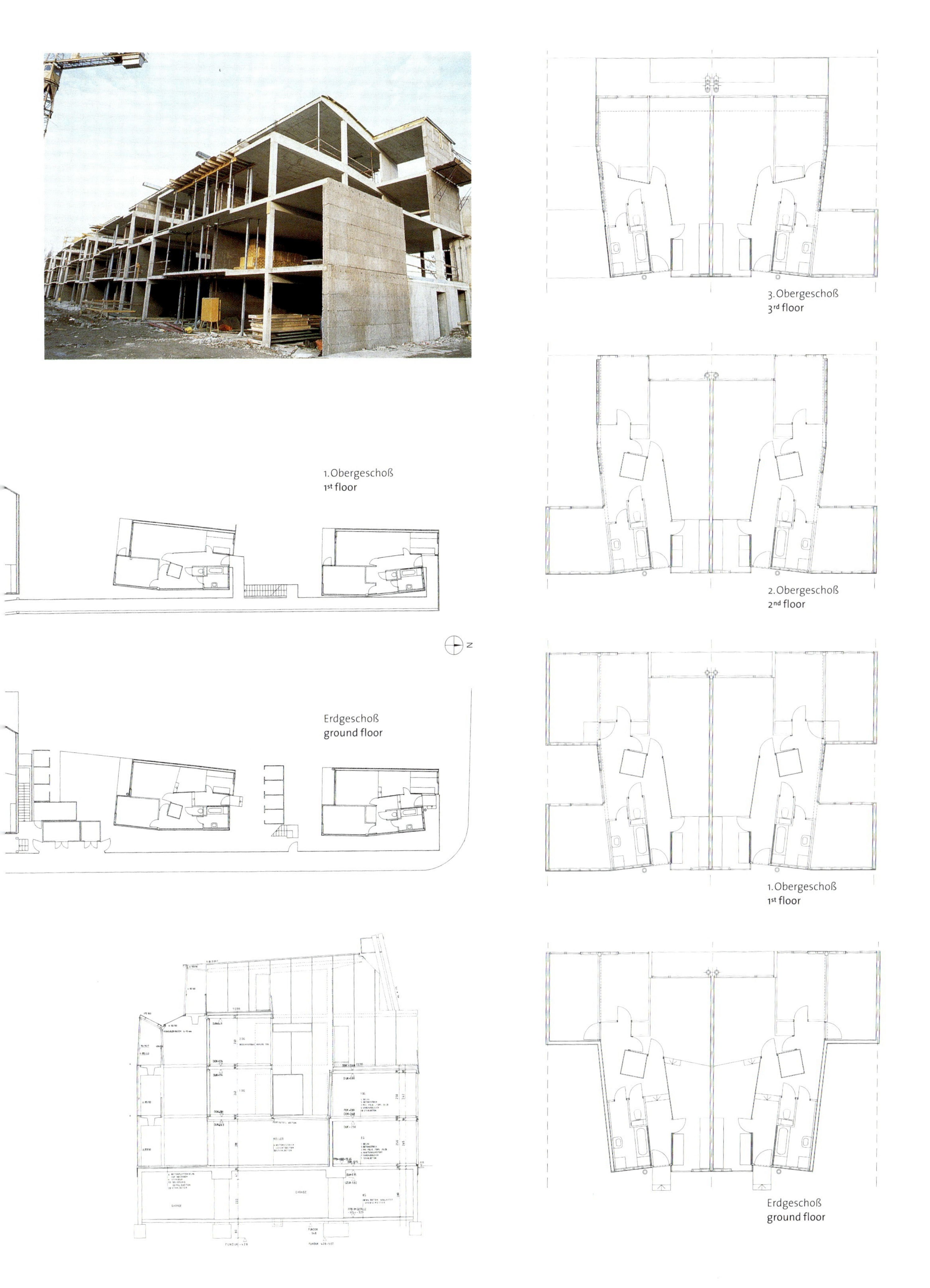
3. Obergeschoß
3rd floor
2. Obergeschoß
2nd floor
1. Obergeschoß
1st floor
1. Obergeschoß
1st floor
Erdgeschoß
ground floor
Erdgeschoß
ground floor

ist längst wieder abgeklungen. Das bauliche Umfeld der Wohnanlage deutet hier in vielem auf eine ins Stocken geratene Entwicklung hin: Unstetigkeiten in Baualter, Grundstücksnutzung und Dichte prägen die Situation. Zum einen gibt Atzgersdorf da und dort noch eine vitale Wohnsituation ab; wo verwilderte Baulandbrachen, verträumte Gebrauchtwagenstellplätze und penibel gepflegte Kleingärten zusammentreffen, ist eine vorstädtische Restidylle spürbar. Zum anderen zeigt sich das in wenigen Gehminuten erreichbare, also im Bewußtsein der Bewohner stets präsente Industriegebiet Liesing als städtebaulich insuffizienter Versuch einer technokratischen Landnahme.

Für diesen exponierten und daher preisgünstigen Bauplatz suchte der gemeinnützige Bauträger per Direktauftrag einen Wohnhausentwurf, der selbstredend

since come to an end. The surroundings of this building suggest a development that has encountered difficulties. Differences in the age of the built substance, in the use of sites and the density of development dominate the situation. On the one hand Atzgersdorf still offers, here and there, a lively residential situation; where overgrown wasteland, sleepy second-hand car lots and carefully tended allotment gardens meet one can still trace the remnants of a suburban idyll. On the other hand, the industrial area Liesing, which can be reached in a few minutes on foot and is therefore part of the residents' consciousness, reveals itself as an inadequate technocratic occupation of territory.

For this exposed, and therefore inexpensive, site the client, a communal body, sought, by means of direct commissioning, a housing design which, of course, had to

Das Wohnbauvorhaben beinhaltet nicht nur den langen Trakt an der Brunner Straße, sondern auch ein Eckhaus an der dazu parallelen Autofabrikstraße. Am Westrand des gleichen Blocks schließt Richter eine Folge abgenutzter Wohnhäuser mit einem technisch analog dem großen ausgelegten kleinen Bauteil ab. Typologisch verwendet er hier über innenliegende Treppenhäuser erschlossene, durchgesteckte Ein- und Zweispänner.

This housing project does not consist only of the long tract on Brunner Strasse, there is also a corner building on the parallel Autofabrikstrasse. At the west end of the same block Richter terminates a row of existing run-down houses with a small element technically analogous to the larger block. Typologically he uses here apartments extending through the building, reached by internal staircases.

den Vorgaben der staatlichen Wohnbauförderung genügen mußte. Richter drückt später seinen Zweifel an der Sinnhaftigkeit einer Bauführung an dieser Stelle aus: »Eigentlich sollte es verboten werden, dort zu bauen. Aber wenn man dort baut, muß man eben beachten, daß die Leute dort nicht ›verboten‹ leben«.[1] Er antwortet auf die ambivalenten Randbedingungen mit einer extremen Formulierung des Laubengangtyps. Mit dem als Puffer

meet certain requirements in order to obtain the state housing subsidy. Richter later expressed his doubts about the sense of building on this site: "In fact it should be forbidden to build there, but if one does build there one must make sure that people do not live like 'forbidden' people."[1] He responds to the ambivalent circumstances with an extreme formulation of the deck access type. He satisfies the residents' need for protection with a circula-

Vor der Bekleidung mit Stahlskelett und Glastafeln ist die betonierte Primärstruktur des Laubenganges erkennbar. Vor der eigentlichen Fassadenebene des Wohnbereiche steht das aus minimalisierten Stützen und Stegträgern gebildete Erschließungssystem. Die Gebäudeecke zur Batschegasse ist durch den vorspringenden Trakt für die Gemeinschaftseinrichtungen betont.

Before the application of the cladding made up of the steel skeleton frame and the glass panes the primary concrete structure of the deck is clearly recognisable. The circulation system made up of minimised piers and supports for the footbridges lies in front of the facade plane of the living area. The corner to Batschegasse is emphasised by a projecting tract housing the communal facilities.

1) »Ästhetik als ethisches Problem. Helmut Richter im Gespräch mit Patricia Zacek«, in: Architektur & Bauforum Nr. 147, Wien 1991, S. 10

1) "Aesthetics as an ethical problem. Helmut Richter in discussion with Patricia Zacek", in: Architektur & Bauforum No. 147, Vienna 1991, p. 10

zwischen Wohnungen und Straße gesetzten Erschließungssystem wird dem Schutzbedürfnis der Bewohner Rechnung getragen, aber auch ihre Ausgesetztheit im Stadtraum architektonisch thematisiert. Die Peripherie als Unort wird radikalisiert, in ihren Widersprüchen sicht- und gerade dadurch erst wohnbar gemacht. Erst der zwischen Ruhe und Fortbewegung offen und unorthodox ausgetragene Konflikt läßt einen identifizierbaren Ort in der diffusen Gemengelage der Randstadt entstehen.

Mit dem Entwurf für die Brunner Straße konkretisieren sich Richters bereits mit dem Projekt für die Gräf & Stift-Gründe dargelegten Grundsätze hochwertigen, also durch »Klarheit und Einfachheit in der Organisation«[2] gekennzeichneten Wohnens und Wohnbaus. Mit bewußt abgewogenen Raumeigenschaften und -bezügen soll

tion system placed as a buffer between the apartments and the street, while also treating thematically their exposure in urban space. The periphery as a non-place is radicalised, its contradictions are made visible and, as a result, it becomes inhabitable. It is the conflict, conducted in an open and unorthodox manner, between calm and movement which permits the development of an identifiable place in the diffuse mix on the edge of the city.

Richter's basic principles of high quality housing and living, characterised by "clarity and simplicity of organisation,"[2] that he earlier demonstrated in the project for the Gräf & Stift grounds become concrete in the Brunner Strasse design. Consciously balanced spatial qualities and references aim at "leaving it up to the individual to choose communication or isolation" for, in Richter's opinion, these are "the most important criteria with regard

»dem einzelnen die Wahl zur Kommunikation als auch zur Isolation selbst überlassen« werden, denn das ist nach Richters Auffassung »wohl das wesentlichste Kriterium des Wohnens und Existierens«. Wohn- und Städtebau sind innig miteinander verknüpft. Der Wohnbau ist die Endzone einer hierarchischen Raumfolge: Sie verbindet das Öffentlichste – die Stadt – und das Privateste – das Rückzugszimmer in der Wohnung; sie kann die soziale Dimension des Seins auffächern oder einschnüren. Wohnbau ist nach Richter also ein Gleichnis auf die Stellung des einzelnen in Familie und Gesellschaft, das sich in Architektur erfüllen kann, das auf dem Weg dahin den Architekten ernsthaft in die ethische Pflicht nimmt: »Die Architekten fordern wir auf, ihre Ängste zu vergessen, nicht zu taktieren. Architektur ist Sache des Charakters, die Kammer verleiht leider keinen Orden dafür.«[3]

to living and human existence." Housing and urban development are closely linked to each other. Housing is the end zone of a hierarchical sequence of spaces, it connects the most public element, the city, and the most private, the space to withdraw to in the dwelling. It can expand the social dimensions of being or restrict them. According to Richter housing is an allegory of the position of the individual in the family and society which can be expressed in architecture. In the course of this process ethical obligations are imposed on the architect: "We call on the architects to forget their fears, not to behave tactically, architecture is a question of character, unfortunately the chamber of architects does not grant any awards for this."[3]

We register the degree to which living spaces are either "public" or "intimate" more clearly the more

Die Ostseite des großen Baukörpers wirkt glatt und hermetisch, die Westseite ist dagegen stark gegliedert. Der Rhythmus dieser Fassade ist durch die Abfolge von fünf Wohnungspaaren bestimmt. Über die zwischengeschalteten Höfe dringt das Tageslicht tief in die Wohnungen ein. Die freistehenden Kamine akzentuieren die Vertikale, die Brüstungsgitter stärken die Horizontale der Gartenfront.

Whereas the eastern side of the major block seems smooth and hermetic, the western side is strongly articulated. The rhythm of this facade is determined by the sequence of five pairs of apartments. Inserted courtyards allow daylight to penetrate deep inside the dwellings. The free-standing flues accentuate the vertical, the parapet mesh strengthens the horizontal line of the garden front.

2) Helmut Richter: Bemerkungen zum Wohnbau, in: Wettbewerbe, Nr. 23, Wien 1982, S. 20 f.
3) a.a.O., S. 21

2) Helmut Richter: Bemerkungen zum Wohnbau [Remarks on Housing], in: Wettbewerbe, No. 23, Vienna 1982, p. 20 f
3) Loc. cit., p. 21

Die sich abgrenzenden, aber auch bedingenden Qualitäten des Wohnens, die »Öffentlichkeits-« oder »Intimitätsgrade« von Wohnräumen sind umso deutlicher spürbar, je prägnanter die zwischengeschalteten Schwellen sind. Besonders wichtig ist daher die von Richter nuanciert bis ins Detail ausgeführte Zäsur zwischen der unerfreulichen Brunner Straße und den Wohnungen. Der Laubengang fungiert als »Transitionsraum«, er macht die Wohnsituation nicht nur luftschalltechnisch, sondern nicht zuletzt psychologisch attraktiv. Auch innerhalb der Wohnungen muß es klare Zonierungen geben: in einen schmutzigen und in einen sauberen Teil, in einen lauten und einen ruhigen. Kommunikation soll von der Raumaufteilung nicht erzwungen, sondern ermöglicht werden, weshalb Rückzugs- nie auch Durchgangsräume sein können. Die Durchbindung der Wohnungen zwischen den

marked the thresholds placed in front of them are. The caesura which Richter suggested and planned down to the last detail that is placed between the hostile Brunner Strasse and the apartments acquires in this context a particular importance. Here the deck functions as a "transitional space" making the living situation attractive, not merely in terms of protection from air transmitted noise, but also psychologically. Clear zonings must exist within an apartment also, a dirty and clean area, a loud and quiet area. The subdivisions of the internal space should not force the inhabitants to communicate with each other but rather allow communication to take place. This is why spaces to withdraw to should never be "through" spaces. The connection of the apartments between the long facades and the individual open space by means of a loggia, a terrace or a balcony, the

Die Fassade des Laubengangs besteht aus einem vor die Betonstruktur gestellten Stahlskelett mit punktgestützten Glastafeln, die eine lärmschützende, aber nicht winddichte Abschirmung bewirken. Die Außenwirkung gründet sowohl im Verschwinden des Details in der übergroßen Fläche als auch in deren Irregularitäten. Indem sich die oberste Reihe der Glastafeln – baugesetzlich bedingt – abschnittsweise leicht zum Haus neigt, indem die Glasflucht nicht einer Geraden, sondern als Polygon der Baulinie folgt, ist der Glaskörper ausdifferenziert. Die Glashaut wirkt gespannt.

The facade to the deck consists of a steel skeleton frame with point-fixed glass panes. It provides noise protection but is not wind-tight. The external effect is based on the disappearance of details in the oversized surface and also in its irregularities. As (for reasons relating to the building regulations) the uppermost row of glass panels is gently inclined in sections towards the building and as the glazing follows the building line not as a straight line but as a polygon the glass element is differentiated and the glass skin appears stretched.

W552551

Markant in der Straßenfassade sind die mit roten Kunststoffplanen eingehüllten Erschließungselemente. Die obersten Treppenläufe und der Aufzugsschacht geben der transparenten Wandflucht räumliche Tiefe. Mit den wenigen, in Primärfarben gehaltenen Flächen wird der avantgardistische Ton des Glasvorhangs verstärkt. An den übrigen, privateren Fassaden beschränkt sich Richter dagegen auf die Eigenfarben der Baumaterialien – auf Grautöne.

The access elements wrapped in red synthetic tarpaulins form a striking note in the street facade. The top flight of the staircases and the lift shaft give the transparent wall a spatial depth. The few surfaces in primary colours strengthen the avant-garde feeling of the glass curtain. On the other, more private facades Richter restricts himself to the natural colours of the building materials – shades of grey.

Längsfassaden und der individuelle Freiraumbezug über eine Loggia, eine Terrasse oder einen Balkon, die Orientierung der Tageswohnzimmer zur Sonne oder die Situierung der Wandöffnungen nach dem Ausblick sind weitere konsequent verwirklichte Eigenschaften dieses Wohnraumkonzepts.

Organisation und Bauweise der zwischen 45 und 121 m² großen Wohnungen möchten möglichst viele langfristige

orientation of the spaces for daytime living towards the sun or the placing of the wall openings that is determined by the view are further, consistently realised qualities, revealed by this concept of living space.

The organisation and constructional system of the apartments, which range between 45 and 121 m² in floor area, is intended to keep as many long-term options for use open as possible. The structural principle of this

Die Laubengänge sind transparent eingehauste, weitgespannte Betonbrücken, von denen kurze Stege zu den Wohnungstüren führen. Der Luftraum gewährleistet die Belichtung der Küchen, Wohn- und Sanitärräume. Er nimmt den Aufzug und andere haustechnische Installationen auf; er wahrt nicht zuletzt die Distanz zwischen der Halböffentlichkeit der Erschließungszone und der Privatheit der Wohnungen.

The decks are transparently housed, wide-spanning concrete bridges from which short footbridges lead to the apartment doors. The void provides light for the kitchens, living rooms and sanitary facilities. It accommodates the lift and other service facilities and, not least significantly, preserves the distance between the semipublic circulation zone and the private realm of the apartments.

Nutzungsoptionen offenhalten. Das konstruktive Prinzip dieser Anlage ist daher naturgemäß das bekleidete Skelett, das sowohl dem Planer als auch dem Nutzer die größten Freiheitsgrade einräumt, aber auch die höchste Präzision bei der Herstellung erfordert. Pro Wohneinheit sind die Fixpunkte minimiert: ein Haustechnikschacht, eine Wandscheibe, eine tragende Stütze. Die Decken sind, unterstützt durch einen Unterzug, von

complex is therefore, naturally, the clad skeleton frame as it allows both planner and user the maximum degree of freedom but also demands the greatest precision in the production process. In each dwelling unit the fixed points are reduced to a minimum: a duct for services, a wall slab, a load-bearing pier. The floor slabs, supported by a beam, span from one party wall to the next. The internal subdivision of the apartments is by means of

Im Rahmen des sozialen Wohnbaus sind die Ausstattungs- und Ausführungsstandards für die dienenden Bereiche traditionell dürftig. Zur Aufwertung zieht Richter Unverzichtbares als Stärkung für seine Raumschichtung zwischen Öffentlichem und Privatem heran. Die den Wohnungen dienenden Schaltkästen schaffen mit vorgelegten Stufen, der eingeschwenkten Eingangstüre und dem darüberliegenden Steg rudimentäre Vorzonen im weiten Passagenraum.

In the field of social housing the standard of fittings and construction is traditionally somewhat inadequate. To improve this situation Richter used functionally necessary elements to strengthen his layering of space between public and private. The switch boxes serving the apartments together with steps in front of the hall door, the recessed door itself and the footbridge above it create rudimentary threshold zones in the broad passageway.

Bestimmende innenräumliche Eigenschaften des Laubengangs sind seine Längsperspektive, die panoramatische Sicht auf die Straße und die industrielle Anmutung der Baumaterialien. Als architektonische Wirkungseinheit ist er trotz der fast spartanischen Details reich durch die ungewohnten Raumwirkungen.

The long perspective, the panoramic view of the street and the industrial feeling of the materials used are the significant internal qualities of the deck. As an architectural unit it has, despite the almost Spartan detailing, a rich quality resulting from the unfamiliar spatial effects.

Hinter der Wohnungstüre verfügt man über einen Vorraum, der seitlich in die schmale Küche oder geradeaus in eine zentrale Verteilungszone mündet. Die Längswände des Vorbereichs sind nicht parallel, sondern weiten sich zum Wohnraum, der durch eine transluzente Wand zu spüren ist. Die Sichtbezüge zwischen den Räumen können grundsätzlich vom Nutzer durch die Wahl der Wandmaterialien mitbestimmt werden. Kochen, Essen und Wohnen sind aber immer in einem von Fassade zu Fassade durchgehenden Raum zusammengefaßt.

Behind the apartment door is the hallway which leads on one side into a narrow kitchen or straight ahead into a central distribution zone. The walls on the long side of this hall are not parallel, the space widens towards the living room which announces itself through a translucent wall. The residents can determine the visual relationships between the spaces by their choice of wall materials. Cooking, eating and living are, however, always contained in a space that extends from facade to facade.

einer Wohnungstrennwand zur nächsten gespannt. Die Unterteilung wird mit Leichtwänden bewerkstelligt; durch leichte Modulation der Richtungen dieser jederzeit reversiblen Einbauten in der orthogonalen Gesamtfigur entstehen gerichtete Räume, optimierte, spannungsgeladenere Raumsequenzen.

Die Wandöffnungen mit Aluminiumfenstern und -schiebetüren sind durchwegs geschoßhoch und wirken

light-weight walls. Through slight modulation of the directions of these insertions in the orthogonal general plan, which can be altered at any time, oriented rooms are created, optimal, exciting sequences of spaces.

The wall openings with aluminium frame windows and sliding doors are storey-height and seem to dissolve the boundaries of the space. The external walls are only 17 cm thick, a compactness previously unknown in

Die 62 Wohnungen mit Größen von 45 bis 121 m² sind von einer durchgängigen Typologie ausgezeichnet. Der knapp bemessene Eingangsbereich wird von der Küche und den Sanitärräumen flankiert. Der Wohnraum und die Zimmer werden über eine zentrale Verteilungszone mit eingelagertem Abstellraum erschlossen, die sich verschiedentlich zu den angrenzenden Räumen oder zum Hof öffnen kann.

The 62 apartments ranging in size from 45 to 121 m² are characterised by a through-type typology. The tightly dimensioned entrance area is flanked by the kitchen and sanitary facilities. The living room and bedrooms are reached from a central distributor zone with an inserted storage space. This zone can open either to the adjoining rooms or onto the courtyard.

Im obersten Geschoß liegt der Laubengang direkt vor den Wohnungsfassaden. Dadurch ergibt sich dort eine gegenüber der Straßenflucht zurückgesetzte Glasfassade. Die Zugangszone ist nach oben offen, die Stege sind allerdings durchgängig mit transluzenten, zum Haus geneigten Wellpolyesterplatten gedeckt.

On the top floor the deck is directly in front of the apartment facade. This creates a glass facade set back from the street line. The approach zone is open on top, the bridges are, however, continuously roofed with translucent corrugated polyester panels that slope towards the building.

raumentgrenzend. Die in dieser Kompaktheit im Geschoßwohnbau in Österreich unbekannten Außenwände aus einer vorgefertigten Holzriegelkonstruktion tragen das ihre zur Großzügigkeit der Räume bei. Die unzähligen, nicht primär unter einem ästhetischen, sondern unter einem technisch-ökonomischen Primat, im Kontext des sozialen Wohnbaus sehr wohl nach einem ethischen Anspruch getroffenen Detailentscheidungen treten zu

the field of multi-storey housing. They are made of a prefabricated timber construction clad with cement-bound hardboard panels which also make a contribution to the generosity of the rooms. The innumerable design decisions, which are based primarily on a technical and economic approach rather than an aesthetic one and, in the context of social housing, certainly have an ethical basis, combine to create a general impression which is

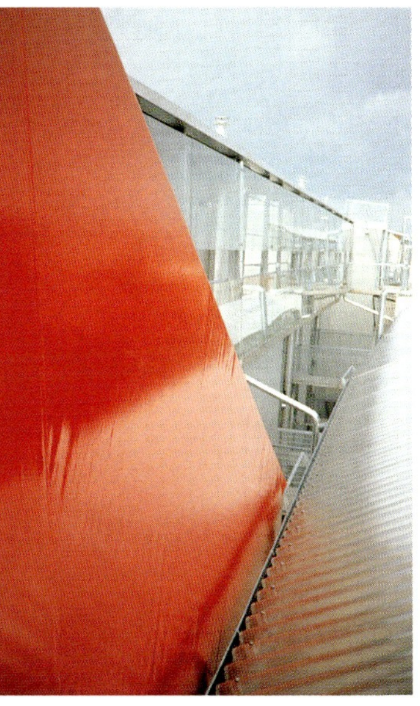

Gerade die oberen Laubengänge offerieren eine Vielzahl räumlicher, durch Werkstoffe und Konstruktion besonders akzentuierte Erfahrungen. Die Stahlkonstruktion gibt ein serielles Raumgitter vor, die unterschiedlichen Begleitwerkstoffe (Sicherheitsglas, Wellpolyester, Stahlgitter, Kunststoffmembran etc.) in zuvor noch selten gesehener Fügung garantieren einen experimentellen und intellektuellen Raumcharakter.

It is in particular the upper decks that offer a variety of spatial experiences accentuated by the materials and construction used. The steel construction creates a serial spatial mesh, the different materials employed (safety glass, corrugated polyester, steel grilles, synthetic membranes etc.) put together in a way seldom seen before guarantee a spatial character that is experimental and intellectual.

einer Gesamtwirkung zusammen, die als sparsam, klar und innovativ, aber auch als überfordernd, riskant und hermetisch empfunden wird. Diese Wohnanlage hat zu Beginn der neunziger Jahre die Grenzen der Machbarkeit im geförderten Wohnbau in Wien offenkundig gemacht. Einem normalerweise mit mehreren Zentimetern Fehlertoleranz agierenden Bauwesen eine Genauigkeit von wenigen Millimetern abzuverlangen, war kühn. Richter hat mit einem Kraftakt sein Konzept durchgesetzt und bewiesen, daß man über den Stand der Technik und des Wissens, auch der ökonomischen und politischen Kompetenz, nur in einer Ausnahmesituation, nur in einem Moment der Besessenheit, hinauswachsen kann.

registered as economic, clear, innovative but also demanding, risky and hermetic. At the start of the nineties this housing development revealed the boundaries of what was possible in the area of subsidised housing in Vienna. To demand precision measured in millimetres from a building industry which normally operates with tolerances of several centimetres borders on wishful thinking. With a show of strength Richter pushed his concept through and proved that one can go beyond the current state of technology and knowledge and also economic and political responsibility only in an exceptional situation, in a moment of obsession.

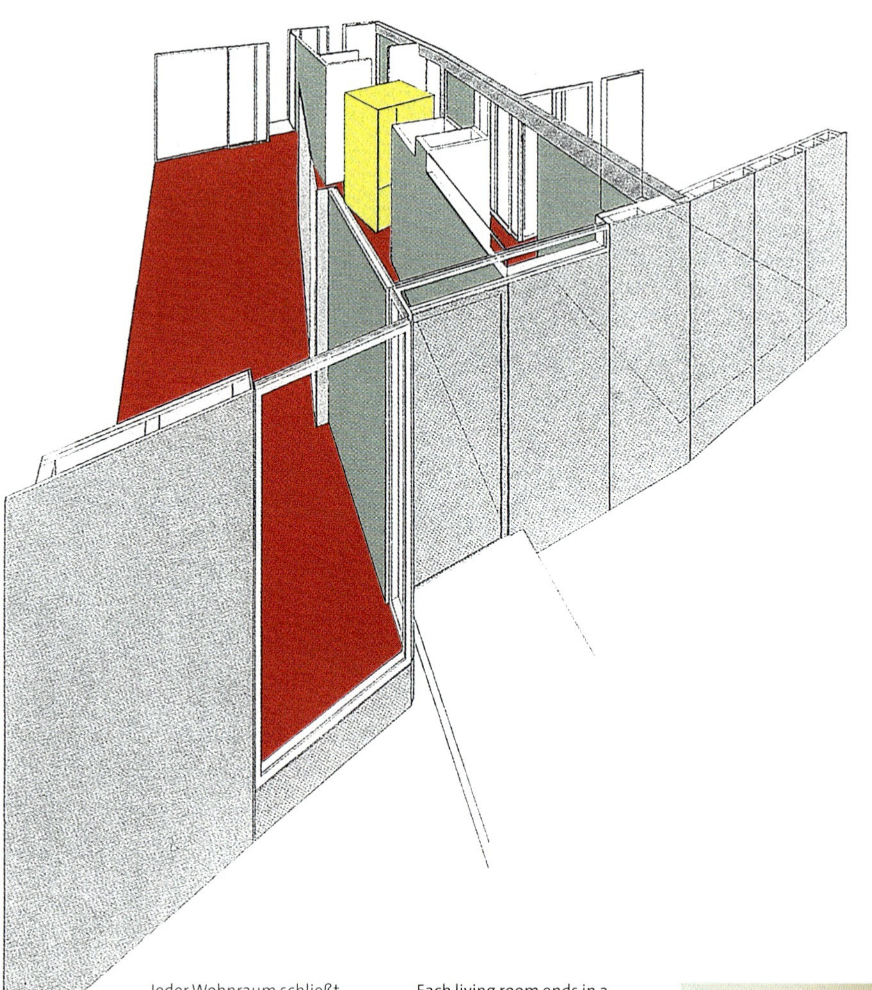

Jeder Wohnraum schließt gartenseitig mit einer Loggia oder einer Terrasse ab. Diese Außenwand ist großzügig verglast und öffenbar. Die kleinsten mit den größten Grundrissen verbindet konzeptiv die folgerichtige Stufung der Privatheit vom Eingang bis in das Schlafzimmer und der intensiv verwirklichte Außenraumbezug.

Each living room ends in a loggia or terrace. This external wall is generously glazed and can be opened. The graduation of privacy from the entrance to the bedroom and the intensive relationship to the outside forms a conceptual link between the largest and the smallest apartments.

Die fast tangentiale Situierung der Oper zur Place de la Bastille erschwert eine simple achsiale Komposition. An einer unregelmäßigen Kreuzung von zwölf, teils hochfrequentierten Straßen ein repräsentables Vorfeld, eine dominante Schauseite auszuprägen, ist denkbar schwierig. Dieser Entwurf intendiert gar keinen Umbau des Platzes, sondern setzt auf dessen Umwertung durch eine fernwirkende Selbstdarstellung. Die Erschließungen der Oper sind an vielen Stellen sichtbar, treten mit medialen Botschaften an den Fassaden zu einem vielschichtigen Bild zusammen.

Das große Auditorium für 2.700 Personen, der Bühnenturm, das für raschen Programmwechsel ausgelegte Kulissenhaus, das Experimentaltheater mit bis zu 1.500 Sitzplätzen und die mit dem großen Saal kombinierbaren Probensäle sind in der zentralen Zone zusammengefaßt. Sie sind Sekundärkonstruktionen, die in die beiderseits begleitenden Trakte mit 30 bis 50 Meter Spannweite eingehängt sind. Das erleichtert allfällige Änderungen der Raumzuschnitte. Die anliegenden Parallelstrukturen sind ein- bis viergeschossig. In ihnen sind Verwaltung, Werkstätten, Archive, Presseclub, Restaurants, Bars, Boutiquen etc. untergebracht.

The situation of the opera house, almost tangential to Place de la Bastille, made a simple axial composition difficult. To create an imposing forecourt and a dominant facade on an irregular crossing of twelve streets, some of them very busy, is difficult indeed. This design does not aim at restructuring the square but rather at re-evaluating it by means of a self-representation with a long-distance effect. The circulation system within the opera building is made visible at many points and appears with medial messages along the facades thus creating a multi-layered image.

The major auditorium for 2,700 people, the fly-tower, the stage set building which is designed for rapid changes of programme, the experimental theatre with up to 1,500 seats and the rehearsal spaces which can be combined with the large hall are contained in the central zone. They are secondary constructions that are hung in the accompanying tracts on either side with spans of between 30 and 50 metres. This design move makes it easier to carry out any changes to the proportions of the spaces, that might eventually become necessary. The adjoining parallel structures are one to four storeys high. They accomodate administration, archive, press club, restaurants, bars, boutiques, etc.

Opéra de la Bastille
Opéra de la Bastille

1982 – 83

Internationaler Wettbewerb, Paris

International competition entry, Paris

Das neue Opernhaus ist eines der acht zum Revolutionsjubiläum initiierten Präsidialprojekte. Der Auslober des Wettbewerbs erhofft sich viel: Weltarchitektur auf einem engen Eckgrundstück, nationale Identitätsstiftung mit erstrangigem Musiktheater, eine urbanistische Klärung für einen undeutlichen Stadtraum, eine zwingende Großform mit etwa 725.000 m³ in kleinteiligem Umfeld. Der Entwurf geht von einer stringenten inneren Ordnung, einer durch parallele Trakte eingefaßten Reihe von Großräumen aus, die möglichst viele Optionen offenhält. Richter schreibt: »Die Oper ist ein Konzept. Der Wert eines Konzeptes besteht in der Freiheit seiner Benutzung.«[1] Der Bau ist kein städtebaulicher Ordnungsversuch, eher eine multiple Animationsmaschine, die ihrer Zeit, weit voraus ist, weil sie keinen der postmodernen Codes zitiert – und daher von der Jury übersehen wird. Die Kontur des Planungsgebiets wird mit gläsernen Vorhängen nachgezeichnet, das Innenleben aktiv und passiv nach außen projiziert.

This new opera house was one of eight projects initiated by the President to commemorate the jubilee of the French Revolution. The authorities who set up the competition had considerable expectations: world class architecture on a tight corner site, the establishment of national identity with a first class music theatre, the urban clarification of an incoherent urban space, an imposing major form of about 725,000 m³ in small-scale surroundings.This design starts from a stringent internal order, a series of major spaces framed by parallel tracts. Richter writes, "The opera house is a concept. The value of a concept lies in the freedom with which it can be used."[1] This building is not an attempt to create an urban order but rather a multiple animation machine far in advance of its time because it does not quote any of the post-modern codes and, for this very reason, was overlooked by the jury. The contour of the planning is traced with glazed curtain walls which project the interior life outwards, both actively and passively.

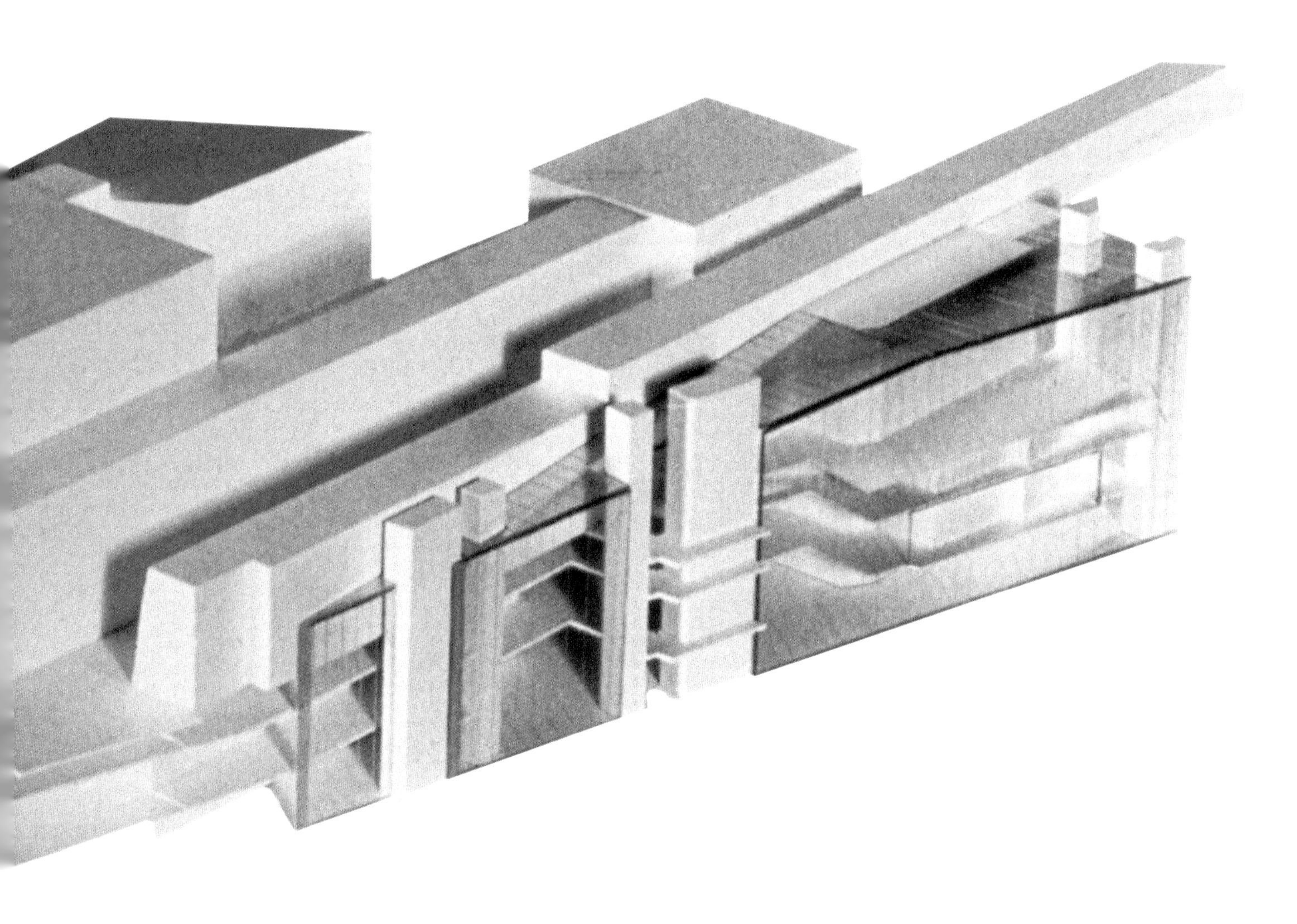

1) Helmut Richter: Erläuterung zur Oper Paris, zitiert in: Otto Kapfinger, Franz E. Kneissl : Dichte Packung. Architektur aus Wien, Salzburg und Wien 1989, S. 97

1) Helmut Richter: Erläuterung zur Oper Paris [Remarks on the Paris Opera] quoted in: Otto Kapfinger, Franz E. Kneissl: Dichte Packung. Architektur aus Wien [Dense Package. Architecture from Vienna], Salzburg and Vienna 1989, p. 87

Sport- und Freizeitpark Tivoli
Tivoli Sport and Leisure Park

1997–98

Wettbewerb
Innsbruck, Tirol

Competition entry
Innsbruck, Tyrol

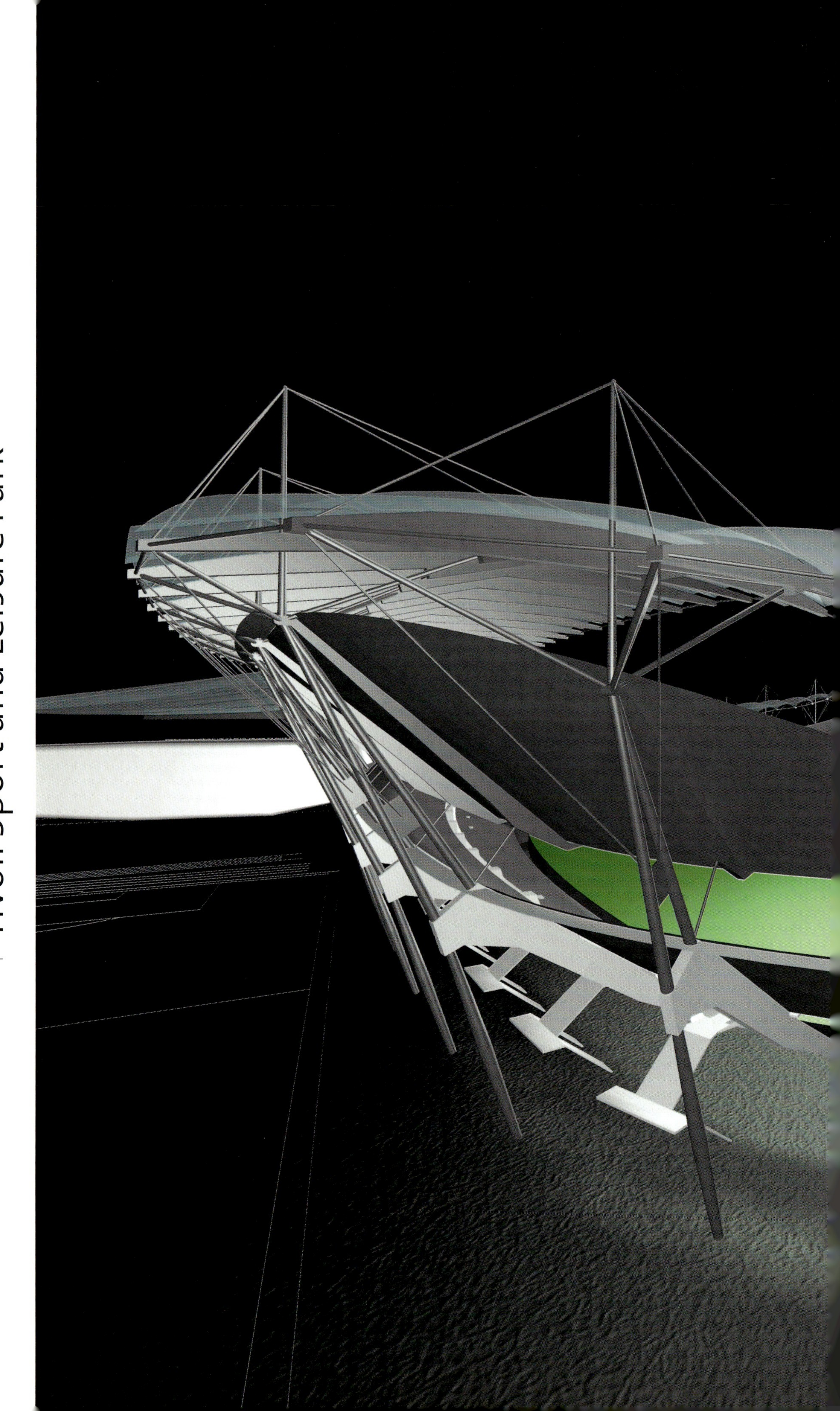

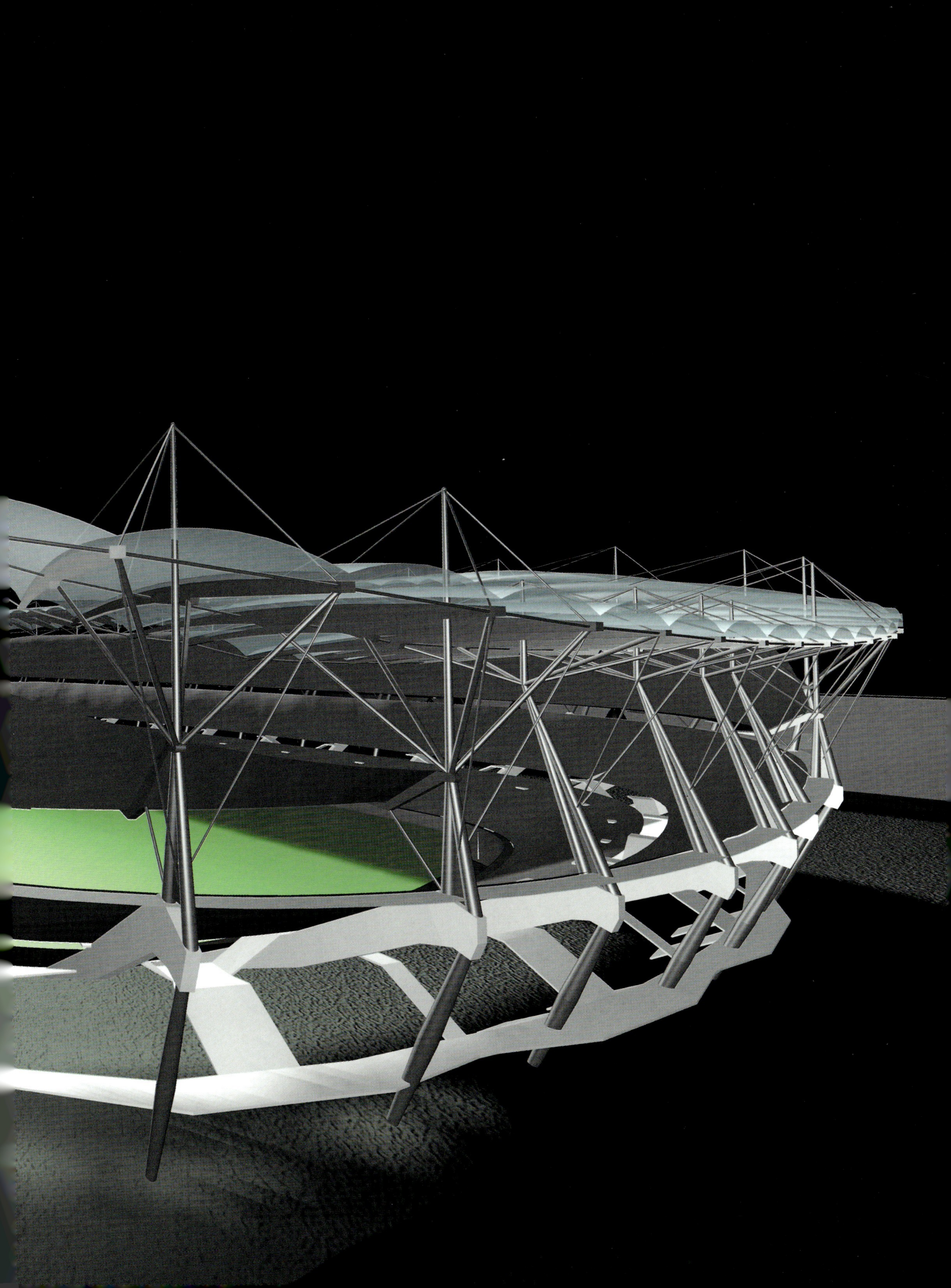

Die nach zwei ausgetragenen Olympischen Winterspielen als Sportstadt etablierte Tiroler Metropole möchte sich auch im Sommersport stärker profilieren. Im unweit vom Hauptbahnhof gelegenen Stadtteil Pradl wurden seinerzeit Eissporthalle und Eisring, zudem später ein Landessportheim errichtet; in der Nähe befindet sich das traditionelle Fußballfeld des ortsansässigen Bundesligaclubs. Im Umfeld dieser Anlagen soll als Ergänzung und

The Tyrolean capital, which established itself as a sporting city after twice holding the Winter Olympics, wanted to improve its image as regards summertime sport.
In Pradl, an urban district not far from the main railway station, the Ice Hall and the Ice Rink were erected, followed by a federal sports hostel. The traditional soccer pitch of the local federal league club is located close by. The intention now is to lay out a sport and leisure park, as

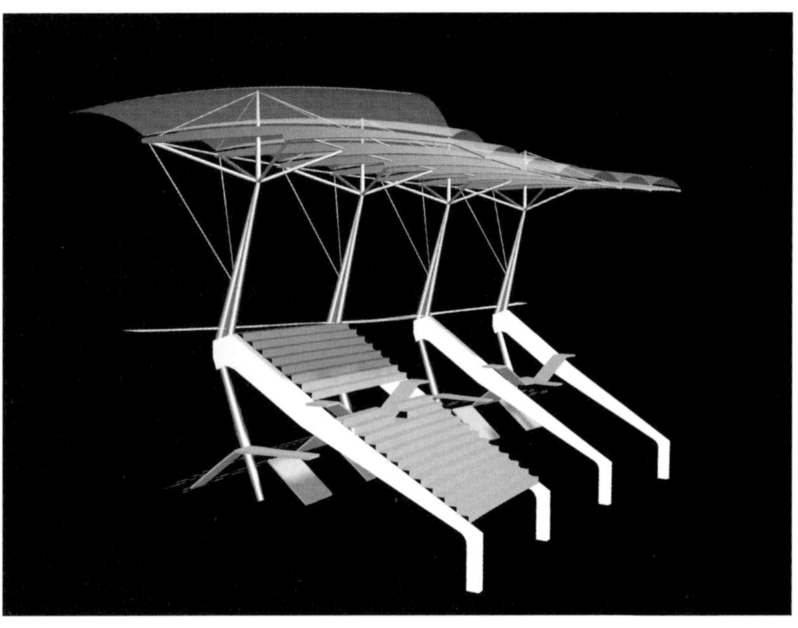

Der untere Tribünenkranz besteht aus stufenförmigen Stahlbetonfertigteilen und faßt 20.000 Zuschauer. Die Tribünen für die 10.000 Erweiterungsplätze werden auf den beiden Längsseiten des Stadions als Stahlkonstruktion an die A-Böcke der Dachtragwerke montiert.

The lower ring of stands is made of stepped pre-cast concrete elements and accommodates 20.000 spectators. The stands for the additional 10.000 places are on both long sides of the stadium in the form of a steel construction mounted on the A-frames of the roof structure.

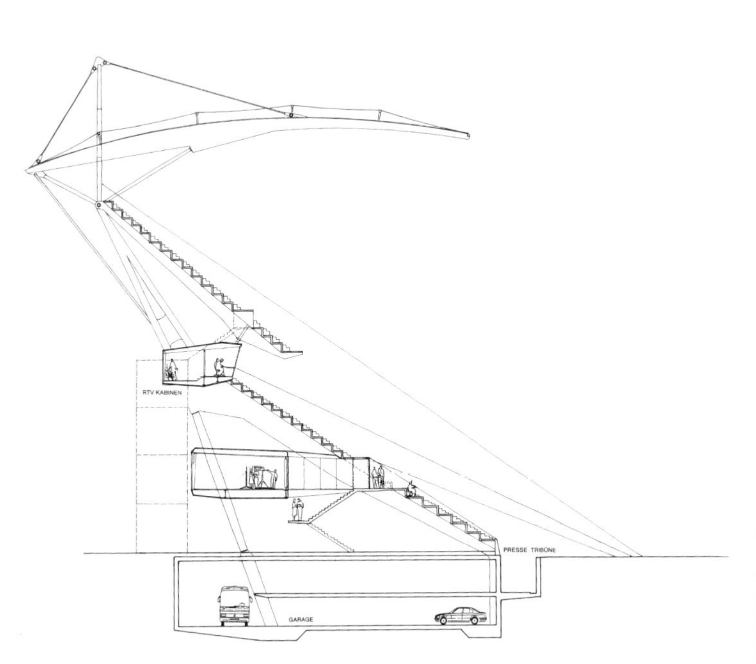

Ersatz der bestehenden Anlagen ein Sport- und Freizeitpark angelegt werden. Neben einem Fußballstadion mit Übungsfeldern waren daher eine Leichtathletik- und Ballspielanlage für Schul- und Freizeitsport, weiters eine entsprechende Parkierungsanlage auf zu engem Grundstück als Thema eines Wettbewerbes gestellt. Da sich Österreich um die Ausrichtung der Fußballeuropameisterschaft 2004 beworben hat, werden mehrere

an addition to and replacement of the existing facilities, in the proximity of these existing sports grounds. Thus a soccer stadium with practice pitches alongside a light athletics and ball sports complex for school and leisure sport as well as the requisite parking facilities – on a site that was too small – were made the subject of a competition. As Austria has applied to hold the European Football Championships in 2004 several stadiums with

Stadien mit 30.000 Sitzplätzen benötigt. Allerdings braucht das für den nationalen Spielbetrieb gedachte Grundstadion nur die Hälfte dieser Zuschauer zu fassen und nur diese Kapazität zu überdachen.

Der Entwurf Richters enthält im zweistöckigen Tiefgeschoß 567 Parkplätze, die Zufahrt für die Autobusse und die Umkleidekabinen der Sportler. Das von einem Graben umgebene Spielfeld liegt auf Straßenniveau,

30,000 seats will be needed. However the basic stadium for national sporting activity must accommodate only half this number of spectators and shelter them with a roof.

Richter's design contains 567 parking spaces in a two-storey basement along with the approach for buses and the players' changing rooms. The pitch surrounded by a moat is at street level where the access to the seating, reached via steps, is also located.

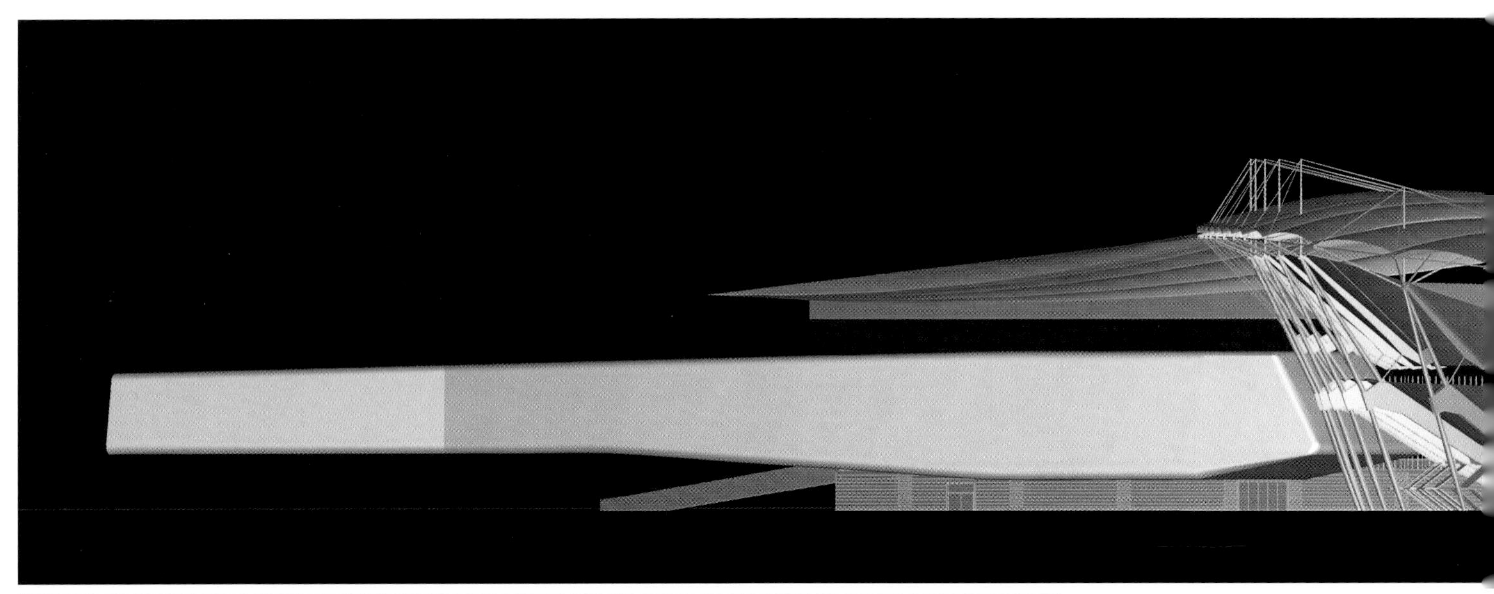

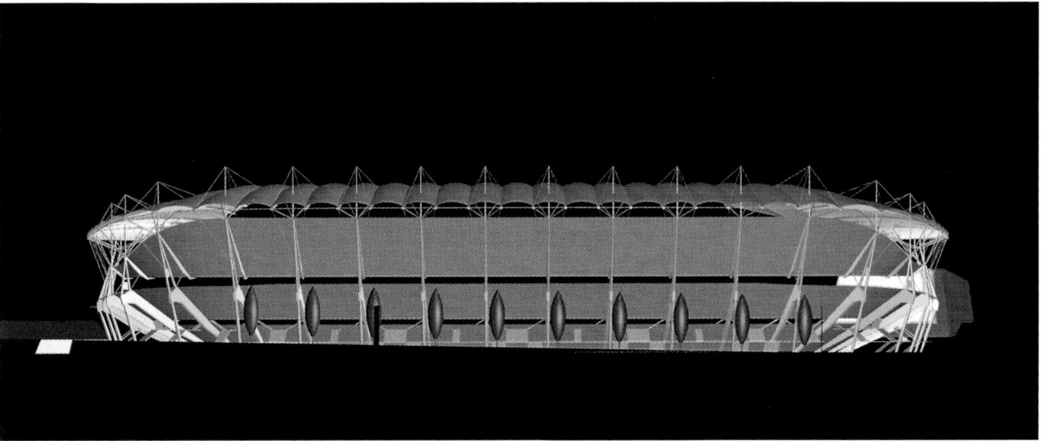

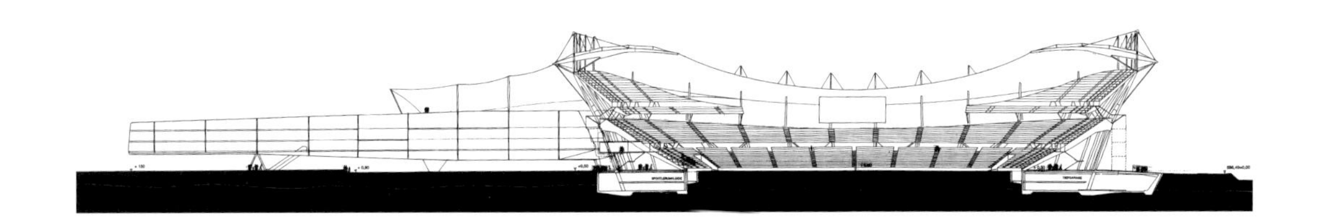

Das Stadion erscheint einerseits durch seine feingliedrige Struktur und seine geschlossene Form signalhaft als Solitär, andererseits sucht es mit dem Nebentrakt stadträumliche und funktionale Zusammenhänge mit dem Bestand. In dem langgestreckten, ebenfalls mit Membranen eingedeckten Flügel sind Spielfelder für Beachvolleyball, die Tribüne für den benachbarten Eisring und weitere Trainingseinrichtungen untergebracht.

On the one hand, the stadium appears to be a free-standing building due to its finely articulated structure and closed form, on the other, however, it attempts with the side wing to establish urban and functional relationships with the existing buildings. In the long wing, also roofed with a membrane, beach volleyball courts, the stands for the neighbouring ice rink and further training facilities are accommodated.

wo auch der Zugang zu den über Treppen erreichbaren Sitzplätzen erfolgt.

Konstruktiv bilden Tribünentragwerk und Dachtragwerk eine Einheit, wobei eine Mischkonstruktion gewählt wurde: die hohen Lasten der unteren Ränge liegen auf einem steiferen Stahlbetonteil auf, dieser wiederum stützt sich auf eine Stahlstütze. Die Konstruktion setzt sich zum Dach hin in Form eines A-Bocks in Stahl fort.

The construction of the roof and the stands forms a structural unity whereby a mixed system was chosen. The loads of the lower terraces are transferred to stiffer reinforced concrete which is carried by steel columns. Towards the roof the construction is continued in the form of steel A-frames.

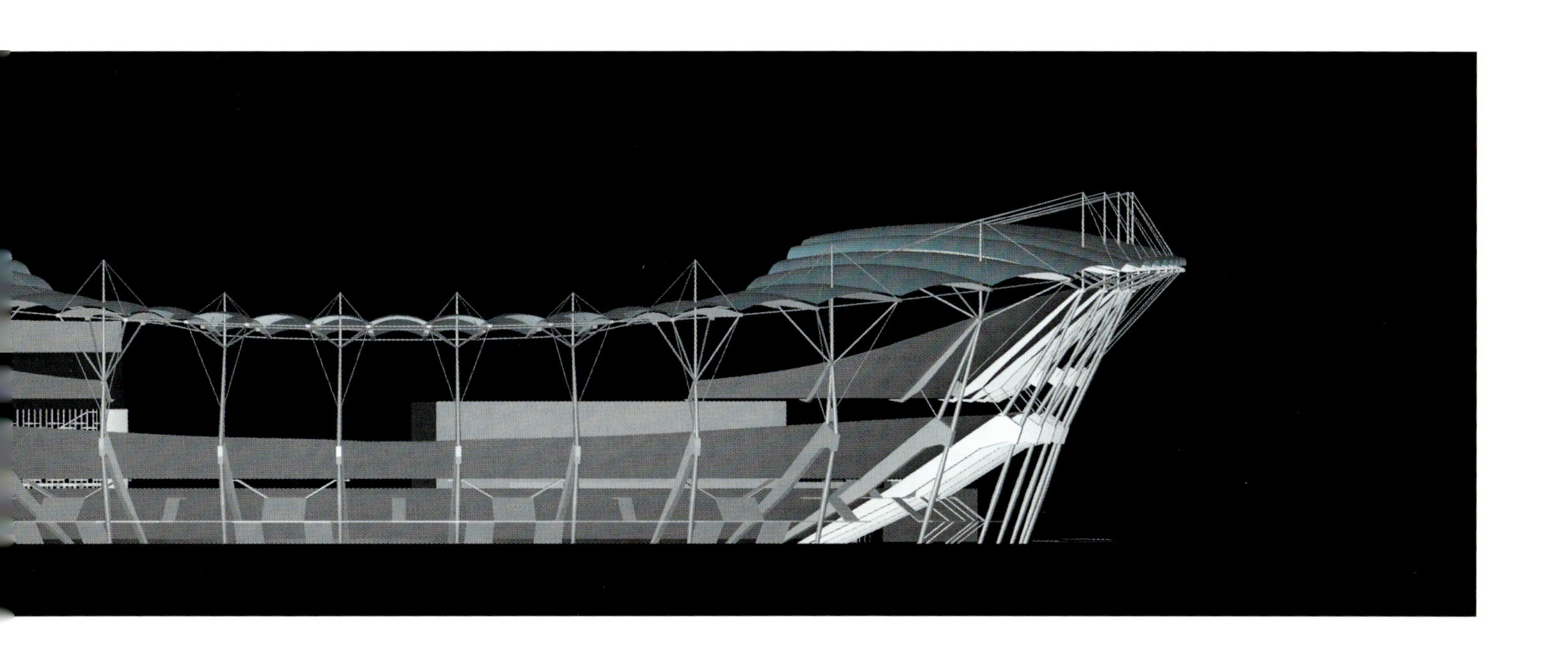

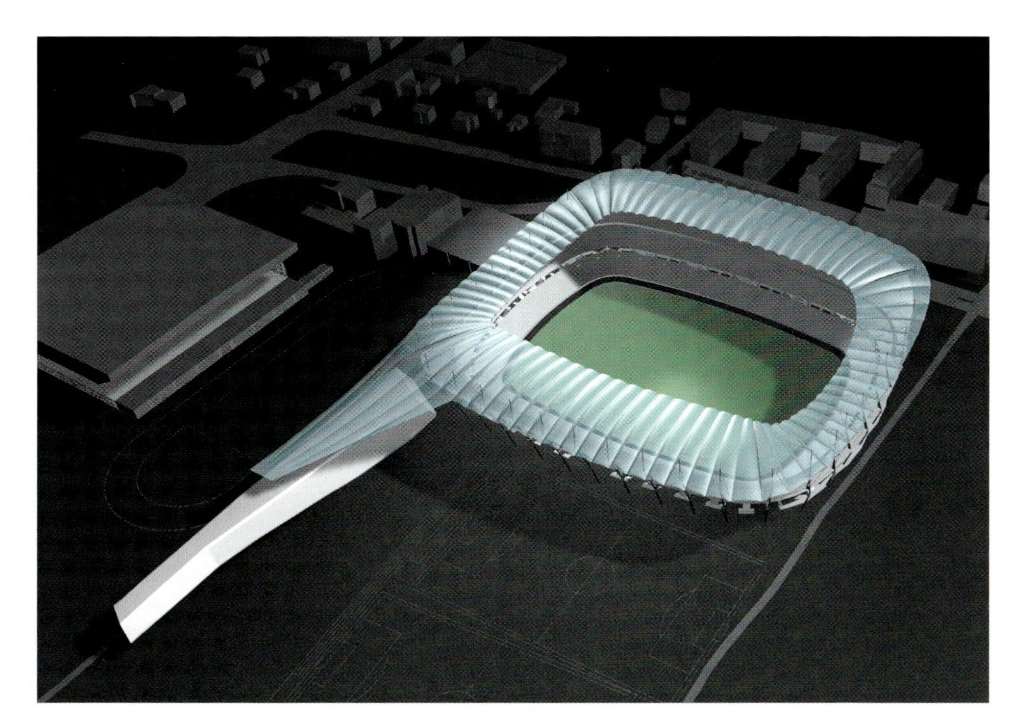

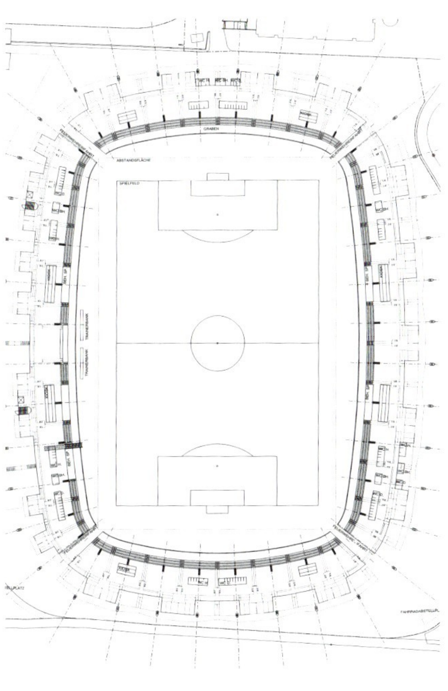

Quartier Pulvermühle/Haselhorst
Pulvermühle District/Haselhorst

1991–92

Geladener Wettbewerb
Berlin-Spandau

Competition entry
Berlin-Spandau

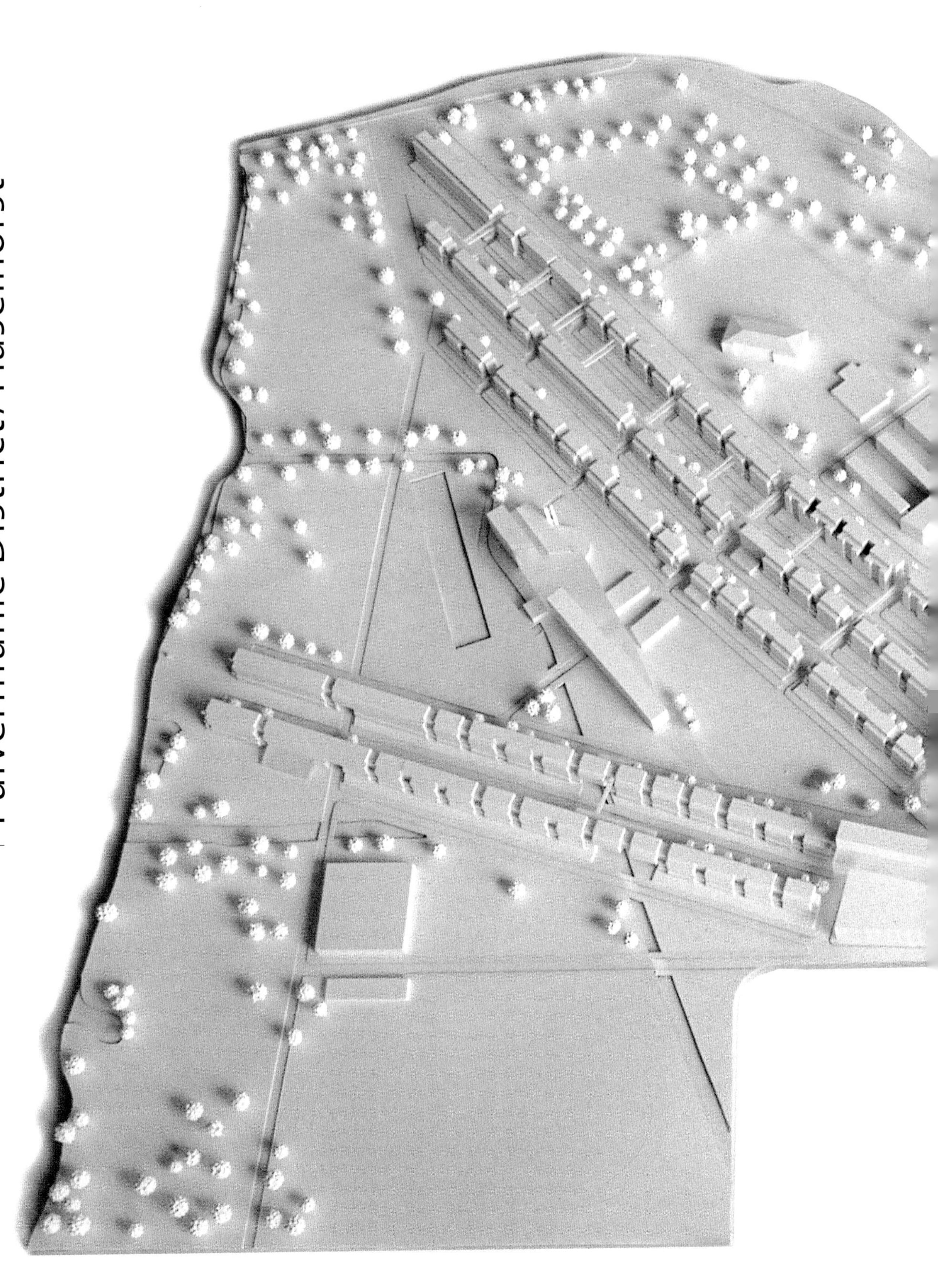

Das weitverzweigte Flußsystem der Havel beeinflußt naturgemäß die Siedlungstätigkeit im Westen Berlins. Im Zentrum des Bezirks Spandau weitet sich die Oberhavel und läßt die erst 1997 erfolgte Taufe des Flusses als Spandauer See zutreffend erscheinen. Dessen hier beplante südöstliche Hemisphäre ist durch die mächtige Zitadelle [1] und durch zahlreiche, zu den Ausläufern der Siemensstadt zählende Industriebauten [2] bestimmt. Die Ufer dieses Stadtteils waren als Interna des Festungsareals während der letzten eineinhalb Jahrhunderte von der Stadtentwicklung abgeschnitten. Eine systematische Quartierplanung setzte erst ein, als 1991 das Projekt

The river Havel with its many arms naturally influences the development of settlements in western Berlin. In the centre of the district Spandau the Upper Havel broadens making the christening of this section of the river "Lake Spandau", which took place in 1997, seem justifiable. The south-east hemisphere dealt with in this project is primarily determined by the powerful citadel [1] and numerous industrial buildings which belong to the outskirts of the Siemensstadt [2]. As part of the fortifications the river banks of this urban district were cut off from urban development during the last 150 years. Systematic district planning first started here with the project

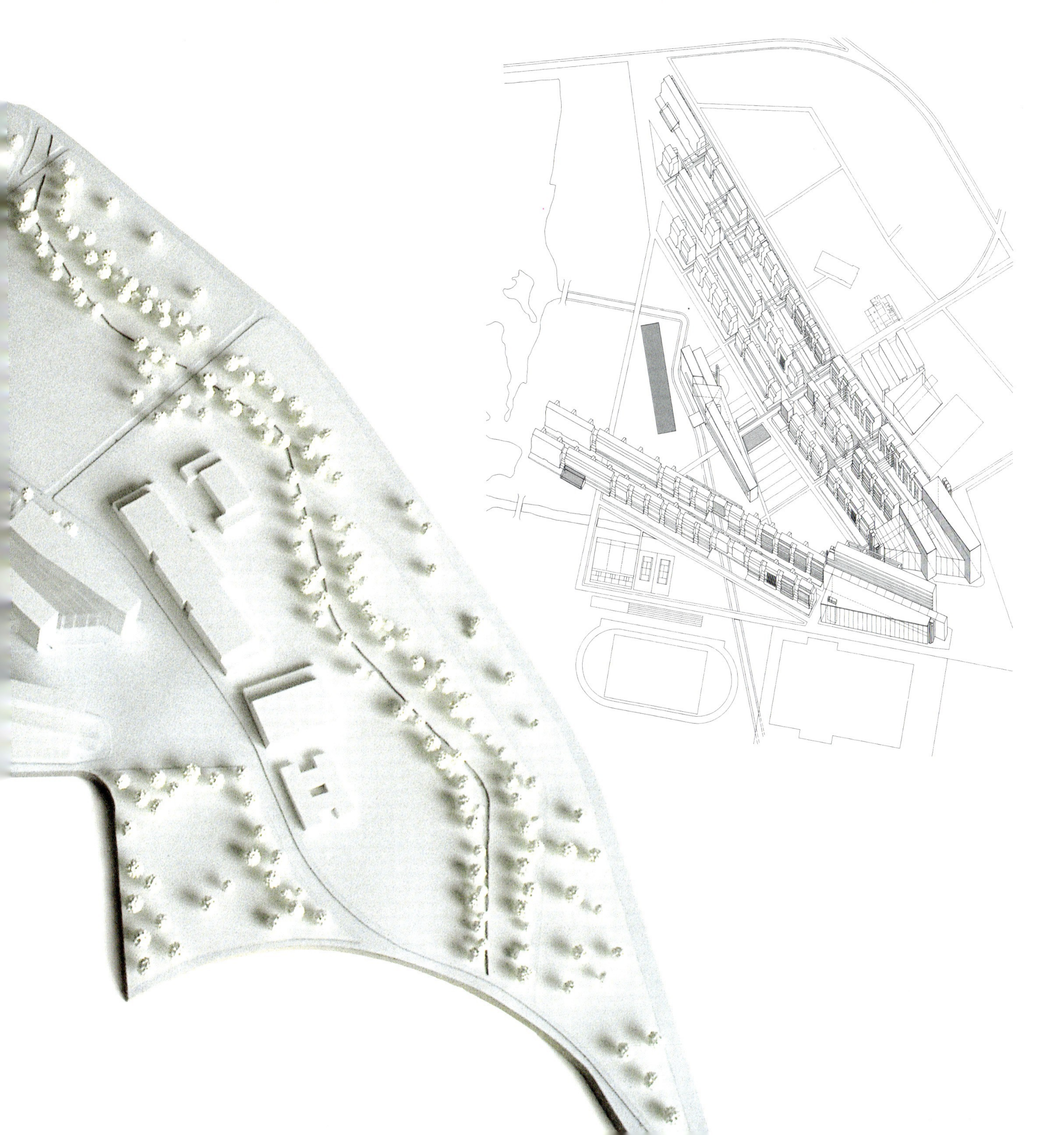

»Wasserstadt Berlin-Oberhavel«[3] beschlossen wird. Ein Bauabschnitt wird nun bis zum Jahr 2000 im Bereich der ehemaligen Pulvermühle[4] realisiert, den zuvor nur ein Campingplatz und eine Notsiedlung genutzt hat. Für das 13 Hektar große Gelände war ein Bebauungskonzept gesucht, in dem etwa 1200 Wohnungen, Bauten für Einzelhandel, Dienstleistung und Büroarbeit, nicht störende Produktionsanlagen und die notwendigen sozialen Infrastrukturen enthalten sein sollten.

Richters Entwurf basiert auf zwei, spitzwinkelig zueinander situierten Gruppen von parallelen Bauten. Sie schließen einen Grünzug ein, der vom freigehaltenen

"Wasserstadt Berlin Oberhavel"[3] which was set up in 1991. One section is to be built by 2000 in the area of the former Pulvermühle,[4] which was previously used only as a camping site or for emergency housing. The aim was to create a development concept for the 13 hectare site in which 1200 apartments, shops, services and offices, acceptable manufacturing complexes and the necessary social infrastructure could be housed.

Richter's design is based on two groups of parallel buildings placed at an acute angle to each other. They enclose a green area which leads from the undeveloped lake shore to the urban centre of Haselhorst and, as a

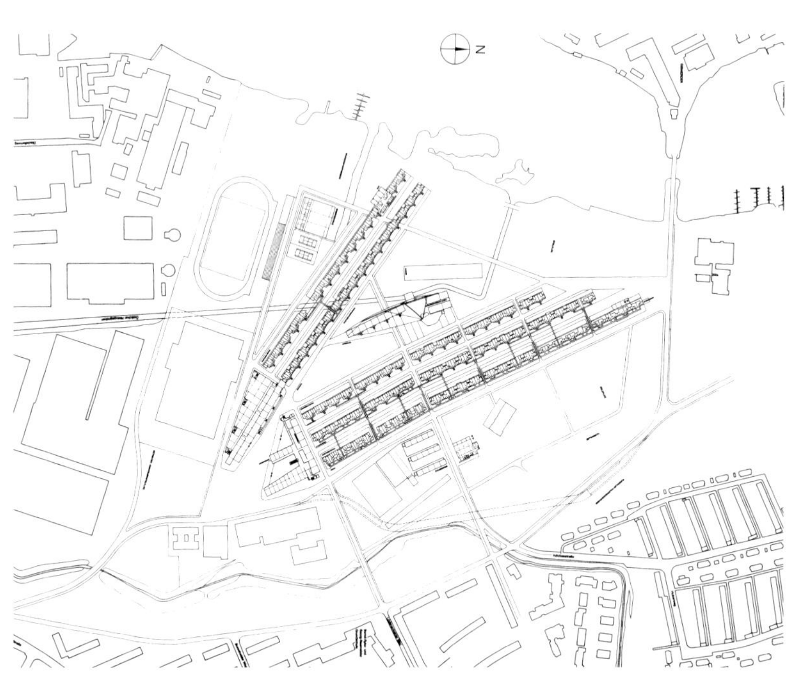

Bemerkenswert sind die Typologien der verschiedenen Bauteile, die auf gleichzeitig oder zuvor entwickelte Projekte Richters anspielen. So reflektiert der multifunktionale Bau im zentralen Grünzug den Zeitungsstand von 1968, freilich vom Stadtmobiliar durch einen Maßstabssprung zum Quartieridentität stiftenden Zentralbau gewandelt. Die fünfgeschoßigen Zweispänner der Wohnzeilen sind zwar nicht durchwegs über Laubengänge erschlossen, übernehmen aber Organisationsprinzipien, wie sie in den Wiener Wohnbauten Brunner Straße und Grundäcker verwirklicht sind. Die vorgeschlagene Grundschule ergibt sich aus einer Spiegelung des Schulbaus am Kinkplatz, dessen universelles Organisationsgerüst sich so erweist.

The typologies of the various building types are remarkable, they refer to projects which Richter developed earlier or concurrently. As an example: the multi-functional building in the central green space reflects the newspaper stand dating from 1968 but is, of course, transformed by the change in scale from a piece of urban furniture to a central building that contributes to the identity of a district. The five-storey double rows of the housing blocks are not accessed solely by means of galleries but adopt organisational principles used in the Brunner Strasse and Grundäcker housing projects in Vienna. The proposed elementary school is a mirrored replica of the school on Kinkplatz offering proof of the universal nature of this building's organisational framework.

Seeufer in die Stadtteilmitte von Haselhorst weist und durch die kompakte Einfassung bzw. die enthaltenen Funktionen den Charakter eines Stadtparks annimmt. Die zehn Geschoße hohen Köpfe der Wohnzeilen bergen Büros und Läden, verstärken am östlichen Zugang das urbane Gepräge. In den Stadtpark ist ein solitärer Bau mit öffentlichen und halbprivaten Nutzungen eingelagert. Das Preisgericht anerkennt aber weder den von Richter intendierten Kontrast zwischen großstädtischer Bebauungsdichte und kultivierter Flußlandschaft noch seine an diesem industriell geprägten Ort stimmige rationale Architektur.

result of the compact manner in which it is defined and the functions it contains, has the character of an urban park. The ten-storey high end elements of the housing blocks contain offices and shops and strengthen the urban character at the eastern approach. A free-standing block with public and semi-private functions is located in the urban park. The jury, however, recognised neither Richter's intended contrast between urban density and a cultivated river Landscape nor his rational, atmospheric architecture for this location with an industrial character.

1) Institut für Regionalentwicklung und Strukturplanung (Hrsg.): Berlin, Brandenburg. Ein Architekturführer. Berlin 1993, S. 142 ff. Übersichtlicher bauhistorischer Abriß zu Stadtteilen und Einzelobjekten
2) Wolfgang Ribbe, Wolfgang Schäche: Die Siemensstadt. Geschichte und Architektur eines Industriestandorts. Berlin 1985, S. 145 ff. Profunde Analyse des nicht nur für Berlin herausragenden urbanistischen und industriegeschichtlichen Phänomens Siemenswerke
3) Dirk Müller (Hrsg.): Projekt Wasserstadt Berlin Oberhavel. Quartier Pulvermühle Spandau Haselhorst. Städtebaulicher Realisierungswettbewerb. Dokumentation der Senatsverwaltung für Bau- und Wohnungswesen, Berlin 1993. Knappe Darstellung der Ziele des Auslobers, des Urteils des Preisgerichts und Abbildung der Arbeiten aller Teilnehmer
4) Wasserstadt GmbH (Hrsg.): Stadt am jungen See. Entwicklungsgebiet Spandauer See. Berlin o. J. Publikumsorientiertes Resümee der bisherigen Planungs- und Bauleistungen, die der treuhändische Entwicklungsträger des Landes Berlin bisher für Spandau initiiert hat.

1) Institut für Regionalentwicklung und Strukturplannung (ed.): Berlin Brandenburg ein Architekturführer. Berlin 1993, p. 142 ff. A short architectural survey of urban districts and individual buildings
2) Wolfgang Ribbe, Wolfgang Schäche: Die Siemensstadt. Geschichte und Architektur eines Industriestandorts. Berlin 1985, p. 145 ff. Profound analysis of the phenomenon of the Siemens plants which, not only in the case of Berlin, represent an outstanding phenomenon in both urban and industrial terms
3) Dirk Müller (ed.): Projekt Wasserstadt Berlin Oberhavel. Quartier Pulvermühle Spandau Haselhorst. Städtebaulicher Realisierungswettbewerb. Documentation of the senate administration for construction and housing. Berlin 1993. A brief description of the goals of the competition organiser, the decisions of the jury and depictions of the entries of all participants
4) Wasserstadt GmbH (ed.) Stadt am jungen See. Entwicklungsgebiet Spandauer See. Berlin no date. A résumé, oriented towards the general public, of the planning and constructional achievements to date which the trust development body of the State of Berlin has initiated for Spandau.

Siedlung Buchholz-Ost
Buchholz-Ost Housing Development

1997–

Demonstrativwohnbau bei der Bauausstellung Berlin 1999

Model housing project at the Berlin Building Exhibition, 1999

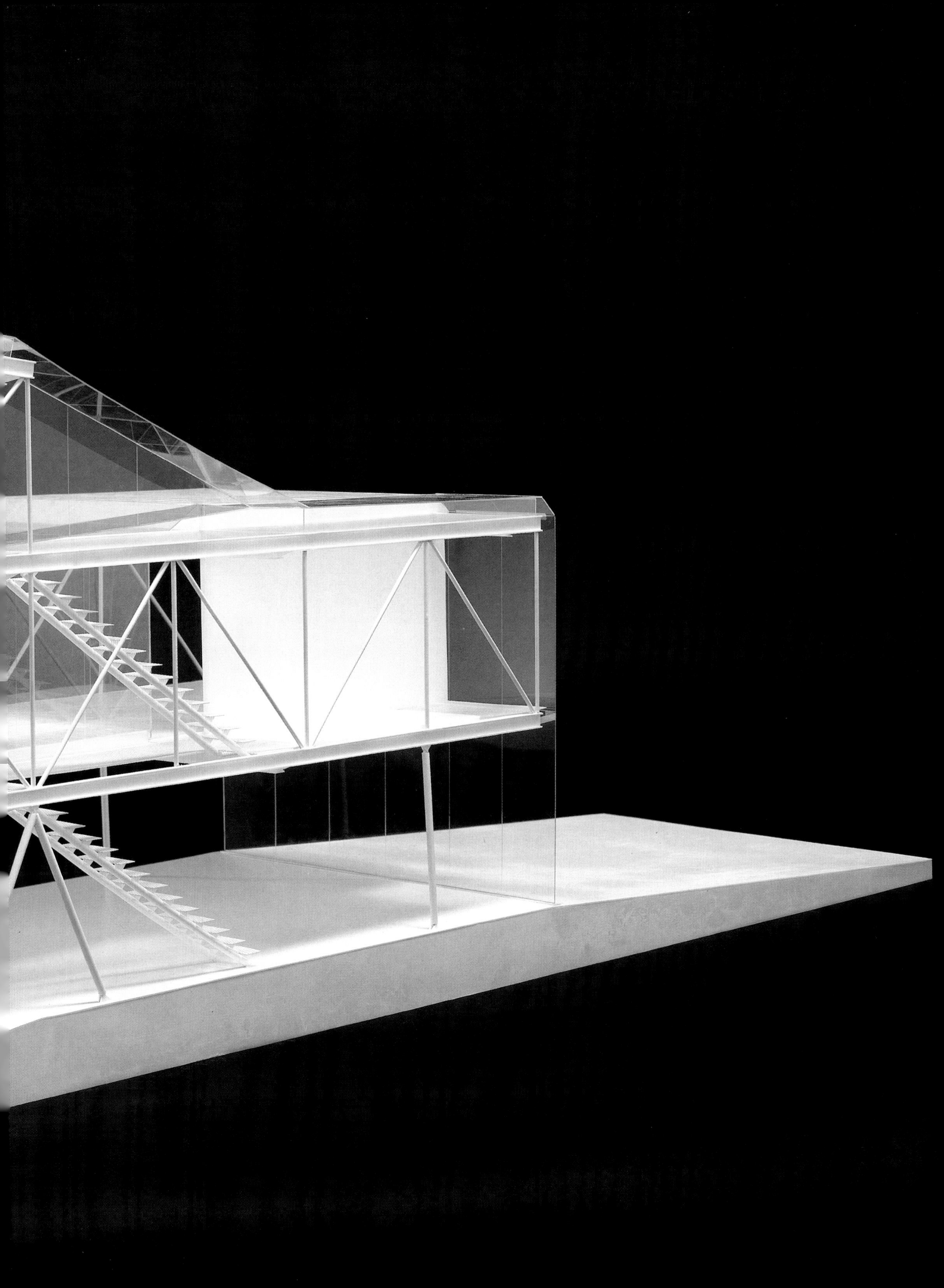

Anläßlich von Bauausstellungen sind immer wieder konzeptive Weichenstellungen für die Wohnungspolitik deutlich geworden. Berlin kann auf die wegweisenden Veranstaltungen von 1931, 1957 und 1984/87 zurückblicken. 1999 steht im Nordosten der Stadt das Einfamilienhaus zur Diskussion, nachdem eineinhalb Jahrzehnte zuvor der Geschoßwohnbau als konstituierendes Element der Stadt prägendes Ausstellungsthema war. Angesichts der starken Abwanderung von Berlinern in das Umland sollen nun für mittlere Einkommen erschwingliche, zeitgemäße Formen individualisierten, selbstfinanzierten und gartenorientierten Wohnens vorgestellt werden.

On the occasion of building exhibitions conceptual guidelines for housing policy are very often clarified. Berlin can look back on the exhibitions in 1931, 1957 and 1984/87 all of which indicated new directions. In 1999 in the north-east of the city the single-family house became once more an item for discussion after, for a decade and a half, the multi-storey housing block as a constituent urban element had been the dominant exhibition theme. As a response to the strong stream of migration from Berlin to the surrounding areas reasonably priced, contemporary forms of individualised, self-financed and garden-oriented living for people with

Man strebt dabei einen dritten Weg zwischen urbanistisch geordneter Großsiedlung und amorpher Stadtrandagglomeration an, um die Kultivierung der Peripherie voranzutreiben, die – nicht nur in Berlin – die größte Wohnbaudynamik aufweist.

Buchholz-Ost ist einer von fünf Standorten, an denen nach der vom Berliner Senat beschlossenen Eigentumsstrategie 2000 in der Zusammenarbeit zwischen Investoren, Wohnungsbauunternehmen und öffentlichen Stellen beispielhaftes Wohnungseigentum entstehen soll. Nach fünf Jahrzehnten, in denen die Förderung des Mietwohnbaus für beide Teile Berlins marktbestim-

middle incomes were to be presented. An attempt was made to take a third path between the urban order of the major housing estates and the amorphous agglomeration on the edge of the city in order to promote the cultivation of the periphery which – not only in Berlin – is where the dynamics of housing are most dramatically present.

Buchholz-Ost is one of five locations where, in accordance with the Private Ownership Strategy 2000 passed by the Berlin Senate, exemplary privately owned housing is to be developed involving collaboration between investors, housing construction companies and public

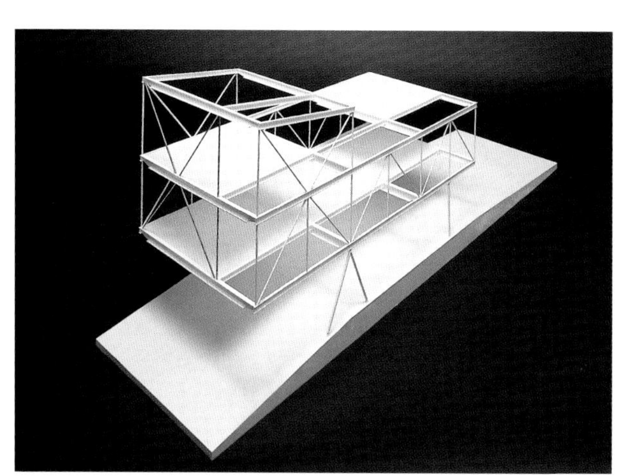

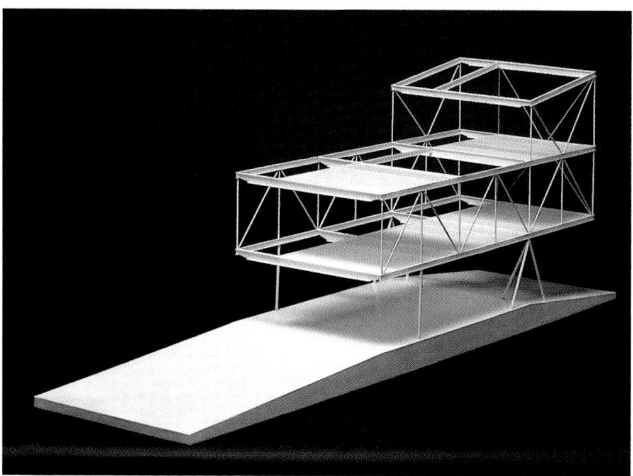

Das Konzept Richters für Buchholz-Ost führt seine Thesen zum Wohnbau konstruktiv weiter. Die Primärkonstruktion muß billig und rasch errichtet sein, das Stahlskelett ist daher erste Wahl. Es kommen IPE-Träger für die Deckenroste und Rundrohre für die Stützen zum Einsatz. Das statische System ist so gewählt, daß es mit einem Minimum an Lagerungen stabil ist: auf dem gegen die Straße leicht erhöhten Fundament unterstützen ein Dreibein, eine A-Stütze und zwei Pendelstützen den auflagernden Baukörper hinreichend.

Richter's concept for Buchholz-Ost represents a further development of his theses on housing construction. The primary structure must be inexpensive and capable of being speedily erected therefore a steel skeletal frame is the first choice. IPE beams are used for the framing for the floor slabs and circular section pipes for the columns. The structural system is selected to provide stability with a minimum number of bearing points. On a foundation raised slightly above the street a three-legged construction, an A-frame and two socketed stanchions provide adequate support for the building resting upon them.

mend war, bedeutet dies einen Paradigmenwechsel, durch den man sich dem Wohnungsangebot in vergleichbaren deutschen Städten annähern will. Für 1999 werden an den fünf Standorten jeweils circa 100 Wohnungen realisiert, so daß jedem Architekten etwa 20 Wohneinheiten zur Demonstration seiner Ansätze bereitstehen.

Für die Reihenhäuser Richters steht ein in Nord-Süd-Richtung 155 m langes und 80 m breites Grundstück zur Verfügung. Die Mehrzahl der Einheiten ist nord-süd-orientiert, der Rest aus Lärmschutzgründen in Ost-West-Richtung. Wie auch bei den anderen Planern stellt das Pflichtenheft die Vielfalt der Haustypen, die Wirtschaftlichkeit der Wohneinheiten durch eine hohe Bebauungsdichte, die Standardisierung und damit Verbilligung der möglichst nutzungsneutralen Primärkonstruktion,

authorities. Following five decades in which, in both parts of Berlin, the subvention of rented housing dominated the market, this move signifies a change of paradigm as a result of which it is hoped to arrive at a housing supply similar to that in comparable German cities. In 1999 100 apartments will be built at each of the five locations meaning that each architect is offered around 20 housing units to demonstrate his/her approach.

A north-south site, 155 metres long and 80 metres wide, was made available for Richter's terrace houses. The majority of the units faces north-south, the others, in order to provide protection from noise, are east-west facing. As is the case for the other planners the catalogue outlining requirements emphasises the variety of housing types, the economy of the dwelling units resulting from high density development, standardisation

die Situierung von Stellplatz und Garten auf jeder Parzelle und nicht zuletzt die Möglichkeit flexibler Grundrißauslegung in den Vordergrund.

Bei alledem muß die Privatheit gesichert und der zum Betrieb erforderliche Energieaufwand moderat sein. Richter schlägt fünf Haustypen vor, die alle aus einer tragenden Stahlkonstruktion bestehen, weil sie in den vorgesehenen Bauetappen so durch die Vorfertigung schneller und preisgünstiger errichtet werden können. Die Fassaden bestehen aus 16 cm starken, mit Blech überzogenen Sandwichelementen und aus Glastafeln; an den Süd- und Westfassaden sind Anlagen zur passiven Nutzung der Sonnenenergie vorgesehen.

Die Nutzflächen liegen zwischen 120 und 170 m², wobei jeder Typ Erweiterungsoptionen bereitstellt. Das Weglassen von tragenden Stützen und Wänden im

and the resulting reduction in costs of the functionally neutral (as far as possible) primary structure, the location of parking space and garden on each lot and the possibility of flexible plan solutions.

In all cases privacy must be guaranteed and the energy requirements moderate. Richter suggests six house types each based on a load-bearing steel structure as in the building phases envisaged this can, through prefabrication, be erected more quickly and economically. The facades are made of 16 cm thick sandwich elements clad in metal sheeting and of glass panels; on the south and west facades installations allowing the passive use of solar energy are envisaged.

Floor areas range between 120 and 170 m², each type offering possibilities for expansion. By omitting supporting piers and walls in the interior the users are offered

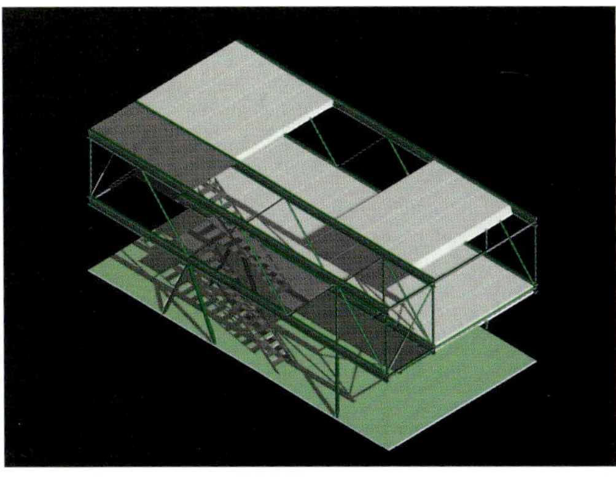

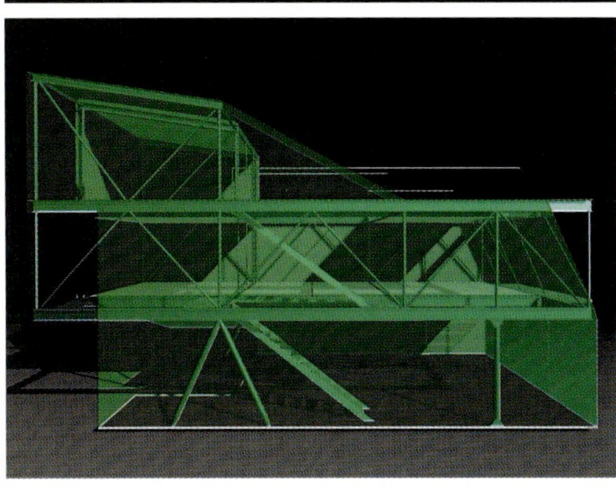

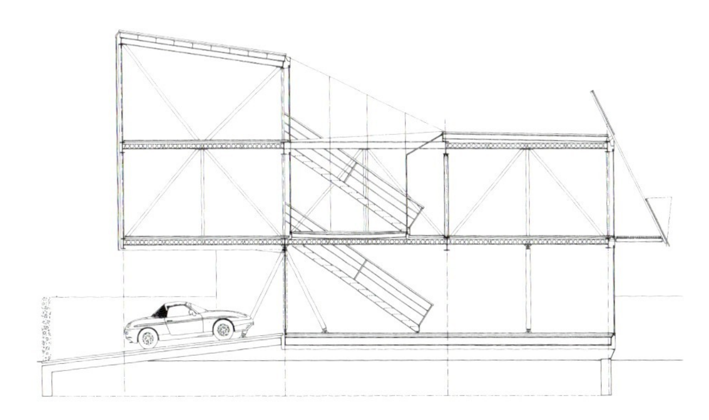

Die Konstruktion benötigt keine Innenstützen. Die Decken bestehen aus vorgespannten Betondielen, die Fassaden aus Sandwich-Platten und zumindest garten- und hofseitig aus geschoßhohen Verglasungen. Die Einhausung der Dachböden erfolgt mit Planen.

The construction requires no internal supports. The floor slabs are made of pre-tensioned concrete planks, the facades of sandwich panels and, at least on the garden and courtyard sides, of storey-height glazing. The attic spaces are enclosed by tarpaulins.

2. Obergeschoß
2nd floor

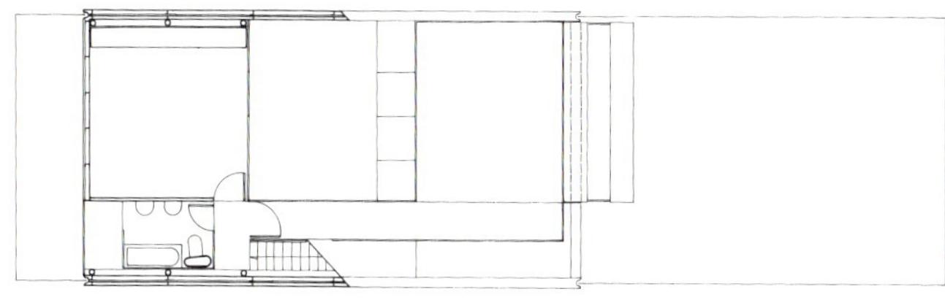

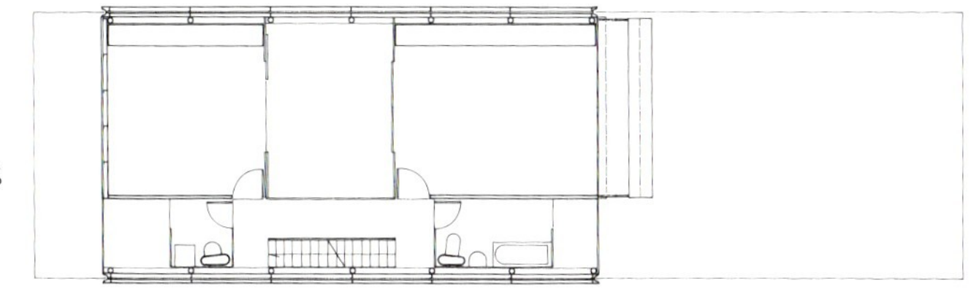

1. Obergeschoß (Variante)
1st floor (version)

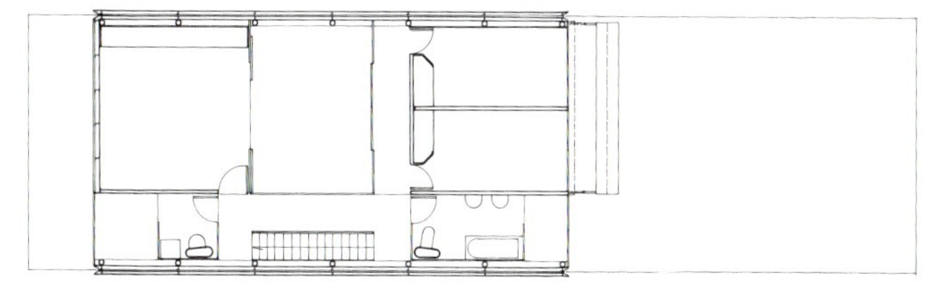

1. Obergeschoß
1st floor

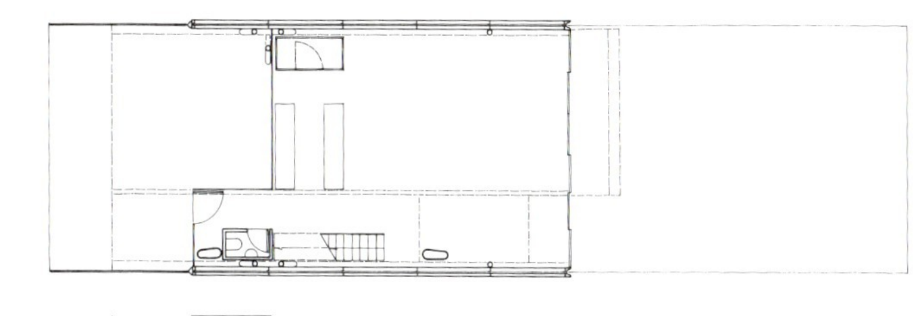

Erdgeschoß
ground floor

Inneren sichert den Nutzern ein Maximum an Selbstbestimmtheit. Die Erschließungen und die gebündelten Installationen liegen je nach Orientierung der Wohneinheiten an der westlichen bzw. nördlichen Außenwand, so daß sich eine optisch und energetisch abschirmende Wirkung einstellt. Die Häuser sind 7,23 m breit und zwischen 9,57 m und 14,37 m lang. Sie haben zwei oder drei Geschoße, wobei das dritte auch einem späteren Ausbau vorbehalten werden kann. Die Unterkellerung der Wohneinheiten ist kein Teil der Standardausstattung, aber möglich.

the maximum degree of freedom in shaping their environment. Circulation and the combined services lie, according to the orientation of the dwelling unit, on the west or north external wall so that a screening effect both in visual terms and as regards energy expenditure is achieved. The houses are 7.23 m wide and between 9.57 and 14.37 m long and have two or three storeys whereby the third storey can be reserved for a later extension. The provision of a basement does not form part of the standard type but is possible.

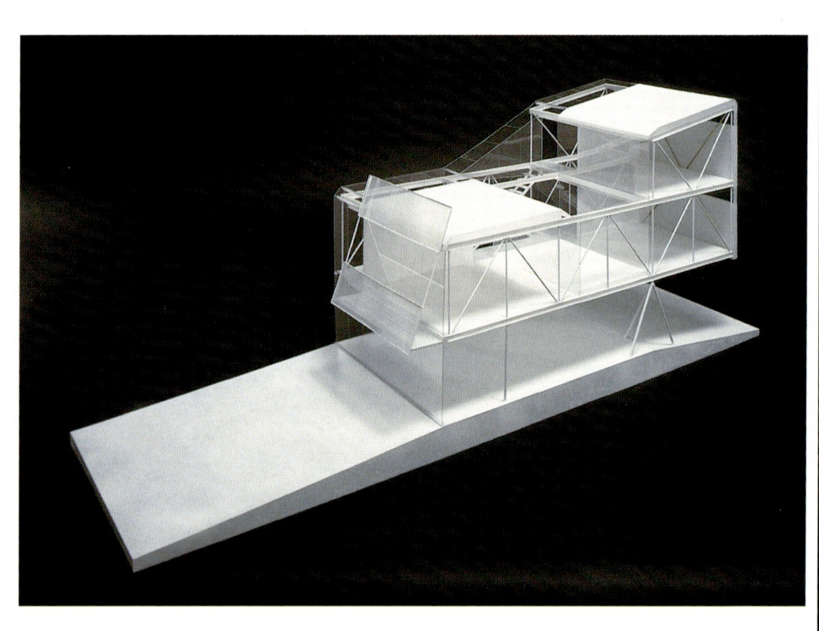

Das 9,8 Hektar große Planungsgebiet ist in fünf annähernd gleich große Baufelder geteilt, die jeweils von einem Architekten bearbeitet werden. Der für die Bauausstellung realisierte erste Bauabschnitt umfaßt nur 2,5 Hektar, so daß auf jedem Baufeld vorerst nur jener Bereich bebaut wird, der an den zentralen Platz grenzt. Insgesamt wurden etwa 250 Wohneinheiten geplant, etwa 75 werden nun für die Bauausstellung errichtet, davon etwa 20 von Richter geplante Einheiten. Sein Baufeld bildet den nordöstlichen Abschluß des Planungsgebiets. 50 – 60 Einheiten sind möglich. Mit einer langen Zeile wird das Planungsgebiet vom Lärm der östlich situierten Autobahn abgeschirmt, der überwiegende Rest der Reihenhäuser ist nord-süd-orientiert. Die Grundflächenzahl (GRZ) des Projekts Richter beträgt 0,31, die Geschoßflächenzahl (GFZ) 0,67.

The planning area, 9.8 hectares in extent is divided up into five plots of roughly the same size each of which is to be developed by a different architect. The first building phase completed for the building exhibition comprises only 2.5 hectares so that initially on each plot only the area bordering on the central square will be developed. A total of 250 units is planned, around 75 will be built for the exhibition and of these approximately 20 are to be designed by Richter. His plot forms the north-eastern termination of the planning area. 50 – 60 units are possible. By using a long slab the development area is screened from noise coming from the motorway situated to the east, the majority of the other terrace houses is oriented north-south. The plot ratio in Richter's project is 0.31, the storey ratio 0.67.

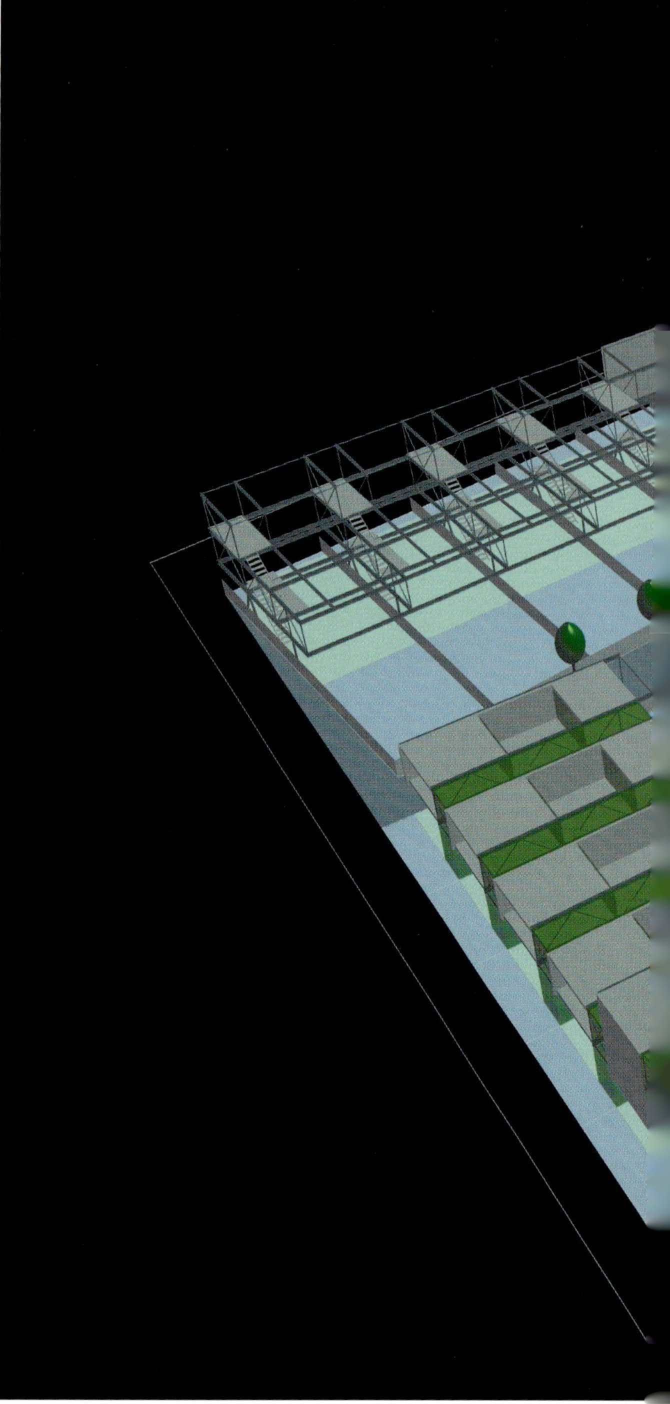

Da die Wohneinheiten einzeln im Eigentum vergeben werden, müssen sie auch konstruktiv selbständig ausgeführt werden, das heißt, die Vorteile der Reihenbauweise können gar nicht zur Gänze ausgeschöpft werden. Die Angebote der Baufirmen lassen trotzdem Herstellungskosten von 1.600 – 1.800 DM pro Quadratmeter Wohnnutzfläche erwarten. Damit bewegen sich diese Häuser auf dem niedrigsten im sozialen Wohnbau derzeit erreichten Preisniveau, stellen allerdings bei weitem höhere räumliche Qualitäten und Freiheitsgrade der Nutzung bereit. Die ambitiöse städtebauliche und landschaftsplanerische Begleitung der Objektplaner sichert auch dem Freiraum besondere Zuwendung.

As the units must be sold individually to private buyers they must also be built individually. This means that all the advantages of terrace housing can not be exploited to the full extent. Nevertheless the tenders from the building contractors suggest building costs of from 1,600 to 1,800 DM per square metre. This means that, in terms of costs, these houses are at the level of the most inexpensive social housing currently achievable and yet offer far higher spatial quality and freedom as regards use. The ambitious urban and landscaping measures will also guarantee that particular attention is paid to outdoor space.

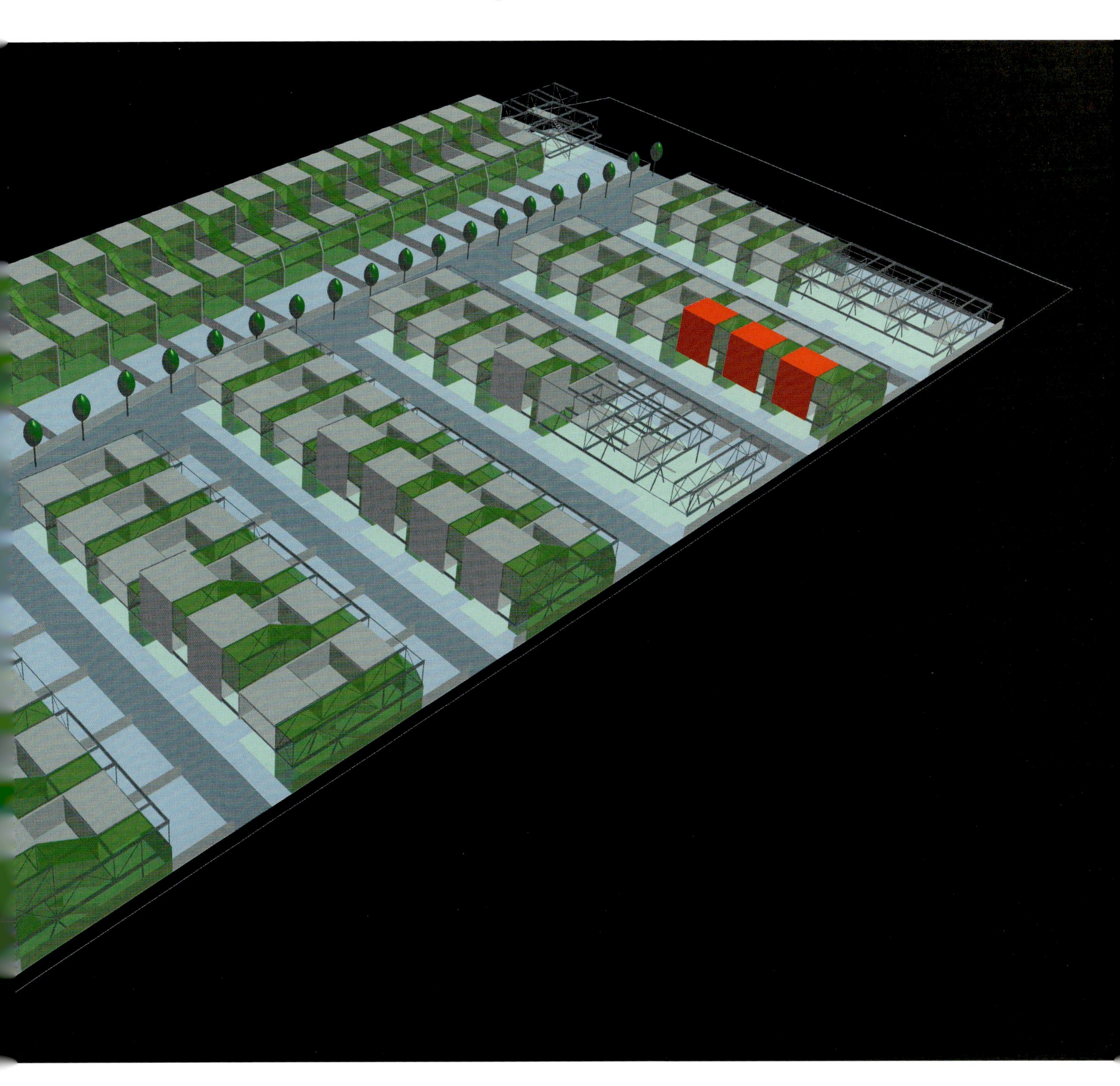

Vertreibung der Vernunft
The Cultural Exodus from Austria

1993

Ausstellung der
Biennale von Venedig

Exhibition at the
Venice Biennale

Wirtschaftlicher Notstand, ideologische Verblendung, rassistischer Haß, vor allem eine beispiellose Radikalisierung der Politik bescheren Österreich in der ersten Jahrhunderthälfte einen unwiederbringlichen Verlust an wissenschaftlicher und künstlerischen Kompetenz. Die tristen Entwicklungschancen der Ersten Republik, später die kulturelle Enge des Austrofaschismus vertreiben viele aus ihrer Heimat, noch bevor Hitlers Regime systematisch wirksam wird. Elias Canetti, Josef Frank, Sigmund Freud, Kurt Gödel, Otto Neurath, Karl Popper oder Joseph Schumpeter seien stellvertretend für die Tausenden genannt, die das Land verdrängt oder verfolgt hat.

In the first half of this century economic hardship, ideological delusions, racist hatred and, above all, an unparalleled radicalisation of politics caused Austria irreparable losses in the areas of scientific and artistic competence. The restricted possibilities of development in the First Republic and, later, the cultural limitations of the so-called Austrian fascist period drove many from their native country even before Hitler's regime began to work systematically. Elias Canetti, Josef Frank, Sigmund Freud, Kurt Goedel, Otto Neurath, Karl Popper or Joseph Schumpeter can be named as representatives of the thousands whom the country either drove out or persecuted.

Der Exodus der Kultur ist ein in Österreich unbewältigtes, in seinen Defiziten noch immer das Geistesleben des Landes nachhaltig belastendes Phänomen. Die Regierenden sind in der Nachkriegszeit sehr zurückhaltend, wenn es um die Rückholung im Ausland anerkannter Personen geht. Der Exodus erweist sich für viele Betroffene erst zu dieser Zeit als endgültig. Für das geistige Österreich gehen vielversprechende Ressourcen verloren, ohne daß dies einer breiteren Öffentlichkeit überhaupt bewußt wird. Erst mit dieser Ausstellung beweist Österreich, daß es doch noch zu ehrender Erinnerung an einige seiner besten Kräfte fähig ist.

In Austria the cultural exodus remains an unprocessed phenomenon which still exerts a negative effect on the intellectual life of the country. In the post-war period the government was extremely slow in seeking to secure the return of those exiles who had received recognition abroad. It was only then that many people recognised that their exodus was final. In terms of intellectual life in Austria highly promising ressources were lost without the general public becoming in any way aware of this fact. With this exhibition Austria first proved that it is, after all, capable of honourably commemorating some of its best people.

Die für ein internationales Publikum in Venedig und später an anderen Orten konzipierte Ausstellung ist ein temporäres Mahnmal für diese Vertriebenen. Für das baufällige Lagerhaus nahe des Palazzo Grassi entwickelt Richter in kurzer Zeit und mit minimalem Aufwand mehrere impressive Installationen. In den aufgeständerten Lochblechboden ist eine Reihe von mehr als zwanzig Video-Monitoren bündig eingelassen, auf denen die Namen von etwa 2.500 Vertriebenen kontinuierlich vom inneren zum äußeren Ende laufen. Zudem wiederholt eine monotone Stimme diese Namen endlos. Über allem liegt rötliches Licht, da die Dachluken der Halle mit roter Plane abgedeckt sind. Ein in die Fassade gesteckter Stahlcontainer trägt die beklemmende Botschaft vom vergessenen Massenexodus in den Stadtraum.

This exhibition, designed for an international public in Venice, and later shown at other locations, was intended as a temporary monument to these exiles. Richter designed, in a brief period and with minimum expenditure, several impressive installations to be presented in a run-down warehouse near the Palazzo Grassi. A series of more than twenty video monitors was inserted in a raised perforated metal floor, flush with the flooring. The names of around 2,500 exiles ran continually from the inner to the outer end of this series of monitors. In addition, a monotonous voice repeated these names incessantly. The entire installation was bathed in a red light as the roof lights in the hall were covered with red sheeting. A steel container inserted in the facade carried the ominous message of the forgotten mass exodus outwards into the urban space.

Bildlicht
Bildlicht

1991

Ausstellungsarchitektur
Wien

Exhibition architecture
Vienna

Der von Karl Schwanzer 1959 – 62 errichtete Stahl-Glas-Pavillon – das Museum des 20. Jahrhunderts – ist eine der raren modernen Museumsarchitekturen in Wien. Der klare, lichtdurchflutete Bau bietet eine quadratische, zweigeschoßige Halle. Für eine Ausstellung über die Negation des in der abendländischen Malerei tradierten Bildbegriffes sind mit geringem Aufwand 500 Laufmeter Hängefläche zu erzeugen. Dazu werden zwei Scharen von freistehenden Wandscheiben aus Holzgerüsten mit roher Gipskartonbeplankung errichtet, die den zentrierten Raum neu ausrichten. Die Objekte zeigen sich losgelöst von der alten Ordnung, in einem neuen Spiel zwischen Wand und Bild.

The steel and glass pavilion – the Museum of the 20th Century – erected by Karl Schwanzer between 1959 and 1962 is one of the rare pieces of modern museum architecture in Vienna. The clear, light-flooded building offers a square, two-storey hall. For an exhibition about the negation of the traditional definition of a picture in Western painting 500 metres length of hanging surface had to be provided with minimum expenditure. Two layers of free-standing wall panels made of timber framing clad with plasterboard were erected, they provided a new direction in the central space. The objects seemed freed from the old order in a new game played between wall and picture.

Die fluchtenden Wände sind raumhoch, sie wirken nicht als kontextuelles Mobiliar, sondern als Antithese zum rektangulären Purismus der fünfziger Jahre. Entgrenzung und Fragmentierung – letztlich die Themen der Ausstellung – sind das räumliche Konzept von Richters Installation. Folgerichtig durchdringt eine Scheibe die Eingangsfassade und zerschneidet dabei das an ihr geschriebene Kunstwort »Bildlicht«. Der Besucher erfährt synchron die Dekonstruktion des Schwanzerschen Weltbildes und die Rekonstruktion kunsthistorischer Begriffe, erlebbar auf dem Rundgang durch die von den Kuratoren für exemplarisch erachteten Bildwelten.

The lines of wall elements were full height, they did not seem like contextual furniture but rather like an antithesis of the rectangular fifties Purism. Fragmentation and the dissolution of boundaries – which, after all, were the themes of the exhibition – also formed the spatial concept behind Richter's installation. Consequently a panel penetrated the entrance facade thus cutting the hybrid term "Bildlicht" (image-light) inscribed on it. The visitor experienced synchronously the deconstruction of Schwanzer's conception of the world and the reconstruction of art his-torical terms which could be explored on the tour of those worlds of images which the curators regarded as exemplary.

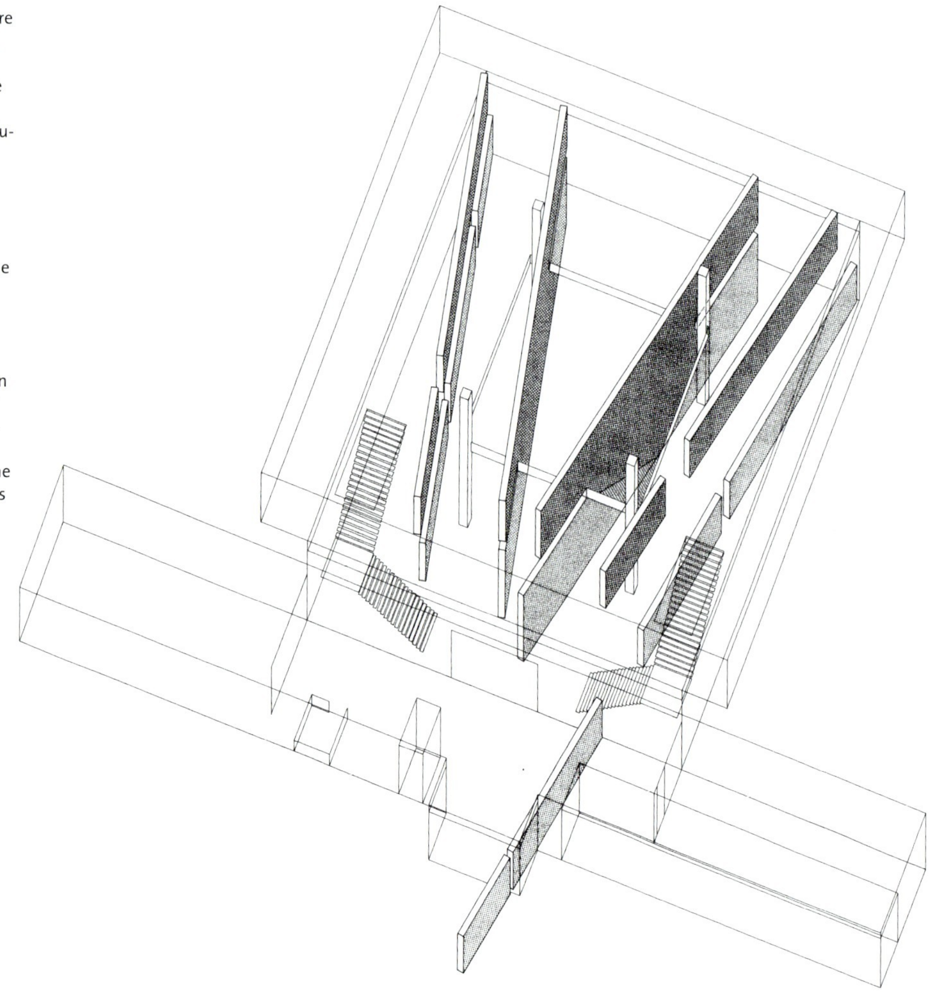

Hauptschule der Stadt Wien
Secondary School of the City of Vienna

1992–94

Kinkplatz
Wien / Vienna

Der markante Bau nimmt 600 Schüler in 20 Stammklassen samt Vorsorgen für den ganztägigen Aufenthalt auf. Trotzdem offenbart er sich nicht sofort als Schule, hinterläßt aber ein einprägsames Bild von Modernität. Sowohl in Richters Werk als auch in der neueren Architektur Wiens nimmt die Doppelhauptschule eine bemerkenswerte Stellung ein. Der Architekt manifestiert auch an einer bedeutenden kommunalen Bauaufgabe seine

This striking building accommodates 600 pupils in 20 basic classes with all those facilities necessary for all-day operation. Although not immediately recognisable as a school it conveys a strong image of modernity. In Richter's work and in more recent architecture in Vienna the double secondary school occupies a remarkable position. At long last this architect had an opportunity to demonstrate in an important communal commission his

Das vorstädtische Quartier Unterbaumgarten genießt Fernsicht über Wien, auch die Schule profitiert davon. Das engere Umfeld ist bestimmt vom Friedhof mit den Gärtnereien und Wirtshäusern, von Wohnanlagen und Villen. Die Glaspulte prägen stadtraumwirksam die Hanglage. Aula, Passage und Sporthalle fassen den Pausenhof ein.

The suburban district of Unterbaumgarten enjoys views across Vienna, the school too profits from this fact. The character of the local environment is determined by the cemetery with the nursery gardens, pubs, housing developments and villas. The glass mono pitches that dominate the slope create an effect in urban space. The hall, passageway and sports hall define the courtyard used during school breaks.

Überzeugung, daß Architektur in Tatsachen wie dem menschlichen Verhalten, den klimatischen Bedingungen, den Baustoffeigenschaften, den baustatischen Regeln und den Herstellungskosten zu wurzeln hat. Die Stadt erhält als Teil des Schulbauprogramms 2000 eine für ihre Umweltverträglichkeit und Baukonstruktion international anerkannte Architektur.[1] Die für das grundlegend konservative Wien nicht zu unterschätzende Leistung

conviction that architecture must be rooted in issues such as human behaviour, climatic conditions, the specific qualities of materials, the rules of statics and production costs. As part of its School Building Programme 2000 Vienna received an architecture[1] that is internationally recognised for its environmentally acceptable qualities and its construction. Richter's achievement here, which in essentially conservative

Ein Maximum an Transparenz und vertikale Akzente in Relation zu den Bandfenstern entwickeln die vier Flucht-treppenhäuser. Markiert wer-den einerseits die Eingangs-situation, andererseits die drei, gegen das Wohngebiet orientierten Stirnseiten der Unterrichtstrakte.

The four escape staircases develop a maximum of trans-parency and place vertical accents that contrast with the strip windows. They mark the entrance situation as well as the three end elevations of the classroom wings facing towards the local housing.

Richters wird durch eine untypische, direkte Auftragsvergabe eingeleitet und während der terminengen Realisierung durch eine baukulturell bewußt handelnde Kommunalpolitik manchmal begünstigt. Diese extreme Ausprägung von Schularchitektur kommt unerwartet und stellt nun einen der wenigen baukulturell bedeutsamen Restposten aus einer ambitiöseren Ära der Stadtplanung dar.

Vienna should not be underestimated, was initiated by an untypical direct commissioning process and, during a realisation phase, which stood under considerable deadline pressure, was at times favoured by a communal policy that indicated a consciousness of architecture. This extreme version of school architecture came unexpectedly and represents one of the few architecturally significant remnants from an ambitious era of urban planning.

Im Grundriß offenbaren sich kleine Irregularitäten in der klaren Baukörpergeometrie: so stoßen Längs- und Quertrakte nicht rechtwinkelig zusammen, denn die drei Baukörper stehen annähernd parallel zur östlichen Grundstücksgrenze. Die Trakte mit den Klassenzimmern weiten sich zudem mit zunehmender Entfernung von der Erschließungsachse auf.

An den sich konisch aufweitenden Gängen befinden sich im westlichen Block die erste Hauptschule, ein Ganztagsmodell mit dem Schulversuch Mittelschule, im östlichen Block die zweite Hauptschule, ein auf Vermittlung der Informatik spezialisierter Typ, und im mittleren Block die den beiden Schulen zugeordneten Sonderunterrichtsräume für Physik, Chemie, Werken etc.

Im ersten Untergeschoß sind die Garage, der Gymnastiksaal, die Umkleiden für die Turnsäle und die Wohnung des Schulwarts untergebracht. Die Spielebene der Dreifachturnhalle liegt ein Geschoß tiefer.

Small irregularities in the clear geometry of the building elements are revealed on reading the plan. The long and cross wings do not meet at right angles as the three classroom wings stand approximately parallel to the eastern site boundary. These classroom tracts widen as they extend from the main circulation axis.

In the western block the first secondary school is placed along corridors that widen as they extend. This is an all-day model with an experimental middle school. The second secondary school is located in the eastern block, this type is based on the teaching of information technology. In the central block the special teaching spaces for physics, chemistry, handcrafts, etc., used by both schools, are accommodated.

The first basement level houses the garage, gymnastics room, changing rooms for the gyms and the school janitor's apartment. The playing level of the triple gym lies a storey lower.

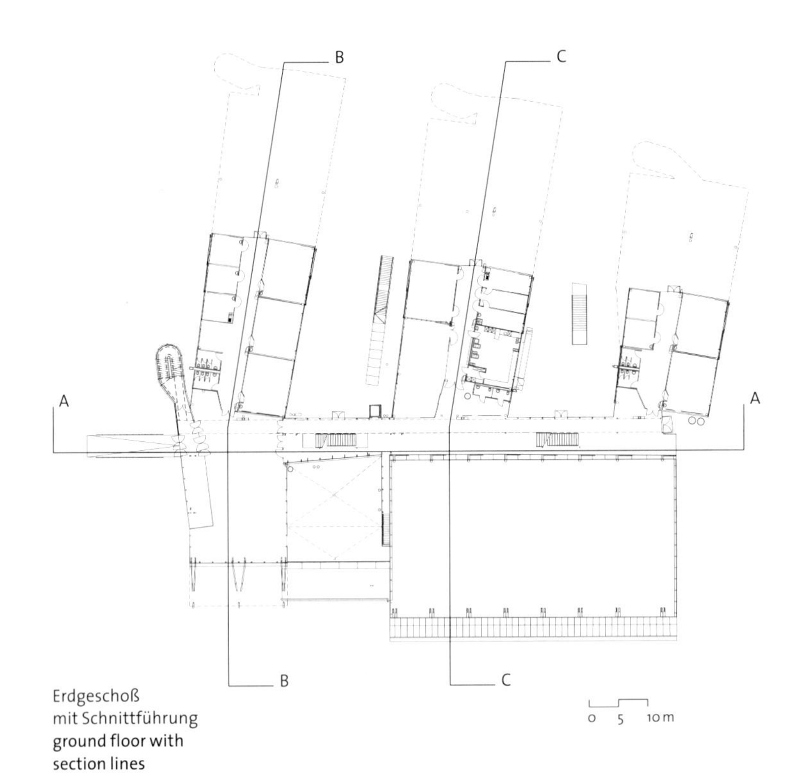

Erdgeschoß
mit Schnittführung
ground floor with
section lines

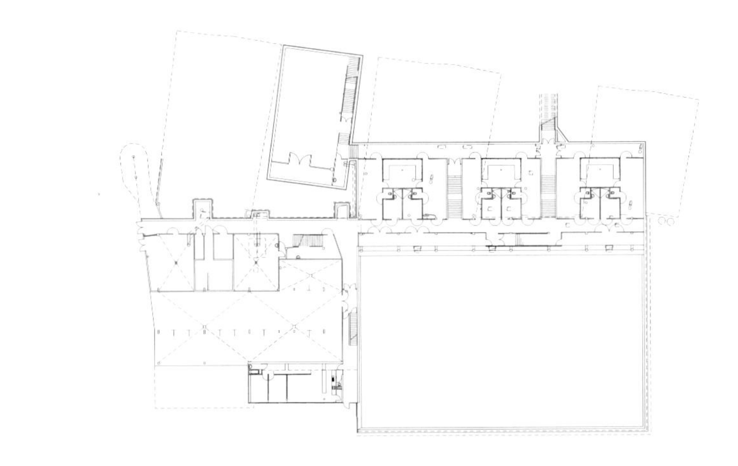

1. Untergeschoß
1st basement

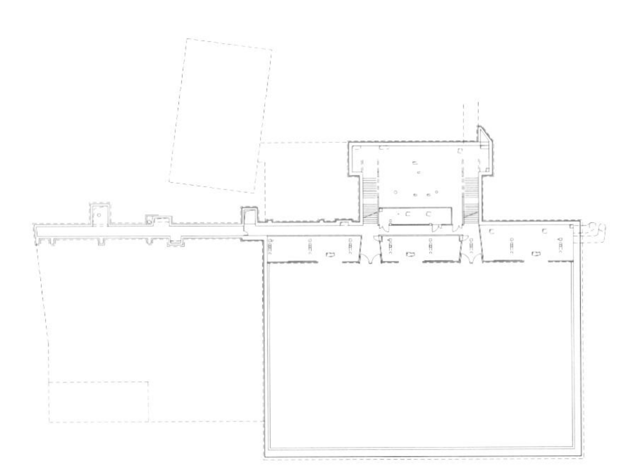

2. Untergeschoß
2nd basement

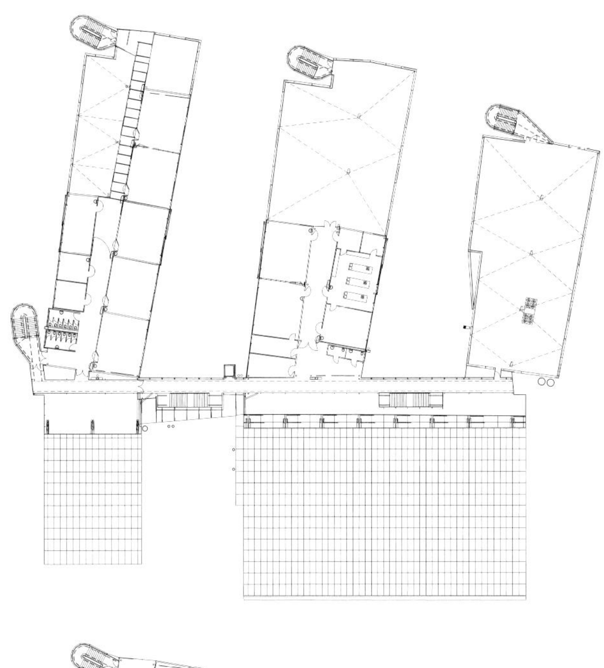

3.Obergeschoß
3rd floor

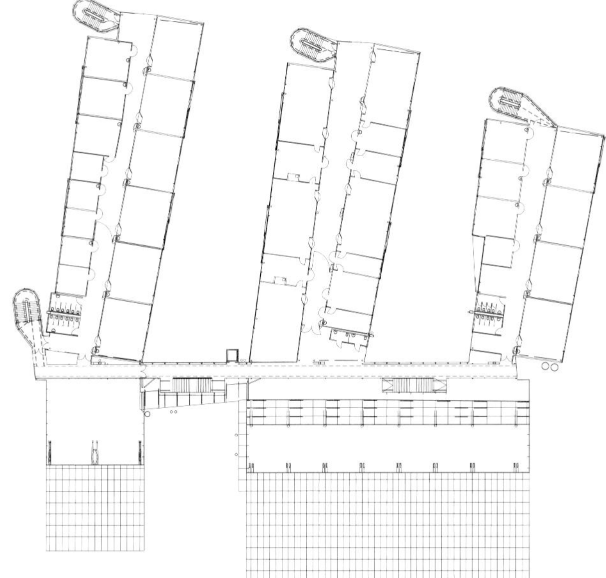

2.Obergeschoß
2nd floor

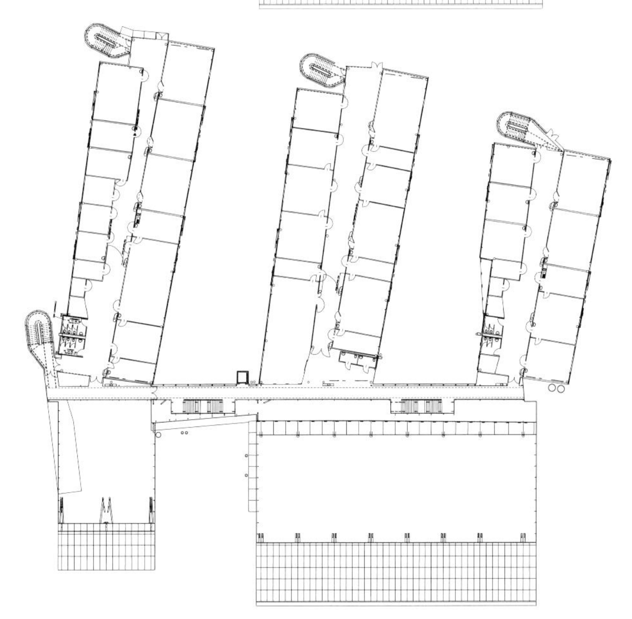

1.Obergeschoß
1st floor

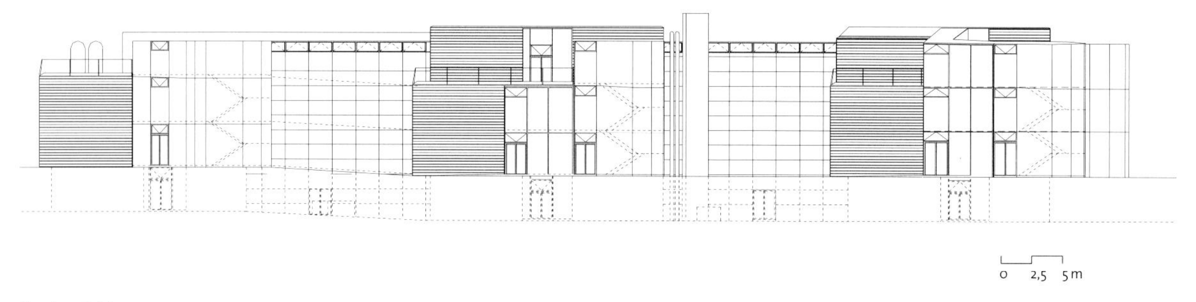

Nordansicht
north elevation

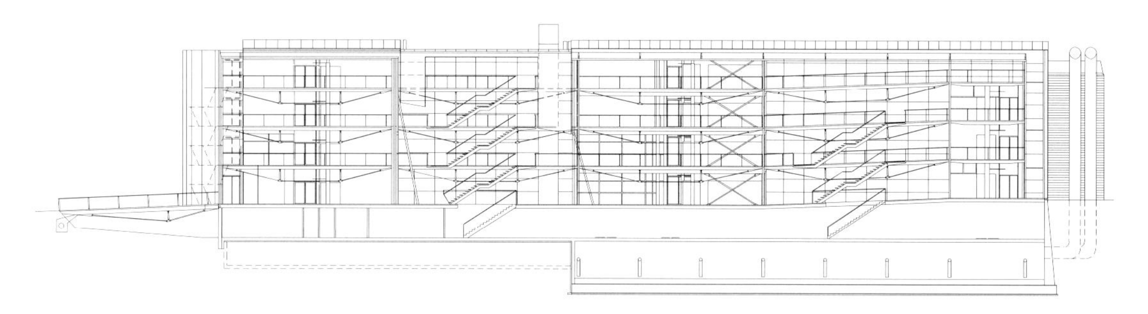

Schnitt A–A
section A–A

In den Schnitten zeigt sich, wie der Bau von West nach Ost in den Hang eindringt. Liegt der Eingang etwa ein Geschoß über dem gewachsenen Gelände, so taucht die Sporthalle bis zu sieben Meter in das Terrain ein. Die Topographie und der Bauplatz erzwingen somit mehrere reizvolle Adaptionen der ansonsten streng seriellen, da auf industrielle Fertigungsweisen abgestimmten Konzeption des Bauwerks.

Die beiden Baueinheiten der Schule sind an den Schnitten gut ablesbar: einerseits die mit Ortbetonstützen und Betonfertigdecken konstruierten Unterrichtstrakte, andererseits die unter dem Stahl-Glas-Pult liegende Raumfolge vom Eingang bis zum Dreifachturnsaal. Die Differenzierung der statischen Systeme innerhalb einer Großform – zwischen der weiten Auskragung über dem Foyer und dem schräg gestützten Rahmen über der Sporthalle – ist bemerkenswert.

Das Layout der Doppelschule ist einfach. Der Bau wird ausgehend vom Eingang im Westen über einen Stapel von Stegen spektakulär erschlossen. Von dort sind auf jedem Geschoß die zweihüftig organisierten Trakte mit den Klassen- und Verwaltungsräumen erreichbar.

The sections reveal how the building penetrates the slope from west to east. Whereas the entrance lies about a storey above ground level, the sports hall is embedded up to seven metres in the earth. The topography and the site thus compel attractive adaptations of the otherwise severely serial concept of the building that is derived from industrial methods of production.

The two units of the school can be read clearly in the sections: on the one hand the teaching wings built of in situ concrete piers and prefabricated floor slabs, on the other the sequence of spaces from entrance to triple gym that lies under the steel and glass mono pitch. The differentiations in the structural systems within a major form, between the cantilever above the foyer and the strutted frame in the sports hall is remarkable.

The layout of the double school is simple. Starting from the entrance on the west side the building is opened up spectacularly by a series of footbridges. From the entrance area you can reach tracts on each level that are organised on a double-loaded system and contain the classrooms and school administration.

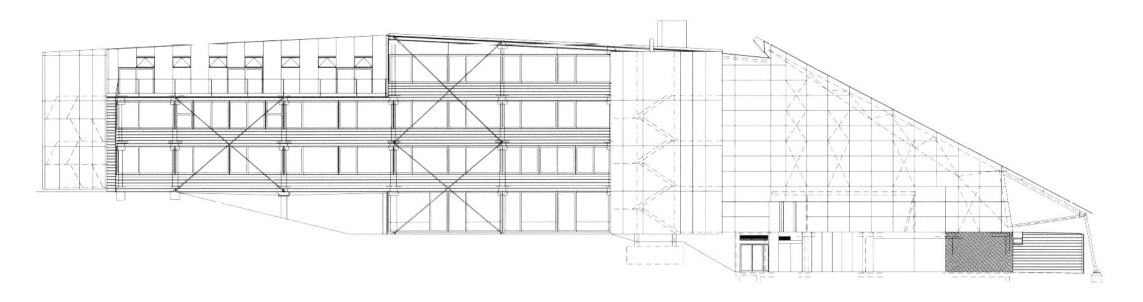

Westansicht
west elevation

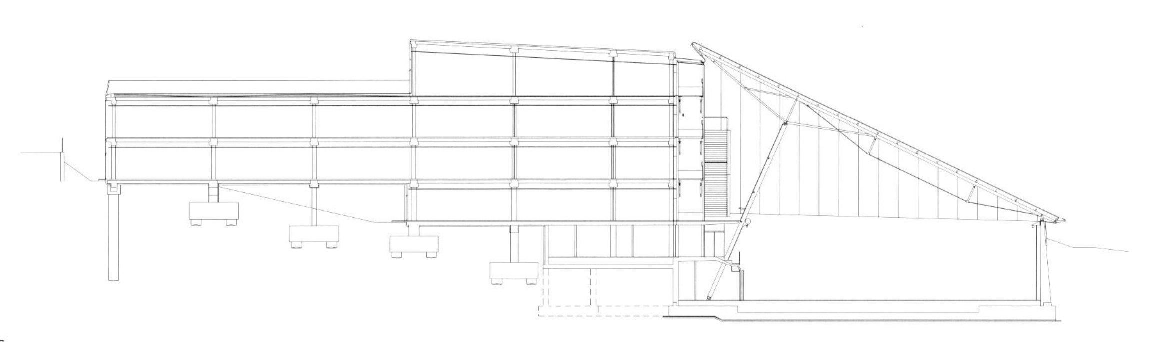

Schnitt C–C
section C–C

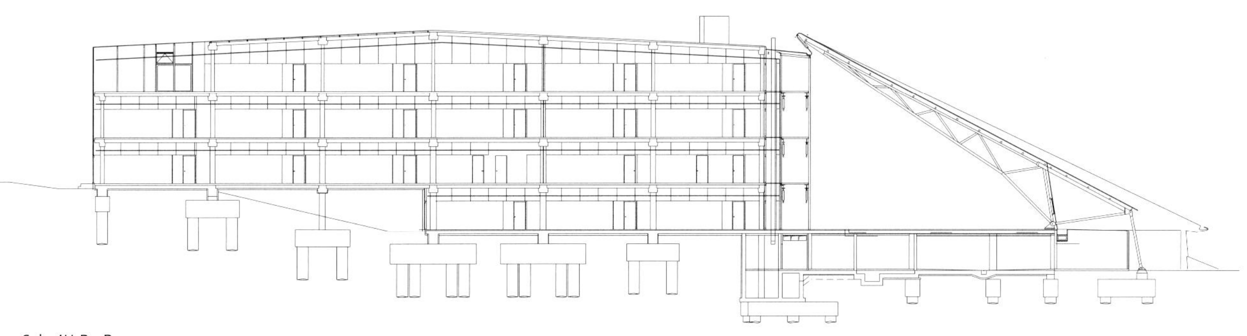

Schnitt B–B
section B–B

Kein Kommunalbau der neunziger Jahre, insbesondere keine andere der bisher etwa 60 Realisierungen aus dem Schulbauprogramm 2000, war so den Nachstellungen der Massenmedien ausgesetzt. Kein Bauvorhaben hat die betroffene Schulgemeinschaft so polarisiert und gleichzeitig die Fachwelt so interessiert. Vor allem hat kein Entwurf das bei Schulbauten der Stadt verbindliche, amtliche Raum- und Funktionsprogramm so frei in seinem

No other communal building from the nineties and, in particular, no other school out of the total of 60 realised in the context of the School Building Programme 2000 was so exposed to criticism in the media. No other building project so polarised the school community and, at the same time, was of such interest to the specialist world. Above all no other design so freely interpreted the binding official spatial and functional brief for school

Sinne ausgelegt. Architektonische Formulierung und konstruktive Durchbildung brechen aus dem engen Korridor der Magistratsroutine aus, erzeugen folgerichtig Kontrastraum zur Schulpraxis: visionär, ästhetisch, kompromißlos, herausfordernd.

Der Anstoß zu architektonisch formulierten Schulen geht um 1990 von liberaleren politischen Kräften aus. Nach mehr als einem Jahrzehnt dauernder Stagnation

buildings. The architectural formulation and constructional shaping burst out of the narrow corridor of bureaucratic routine, creating space that contrasts with school practice, that is visionary, aesthetic, uncompromising and challenging.

The initiative to create architecturally formulated schools came in 1990 from the liberal political forces. After more than a decade of permanent stagnation in

Der Kinkplatz ist bestenfalls am Stadtplan erkennbar. Durch den Schulbau ist er in der durchgrünten Westperipherie an den Abhängen des Wienerwaldes zwar eine wichtige Adresse, aber keine stadträumlich wahrnehmbare Platzfigur. Am Vorland wurde erst nach Fertigstellung der Schule ein privater Schwarzbau abgebrochen, so daß sich an der Zugangsbrücke erst ein einladender Ort wird entwickeln müssen.

Das aus der Fassade ausgeschwenkte Treppenhaus mit dem sichtbaren stählernen Tragwerk nimmt die Innenwelt der Schule vorweg – mehr als es die tagsüber hinter den Reflexionen der ebenen Verglasung verborgenen Konstruktionen der Aula oder der Sporthalle ahnen lassen.

Kinkplatz is recognisable at best on a city map. Although, as a result of the School Building Programme, it is an important address in this green western periphery on the slopes of the Vienna Woods it is not recognisable as a figure in urban space. On a site in front of the school an illegal private building was demolished after completion of the school which means that it will take time for an inviting environment to develop around the approach bridge.

The staircase swivelled out of the facade with its visible steel structure gives a clearer indication of the internal world of the school than the construction of the hall or sports hall which, during the day, are hidden behind the reflections of the glazing.

im Stadtwachstum bedingen steigende Geburtenraten und der Zuzug aus dem In- und Ausland eine Trendwende in der Stadtplanung. Die Stadt soll wieder wachsen: Wohngebiete am Stadtrand entstehen, alte Viertel werden nachverdichtet. Soziale Infrastrukturen, wie Kindergärten und Schulen, müssen ergänzt werden. Durch gleichzeitig eingeleitete Schritte der Pflichtschulreform werden Neubauten unabdingbar: die Senkung der

urban growth an increase in the birth rate and immigration from within Austria and abroad led to a change of emphasis. The city was to grow again. Residential areas developed on the edge of the city, the density of old areas was increased. Social infra-structures such as kindergartens and schools had to be expanded.

As a result of reforming measures in the area of obligatory schooling introduced at the same time the

Eindrücklicher als durch den Kontrast zwischen antikisierender Grabsteinschau und hermetischer Glasfassade läßt sich die architektonische Intention Richters nicht verdeutlichen: es geht ihm mit der Schule nicht um einen Beheimatungsversuch, sondern um eine autonome Setzung.

Richter's architectural intention could not be more clearly expressed than in the contrast between the historical aspirations of the gravestones and his hermetic glass facade. For Richter the central issue in this school is not an attempt to establish a home but rather an autonomous setting.

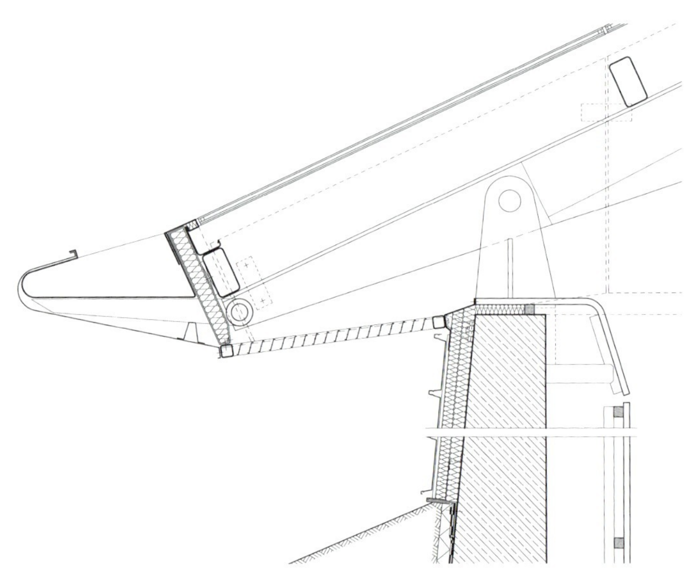

Klassenschülerhöchstzahl, die flächendeckende Einführung der Ganztagsbetreuung, von Vorschulklassen, von Stütz- und Förderkursen etc., die Integration von Behinderten und Ausländern erfordern mehr Schulraum. Als Symbole eines offenen Bildungssystems und gelebter Stadtgemeinschaft sind neue Schulen stadtplanerisch willkommen, weil sie öffentliche Identität in den Quartieren stiften.

requirement for new school buildings became imperative: The reduction of the maximum number of pupils in a class, the comprehensive introduction of all-day schooling, of pre-school classes, support and development courses etc., the integration of the handicapped and of foreigners, all these measures demanded an increase in the amount of school space. In terms of urban planning new schools are welcome as symbols of an

Es werden Pflichtschulen, also Volks-, Haupt-, Berufs- und Sonderschulen, errichtet und erhalten. Eine architektonische Grundsatzdebatte über die Schule der Zukunft ist zu Beginn des Schulbauprogramms nicht erfolgt. Trotz der genannten Fortschritte im pädagogischen Anspruch gibt es keine daraus abgeleitete Neudefinition von idealen Grundrißtypologien oder Klassenraumzuschnitten.

open educational system and a sense of community as they establish a sense of public identity in urban districts.

Standard schools, i.e. elementary, secondary, vocational and special schools were built and maintained. A basic architectural debate on the school of the future did not take place at the start of the School Building Programme. Despite the progress referred to in the area of education no new definition of ideal floor plan typo-

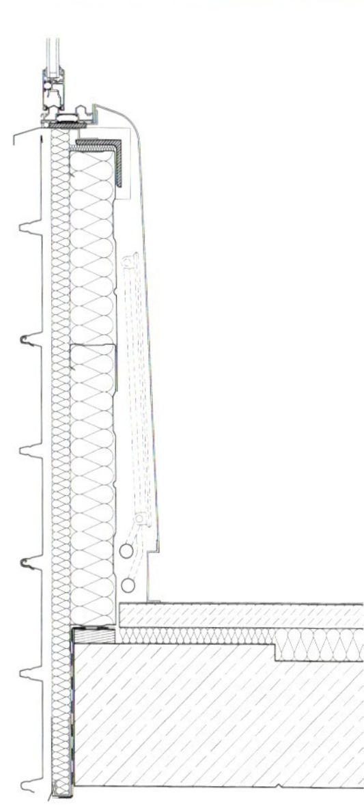

Die beiden zwischen den Unterrichtstrakten eingebettete Halbhöfe sind ungewöhnlich urbane und karge Räume. Die domestizierte Hangsituation steht in starkem Kontrast zu der vom Friedhof und den umgebenden Devotionaliengeschäften emotionalisierten Stadtlandschaft. Die Höfe sind auch quer unter den Trakten zugänglich; gegen Süden sind sie optisch offen, da die Erschließungszone den Himmel durchscheinen läßt.

The two open courtyards embedded between the teaching wings are unusually bare urban spaces. The domesticised slope situation forms a strong contrast to the emotionalised urban landscape created by the cemetery and the shops selling devotional items. The courtyards can also be reached at right angles beneath the classroom tracts. They are visually open towards the south as the glazed circulation zone that terminates them allows a view of the sky.

Räumliche Schlußfolgerungen werden nicht generell gezogen, die dahingehenden Innovationen des Schulbauprogramms gehen vielmehr auf individuelle Anstrengungen einzelner Architekten zurück. Richters Konstruktionskonzept ermöglicht durch die Verwendung selbsttragender Leichtwände ein hohes Maß an räumlicher Beweglichkeit. Die Konstruktion der Klassentrakte verwendet Betonstützen und Fertigteildecken (Hohl-

logies or form of the classrooms was made. Conclusions with regard to the space were not drawn. Innovations in the School Building Programme came as a result of individual efforts by a few architects. Through the use of self-supporting, lightweight walls Richter's constructional concept permits a high degree of spatial flexibility. The construction of the classroom wings employs concrete piers and prefabricated floor slabs (hollow concrete

Für eine kommunale Einrichtung in Wien bietet die Aula eine außerordentliche räumliche Erfahrung sondergleichen. Die Stadt kennt – mit Ausnahme einiger Sporthallen – keine rezenten Raumschöpfungen dieser Konsequenz, schon gar nicht im Schulbau.

For a communal building in Vienna the hall offers an extraordinary spatial experience without equal. With the exception of a few sports halls the city cannot boast any recent spatial creations that display such consistency, certainly not in the area of school building.

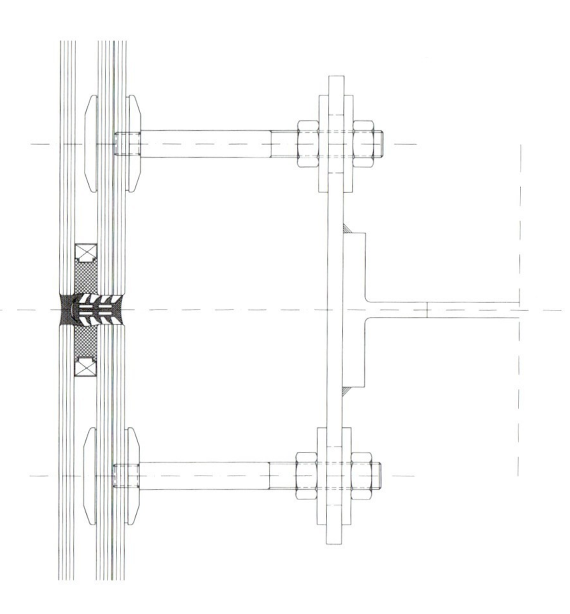

dielen), die Außenwände bestehen aus Metallpaneelen bzw. Verglasungen. Ein Maximum an Variabilität für die Nutzflächen ist die Folge, das in einem trakttiefen Großraum sogar den Verzicht auf den Gang zulassen würde. Die Anziehungskraft der Erschließungs- und Sporthalle unter dem luziden Glaspult läßt diese konzeptiv wichtigen Optionen in den Hintergrund treten.

planks), the external walls are made of glazing and metal panels. The result is a maximum of flexibility for the functional areas which, in a major space the full depth of a tract, would even allow him to dispense with the corridor. The attractiveness of the circulation and sports hall under the lucid mono-pitch glass roof makes these conceptually important options retreat into the background. In urban space Richter acts in accordance

In einer Zeit, in der hier großzügige Realisierungen aus Angst vor oder noch eher aus Desinteresse an kultureller Vorreiterschaft unterbleiben, wächst dem Bau eine besondere Bedeutung zu. Raum wird zum Thema, ist nicht nur Hintergrund, entfaltet Anschauungsunterricht in Architektur.

At a time when adventurous building projects remain unrealised as a result of fear of or perhaps lack of interest in cultural innovation this building acquires a special significance. Space here becomes a theme and is not merely a background and develops a lesson in looking at architecture.

Im Stadtraum agiert Richter nach seiner These, daß die Geschichte des Bauplatzes nicht als primärer Begründungshorizont für die Formgebung taugt. Diese Baugestalt basiert nicht auf einer Wechselwirkung der internen Funktion mit der Umgebung, sondern sie hat eine autonome Prägung. Die fragilen Baukörper negieren den Wiener Kanon der Ziegelbauweise und die daraus folgende Physiognomie der Schauseiten. Daß eine scheinbar fugenlose Durchlichtarchitektur in einer Stadt befremdet, die noch immer von reich ornamentierten Auflichtarchitekturen dominiert ist, überrascht nicht. Doch Richter sprengt bewußt den Rahmen der regionalen Baukultur, konfrontiert

with his thesis that the history of the site is not a suitable primary argument for the new definition of form. The form of this building is not based on the relationship between internal function and the surroundings but has an autonomous character. The fragile building elements negate the Viennese canon of massive construction and the resultant physiognomy of show facades. It is not particularly surprising that an apparently seamless, transparent architecture should be regarded as alien in a city which is still dominated by richly ornamented solid architecture. But Richter consciously explodes the boundaries of regional building traditions, confronting

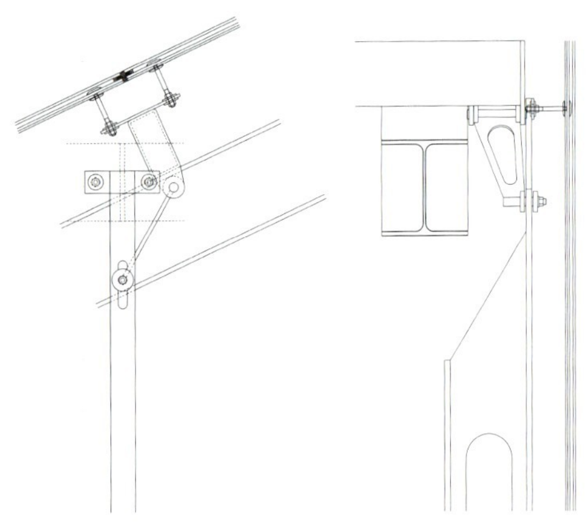

Vorderansicht und Seitenansicht des Glashaltegelenks, eines der maßgeblichen Details, die den Bau Richters als bautechnische Novität und architektonisches Wagnis erscheinen lassen.

Front and side elevation of the glass fixing joint, one of the important details which make Richter's building appear both innovative in technical and constructional terms as well as an architectural act of daring.

Die Aula, die über die Zugangsbrücke und den Windfang betreten wird, ist ein Repräsentations- und Pausenraum gleichermaßen, wie auch ein Teil des Erschließungssystems. Eindrücklich ist die Durchbildung des Tragwerks: das gläserne Pult lagert auf minimierten Stahlfachwerkträgern. Allein mit einer Auskragung – vom Lager am Fußpunkt der Aula ausgehend – wird der Raum aufgespannt. Die Zugkräfte aus der großen Dachkonstruktion werden außen über drei Stäbe in den Boden abgeführt.

The hall, reached across an approach bridge and through the draught lobby, is a representative space that can be used during school breaks and yet is also part of the circulation system. The design of the structure is impressive: the glass mono pitch rests on carefully minimised steel trusses. The entire space is spanned with one simple projection from the support at the foot of the hall. The tension forces from the major roof construction are transferred outside by three rods.

Die zwei Treppen, die als offene Stege geführten Längsverbindungen und der Aufzug sind zu einem Erschließungssystem zusammengefaßt und in die Aula bzw. die Turnhalle integriert. Dadurch entsteht Großzügigkeit und Übersichtlichkeit.

The two staircases, the connections on the long axis in the form of open footbridges, and the lift are combined to create a circulation system and integrated in the hall and the gym, the result is spatial generosity and clarity.

die Baufirmen und die Behörden mit nicht Eingeübtem, um den internationalen Maßstäben nahe zu kommen.

Am aussichtsreichen Abhang des Wienerwaldes sind die Baukörper so gesetzt, daß das geneigte Gelände durch die quer zum Gefälle liegenden Glaspulte überhöht erscheint, andererseits sich die drei Klassentrakte längs im Hang verzahnen. Vom Vorplatz erreicht man die Eingangshalle an der westlichen Schmalseite über eine

the building firms and the authorities with the unfamiliar in order to approach international standards.

The building elements are positioned on a slope of the Vienna woods offering fine views in such a way that the glass mono pitches at right angles to the incline seem to emphasise the sloping terrain while the three classroom tracts bite into the slope. From the forecourt you reach the entrance hall on the short west front

Stahlbrücke, da das Gelände zum offenen Untergeschoß abfällt. Die Eingangsebene ist über offene Treppen und längslaufende Stege mit den drei Klassentrakten verbunden. Dieses Bündel von Wegen öffnet sich direkt in das Foyer und in die Sporthalle, indirekt durch die Glashaut in den Stadtraum. In dieser Passage, in der sie bildenden Stahlkonstruktion offenbaren sich Richters Strukturwille und Minimierungsfreude ebenso wie sein Hang,

across a steel bridge as the ground below slopes down to the open lower level. The entrance level is connected to the three classroom wings by open staircases and footbridges. This bundle of routes opens directly into the foyer and the sports hall and, indirectly, through the glass skin, into urban space. In this passageway and in the steel construction forming it Richter's structural intent and delight in minimising and his fondness of

Ein prägendes architektonisches Leitmotiv dieser Schule – wie auch dieser Zeit – ist die punktgestützte Verglasung. In der Minimierung der Glasstützung verwirklicht sich der Wunsch nach einer weitgehenden Entmaterialisierung der Gebäudehülle.

A dominant architectural leitmotif of this school and indeed of this particular period is the point-fixed glazing. By minimising the support for the glazing the desire to achieve the maximum dematerialisation of the building shell is fulfilled.

Der Gymnastikraum ist erst in einem späten Planungsstadium in das erste Untergeschoß eingefügt worden. Er liegt unter dem westlichen Halbhof, mit dem er über einen direkten Aufgang verbunden ist.

The gymnastics room was first added to the upper basement level in a later planning phase. It lies beneath the western open courtyard and has a direct connection to it.

durch überlagerte Nutzungen großzügige Räume zu erzeugen. Ein so aufgerüstetes Erschließungssystem genügt dem naturgemäß strikten Baukostenlimit dadurch, daß die kostengünstig in schlanken Stahlbetonteilen konstruierten Klassentrakte kompensatorisch wirken.

In den Klassenzimmern beeindrucken die Details: die außerordentlich schlanken Parapete, die großflächigen Schiebefenster, die so geteilt sind, daß sie ein Versetzen

creating generous spaces by overlaying functions are revealed. A circulation system of this kind complies with the strict building cost limits by virtue of the fact that the classroom wings are, as a compensation, economically constructed of slender reinforced concrete elements.

The detailing in the classrooms is impressive: the extremely slender parapets, the large sliding windows that are subdivided in such a way that they allow the

der Zwischenwände zulassen, die aus Faserbeton gegossenen Türgewände, das grellgelbe und doch mit den Wänden verschmelzende Mobiliar oder die roh belassenen Untersichten der Betonfertigteile. Die Installationen sind großteils frei verlegt und komplettieren damit die von den Primärstrukturen dominierten Räume. Technische Infrastrukturen werden generell nicht kaschiert, sondern als Gestaltbildner ausgekostet.

separating walls to be moved, the door surrounds made of fibrous concrete, the bright yellow furnishings which nevertheless blend in with the walls or the untreated soffit of the pre-cast concrete elements. The services are, for the most part, exposed and thus complete the spaces dominated by the primary structure. In general technical infrastructures are not disguised but celebrated as form-givers.

Die Turnhalle ist teilweise in das Terrain eingegraben. Sie hat daher eine massiv ausgeführte Sockelzone und ein mit der Aula in der Kontur übereinstimmendes, freilich vom statischen System anders ausgelegtes Pultdach. Ausgehend von dem für diverse Sportarten erforderlichen Lichtraumprofil kommen unterspannte Balken zum Einsatz, die auf der die Grube umschließenden Stützwand und schrägen Stahlstützen lagern.

The gym is partly embedded in the earth. It has a massively constructed plinth zone and a mono-pitch roof which, in outline, harmonises with that of the hall but from a structural viewpoint is differently designed. Taking as a starting point the clearances required for various ball sports, beams with tension chords were used that rest on the retaining wall enclosing the pit and are strutted by raking steel columns.

Die hier geübte Detailkultur unterscheidet sich insbesondere bei der Gebäudehülle vom High-Tech in Westeuropa. Kann dort unterstützt von langer Erfahrung im industrialisierten Hochbau und im interdisziplinären Planungsprozeß sogar konstruktiv Verspieltes angestrebt werden, muß hier schon das Elementare einer vorfabrizierten Bauweise als Grenzleistung bei der Realisierung gelten. Bauen ist unter diesen Umständen eher eine Forschungs-

The detailing employed here differs, particularly as regards the building shell, from High Tech in Western Europe. Whereas there, based on years of experience in industrialised building and in the interdisciplinary planning process, a structurally playful quality can be aimed at in Vienna the elementary achievement of prefabricating building system must be regarded as the extreme limit. Under circumstances such as this build-

leistung mit experimentellem Charakter als eine Routine unter genormten Bedingungen. So trumpft auch die Schlüsseltechnologie der Fassaden dieses Bauwerks – die punktgestützte Verglasung – nicht auf, sondern ordnet sich dem System handwerklicher Lösungen unter. Richter hat damit die Grenze dessen, was mit Wiens magistratischen Zeit- und Geldbudgets baubar ist, mühsam hochgesetzt.

ing is a research project with an experimental character rather than a routine based on standardised conditions. The key technology in the facades of this building – the point-fixed glazing – does not celebrate itself but rather adapts to the prevailing system of handcraft solutions. With considerable effort Richter raised the limits of what can be built within the financial and temporal budget of Vienna's urban authorities.

Eine Qualität des Entwurfes liegt darin, daß er üblicherweise getrennte Funktionsbereiche zu mehrdeutigen Raumeinheiten zusammenfaßt. Der fünfgeschossige Erschließungsstrang wirkt mit dem Turnsaal zusammen. Er ist damit auch Zuschauertribüne, Pausenfläche für Schüler und Aussichtsplattform für Besucher.

A particular quality of this design lies in the fact that it combines functional areas that are usually separated. The five-storey circulation route combines with the gym, it is a stand for spectators, an area used by pupils during breaks and a viewing terrace for visitors.

Beginn und Ende der Erschließungsgänge sind nicht nur durch die Lichtsituation ausgezeichnet; kurze Brücken über Lufträume, nischenartige Aufweitungen, die in Stahl gehaltenen Sanitärsolitäre und die Fluchttreppenhäuser lockern die strenge Raumfolge. Durch die unterschiedliche Länge und Geometrie der Trakte belebt sich auch die außenräumliche Wirkung der Schule.

The start and end of the access corridors are not merely indicated by the lighting situation; short bridges across voids, niche-like expansions, the free-standing sanitary facilities clad in steel and the escape staircases loosen the strict spatial sequence. The different lengths and geometry of the tracts strengthen the external effect made by the school.

Die gelungene wissenschaftliche Begleitung durch qualifizierte Baustatiker und Bauphysiker[2)] hat die experimentelle Bauweise aus Argumentationsnotständen befreit. Besonders die Problematik der sommerlichen Überwärmung der über 1500 m² großen, südorientierten Glasdachfläche hat hinreichende Nachweise erfordert. Bei hoher Lichttransmission muß der Durchlaß an Gesamtenergie so gering sein, daß sich maximal eine Innentemperatur von 27° C einstellt. Die beschichtete Doppelverglasung stellt in Zusammenwirken mit dem innenliegenden Sonnenschutz, trauf- und firstnahen Be- und Entlüftungen und einer mechanischen

The successful scientific involvement of qualified structural engineers and environmental physics experts[2)] helped to provide arguments for the experimental constructional methods. In particular the problem of possible over-heating in summer of the south-facing glass surfaces that are over 1.500 m² in area necessitated numerous studies. In the case of higher light transmission the total influx of energy must be minimised so that the maximum internal temperature reached does not exceed 27° C. Coated double glazing together with internal solar protection, ventilation and fresh air supply at ridge and eaves height and a mechanical support

Stützlüftung sicher, daß ein behagliches Innenraumklima gewahrt ist.

Mit der Zeit wird sich die Absicht dieser Architektur trotz hermetischer Anmutung und blendender Materialisierung herauskristallisieren: sie will dienstbar, aber auch repräsentativ sein, sie will mit den avanciertesten technischen Mitteln den Schulraum jenseits gängiger Muster fassen, sie will ein bewußteres Verhalten der

ventilation system assures that a pleasant internal climate is guaranteed.

In the course of time the intentions of this architecture will, despite its hermetic qualities and stunning material qualities, be revealed: it wishes to serve but also to represent, using the most advanced technical means it aims at creating school spaces different to standard patterns, it intends to stimulate a more con-

Gesellschaft zur gebauten und gewachsenen Umwelt [3] anregen. Der einzelne soll aus dem Umgang mit diesen Räumen Erkenntnis dazu schöpfen, was den Gang der Dinge treibt oder hemmt, was Fortschritt erstrebenswert oder hinterfragbar macht, welchen Wert und welchen Preis das Neue hat.

Richters architektonische Figuren leben vom ungebremsten Fluß der Wahrnehmung, sie sind vom Wunsch

scious approach on the part of society towards the built and naturally grown environment. [3] For interaction with these spaces the individual should become aware of what stimulates or restricts the course of things, what makes progress desirable or questionable, what value and what price the new has.

Richter's architectural figures derive their strenght from an unchecked flow of perception, are borne by a

Durchgehende beiderseitige Oberlichtbänder entschärfen die Binnenlage des Ganges. Die rohen Untersichten der Betonfertigteildecke, die frei geführten Installationen, die außermittig abgehängte, lapidare Reihe von Leuchtstoffröhren, die Vielzahl der Garderobekästen, die offen gezeigten Feuerlöscher etc. bedingen ein rigid funktionales Gepräge.

High-level glazing on either side of the corridor alleviate its internal location. The untreated soffits of the pre-cast concrete floor slabs, the exposed services, the lapidary row of fluorescent tubes hung off-centre, the number of lockers, the openly displayed fire extinguishers etc. modify a rigidly functional character.

Durch den völligen Verzicht auf tragende Wände zwischen den Klassenzimmern und entlang der Gänge könnten neue Raumbedürfnisse ohne großen Umbauaufwand bedient werden.

By completely dispensing with load-bearing walls between the classrooms and along the corridors future changes in the spatial requirements can easily be met without extensive rebuilding.

1) Catherine Slessor: Eco-Tech. Umweltverträgliche Architektur und Hochtechnologie, Ostfildern-Ruit 1997, S. 11 und S. 58 ff.
2) Magistratsabteilung 19 der Stadt Wien (Hrsg.): Ganztagshauptschule Wien 14, Kinkplatz 21, Projekte und Konzepte Nr. 3, Wien 1995, vorderer Umschlagtext
3) Eichinger oder Knechtl, in: Wettbewerbe Nr. 137/38, Wien 1994, S. 20 ff.

1) Catherine Slessor, Eco-Tech. Umweltverträgliche Architektur und Hochtechnologie, Ostfildern-Ruit 1997, p. 11 and 58 ff
2) Magistratsabteilung 19 der Stadt Wien (ed.), Ganztagshauptschule Wien 14, Kinkplatz 21, Projekte und Konzepte No. 3, Vienna 1995, inner sleeve
3) Eichinger oder Knechtl, in: Wettbewerbe No. 137/38, Vienna 1994, p. 20 ff

nach Entgrenzung getragen, streben nach optischer wie funktionaler Offenheit. Sie zwingen den Nutzer zu eigener Anschauung – entweder in die Opposition oder zur Aneignung. Sie gehen hier gegen die den Schulbetrieb lähmende Gleichgültigkeit der Kinder an. Für Wien, wo vorwiegend mittels subtil behaupteter Sachzwänge Systemerhaltung betrieben wird, können solche starken Signale der Erneuerung nur wohltuend sein.

desire to dissolve boundaries and strive to achieve visual and functional openness. They force the observer to arrive at his own viewpoint whether it is one of opposition or agreement. They combat the paralysing indifference of children towards the school system. For Vienna, where generally the preservation of the system is promoted by means of subtly maintained compulsion such strong signals of renewal can only do good.

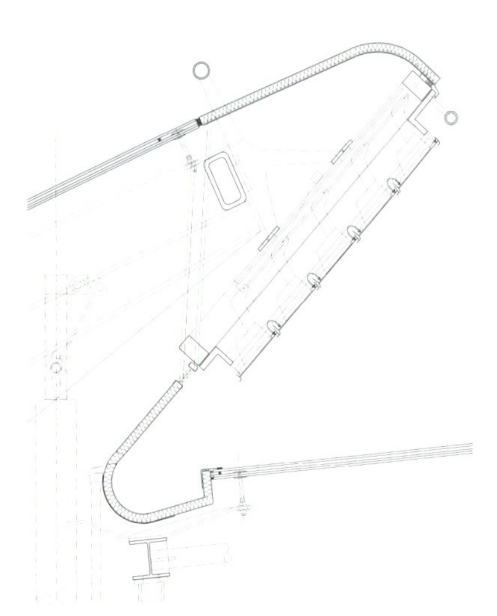

Wenn Transparenz das vorherrschende Charakteristikum eines Baus ist, dann relativieren sich die eingeübten Raumbegriffe, mit denen Schulen seit jeher beschrieben werden. Die Halle, der Gang, die Klasse, der Hof, der Turnsaal sind in den Anstalten alter Art separierte Elemente eines hierarchisch geschichteten Raumgefüges.

Helmut Richter entwindet sich gezielt diesen Traditionen und Raumsequenzen. Er setzt an Stelle des Prinzips der Folge von Raumcharakteren deren Überlagerung, verschreibt sich einem entgrenzten Raumkontinuum. Die Aula ist zugleich Treppenhaus, der Gang ist Teil des Turnsaales und der Klassen, der Pausenhof bildet eine Wirkungseinheit mit allen anliegenden Innenzonen der Erschließung, die Terrasse und sogar der Stadtraum ist in das Schulleben intensiv einbezogen. Die repräsentative Massivität der alten Institution ist einer von herkömmlichen Gebärden freien, neu deutbaren Offenheit gewichen.

If transparency is the dominant characteristic of a building then the traditional spatial definitions with which schools are normally described become relative. The hall, corridor, classroom, courtyard and gym are, in traditional institutions, separate elements in a hierarchically organised system of spaces.

Helmut Richter deliberately extricates himself from these traditions and sequence of spaces. He replaces the principle of a series of spatial characters with a system that overlays these qualities and commits himself to a boundless spatial continuum. The hall is also a staircase, the corridor is part of the gym and the classrooms, the schoolyard forms an effective unit with all the adjoining inner circulation zones, the terrace and even urban space are intensively integrated in school life. The representative weightiness of old institutions gives way to a newly interpretable openness, free from traditional gestures.

Restaurant Kiang 1

Restaurant Kiang 1

1984–85

Rotgasse Wien

Rotgasse Vienna

Über kaum einen räumlichen Bezug herrscht in Wien solch kollektive Gewißheit wie über den zwischen Ernährung und Kommunikation. Die verräumlichte Harmonie dieser beiden Tätigkeiten nennt der Wiener Gemütlichkeit. In den Kaffee- und Wirtshäusern wird der Beweis geführt, daß es eine Wiener Tradition der halböffentlichen Gastlichkeit gibt, ein über politische Regime und architektonische Stilperioden hinweg entwickeltes Repertoire von Situationen, in denen Essen, Sehen und Gesehenwerden sich ständig überlagern. Das »Kiang« negiert dieses Repertoire und ist trotzdem – oder gerade deswegen – ein attraktiver Treffpunkt, inspiriert von einem international gefärbten Lebensstil, ohne Bindung an eine globale Marke.

Das »Kiang« ist ein bis dahin kaum gelieferter Hinweis darauf, daß es in der Wiener Gastronomie erfolgreiche

In Vienna the degree of collective certainty about the spatial connection existing between eating and communication is hardly matched any other area. The Viennese call the spatial reflection of the harmony between these two activities "Gemütlichkeit." In the café-houses and restaurants evidence is produced that there is a Viennese tradition of semi-public hospitality, a repertoire of situations developed outside of political regimes and architectural styles in which eating, seeing and being seen are continuously overlaid. "Kiang" negates this repertoire and is, nevertheless or perhaps precisely as a result, an attractive meeting place, inspired by an internationally accented lifestyle without a connection to a global trade name.

"Kiang" is proof, previously not offered, that within Viennese gastronomy successful restaurants can exist

Die von einem gekrümmten, von der Decke abgehängten Profil zum Boden gespannte Membran schließt den Sitzbereich des Lokals ab. Das Rot der LKW-Plane, das Gelb des Sperrholzes und das Blau der Trennwand zu den Nebenräumen treten zu einem starken, primären Farbkontrast zusammen.

The membrane stretching to the floor from a curved track suspended from the ceiling closes off the seating area of the restaurant. The red of the tarpaulin, the yellow of the plywood and the blue of the separating wall to the service spaces combine to create a strong primary contrast of colours.

Orte geben kann, die der üblichen Gemütlichkeit entbehren, aber eine neue Sinnlichkeit zulassen. Der chinesischen Küche, wie sie hier – für den europäischen Gaumen reformiert – angeboten wird, hat gerade ein Ambiente ohne überladene Pagoden- und Drachenzitate viele Freunde erschlossen. Der Zusammenhang zwischen Koch- und Baukunst besteht im »Kiang« paradoxerweise darin, daß beide auf hohem Niveau abgehandelt werden, sich aber sonst sichtlich nicht tangieren.

Der Einbau in ein gründerzeitliches Wohnhaus im Stadtzentrum erfolgt unter weitestmöglicher Umgehung der konstruktiven Vorgaben. Bewußt vor die stark gegliederte Putzfassade ist ein Glasvorhang gestellt, der die Glaseingangstür, die raumhohen Schiebefenster und über den Öffnungen sitzende Leuchtstoffbalken aufnimmt. Die durchsichtige Außenhaut überfängt die

which dispense with the usual Gemütlichkeit while allowing a new sensuality. Chinese cuisine as presented here – reformed for the European palate – has opened up an ambiance, uncluttered by pagodas and images of dragons, to many fans. The connection between cuisine and architecture in "Kiang" lies, paradoxically, in the fact that both are handled on a high level but do not otherwise visibly meet.

The insertion in a Gründerzeit apartment building in the city centre took place in the context of circumventing the existing structural constraints. A glass curtain deliberately placed in front of the strongly articulated rendered facade incorporates the glass entrance door, the full-height sliding windows and fluorescent lighting tubes placed above the openings. The load-bearing structure is overlaid with a transparent external skin,

Der Entgrenzung des Raumes durch Spiegel wird großes Augenmerk geschenkt. Die Schmalseiten der Fassadenpfeiler sind verspiegelt und damit ausgeblendet. Gleichzeitig können dadurch die Passanten am Gehsteig über Eck beobachtet und die Wandstücke vervielfältigt wahrgenommen werden. Mit diesen optischen Effekten wird einerseits die Einbindung des Lokals in den Stadtraum verstärkt, andererseits das Innere geweitet.

The dissolution of the spatial boundaries through the use of mirror is given considerable attention. The narrow sides of the facade piers are clad with mirror and thus faded out. At the same time the mirrors allow one to watch passers-by on the footpath around the corner and to perceive the multiplied wall elements. As a result of these visual effects the restaurant is more securely incorporated in urban space and the interior is expanded.

tragende Struktur, verwischt sie einerseits und macht sie andererseits neu nutzbar. Die Fensteröffnungen werden zu Sitznischen oder gar zu sommerlichen Nebeneingängen.

Da die Gasse in merklichem Gefälle verläuft, wird das Lokal am tiefsten Punkt des Fassadenabschnitts erschlossen und der Höhenentwicklung der Straße im Inneren mit einer Stufe entsprochen. Die aus Sperrholz-

which on the one hand obscures it while on the other makes it usable in a new way. The window openings become seating niches or, in summer, additional side entrances.

As the lane has a pronounced fall the premises is entered at the lowest point along the facade, the slope of the street is reflected inside with a step. The soffit of the suspended ceiling made of plywood panels follows

tafeln abgehängte Untersicht der Decke begleitet das Gehsteigniveau, schneidet also, von einem Hochpunkt am hinteren Ende ausgehend, zum Eingang hin in den Gastraum ein.

Gleichzeitig entsteht durch die gegen die Fassade verschwenkte Situierung der Bar, die dazu nicht parallele Wand zur Küche, nicht zuletzt durch die aufsteigende Kurve der Planenhalterung der Eindruck einer Aufwei-

the level of the footpath and thus slices, starting from a highpoint at the further end, towards the entrance into the interior.

At the same time as a result of swivelling the bar away from the facade, placing the kitchen wall not quite parallel to it and, not least of all, due to the ascending curve of the curtain track, the impression of an expanding space is created. The mirror on the walls above

Die Möblierung besteht aus grauen und roten Sesseln »Selene« von Vico Magistretti und runden bzw. rechteckigen Aluminiumtischen von eigener Hand. Stehlampen »Toio« von Achille Castiglioni erhellen den Raum, der sonst über keine sichtbaren Leuchten verfügt, indirekt über die Decke. Das über die Fenster einfallende Tageslicht dominiert. Allein das aus der Küche durch die Trennwand aus Kunststoffstegplatten dringende Licht und ein einzelner, auf die rote Membran gesteckter Strahler setzen zusätzliche Akzente.

The furnishings consist of grey and red chairs, model "Selene" by Vico Magistretti, and round or rectangular aluminium tables designed by the architect. Standard lamps, model "Toio" by Achille Castiglioni, brighten the space, which has no other visible light fittings, indirectly via the ceiling. The daylight entering through the windows dominates. The light from the kitchen through the separating wall made of plastic web panels and a single spotlight placed on the red membrane provide additional accents.

tung des Raumes. Die entgrenzende Verspiegelung der Wände über der blau gehaltenen Sanitärgruppe und dem aus roter Kunststoffhaut gespannten Paravent verstärkt die Längsbetonung. Auch die aus der Decke in die Pfeilerverkleidungen perspektivisch fortgeführten, daher noch stärker zum Eingang fallenden Plattenstöße intensivieren die Raumflucht.

Richters Entwurf steuert die Wahrnehmung in zwei Richtungen: der Eintretende soll einen verdichteten Raum mit mehreren, anziehenden Situationen erleben, die ihn zum Weitergehen und Konsumieren animieren; der bei Tisch Sitzende soll Geborgenheit in einem großzügigen Ganzen empfinden. Das Mittel ist ein in sich geschlossenes, komplexes System von Material- und Formentscheidungen, das erreichte Ziel: ein offenes Gefäß, in dem sich Begegnung einfach und urban organisieren läßt.

the blue block containing the lavatories which breaks up the definition of the space and the screen made of a skin of stretched red plastic strengthen the longitudinal emphasis. The panel joints, continued in perspective from the ceiling in the cladding of the piers and which fall more emphatically towards the entrance, intensify the flow of the space.

Richter's design leads the perception in two directions: the person entering should experience an intensified space with several attractive situations which animate him/her to go further and to consume, whereas someone sitting at a table should feel secure within a generous entirety. The means to these ends is a closed complex system of decisions about materials and forms, the goal achieved is an open vessel in which encounters can be organised simply in an urban manner.

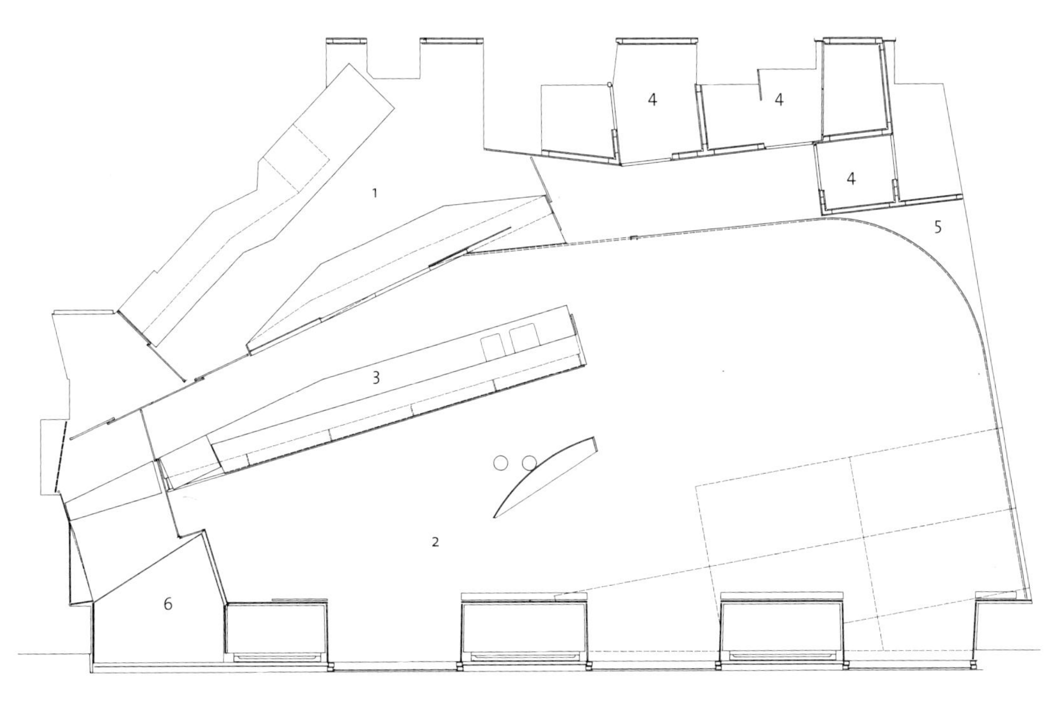

1 Küche/kitchen
2 Restaurant/restaurant
3 Theke/bar
4 WCs/WCs
5 Therme/heating system
6 Eingang/entrance

Der vor die gemauerte Außenwand verlegte Glasvorhang mit den vor den Pfeilern abstellbaren Schiebetüren vergrößert die knappe Nutzfläche des Gastraums. Die Fensternischen mutieren je nach Jahreszeit zu Aussichtskanzeln oder Sitzbuchten. Der veränderbare, von Neonröhren hinterleuchtete Glasparavent vor der Fassade stellt einen architektonischen Zweifel am steinernen Altwien dar.

The glass curtain placed in front of the masonry external wall with the sliding doors which can be fixed in front of the piers increases the restricted floor area of the guest space. Depending on the season the window niches become viewing points or seating bays. This glass screen, which can be altered and is lit from behind, placed in front of the facade represents an expression of architectural doubt about solid "Old Vienna."

Bank-Café
Bank-Café

1997–98

Geladenes
Gutachterverfahren
Wien

Restricted entry
competition
Vienna

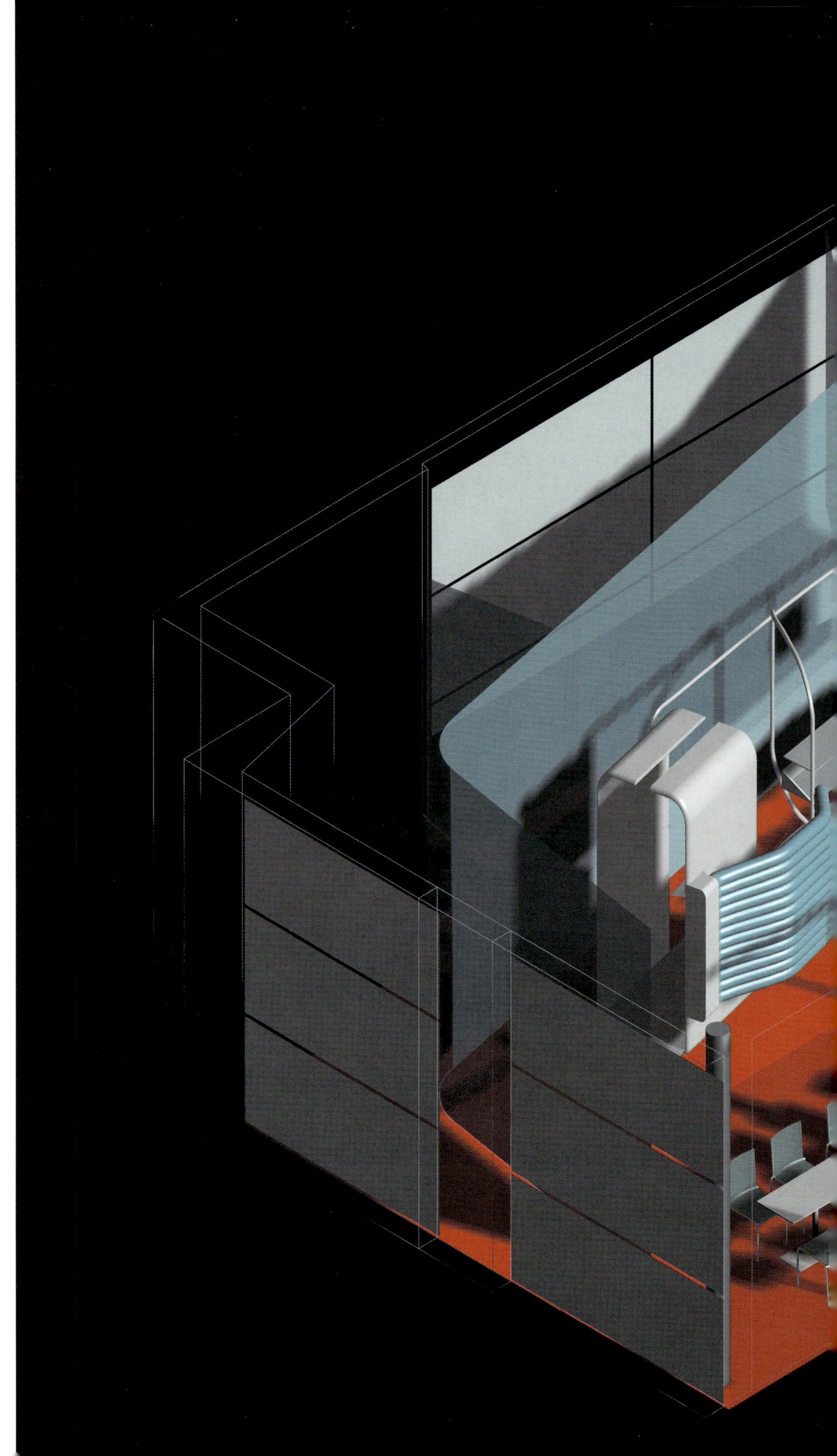

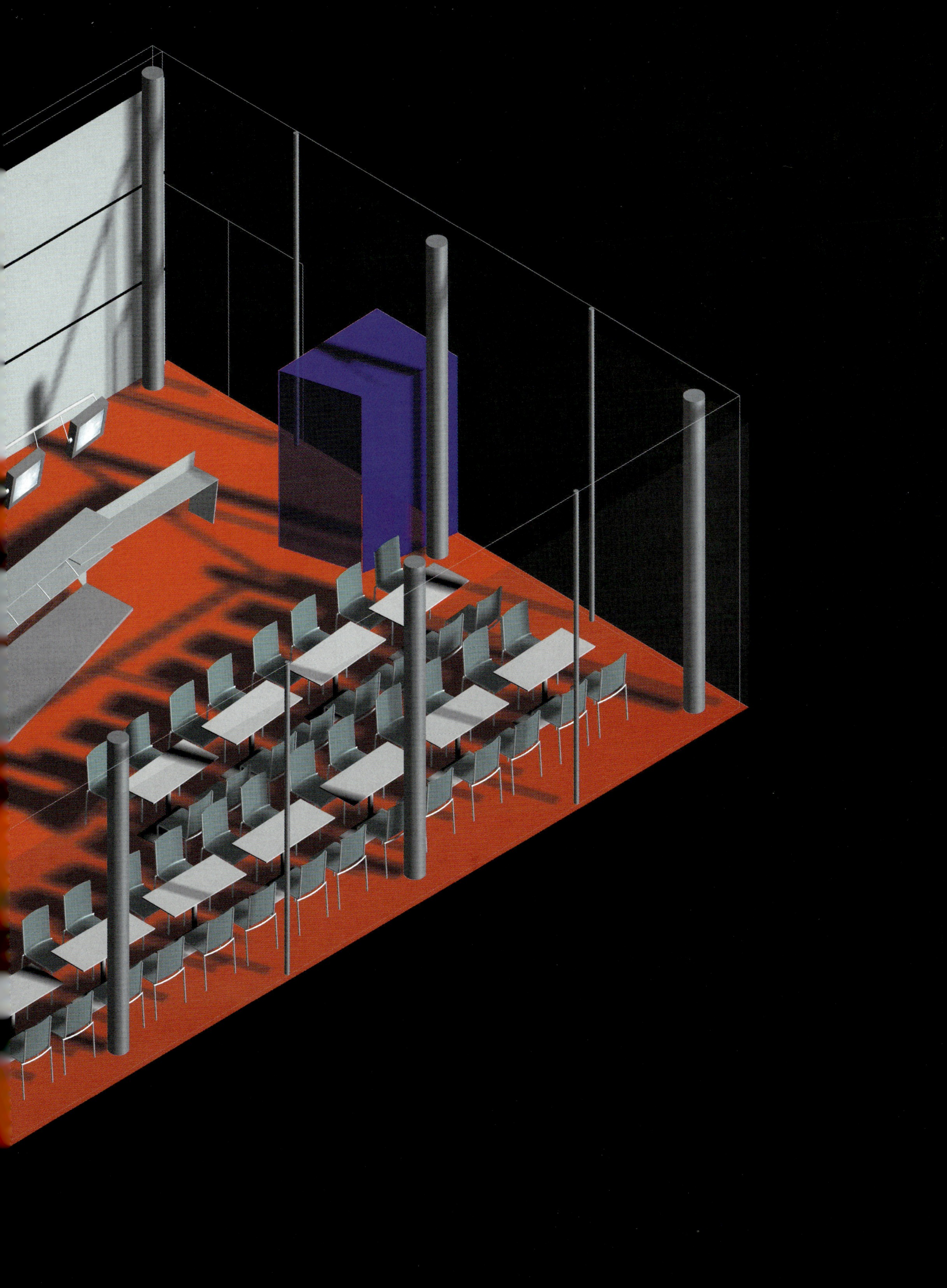

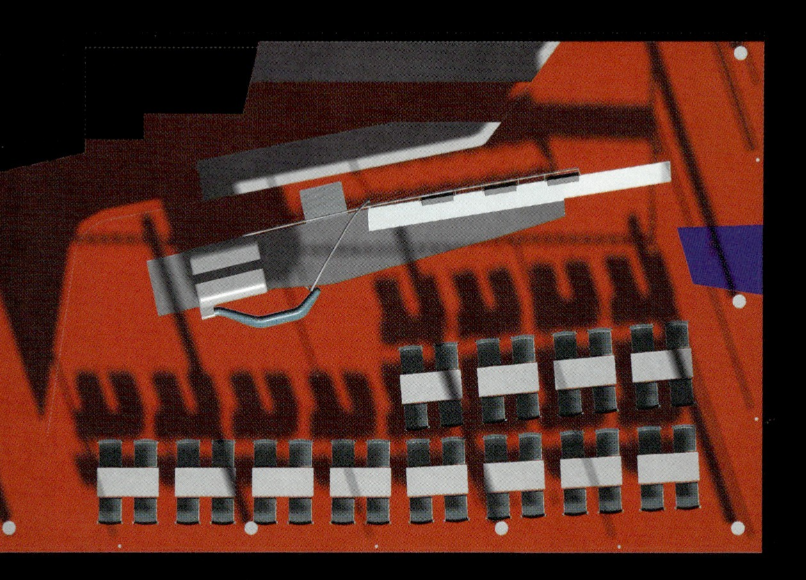

Die Gäste können sich entweder – im Sommer durch weit öffenbare Schiebefenster – dem urbanen Treiben oder großflächigen Video-Projektionen zu Themen der Finanzwelt an den Innenwänden widmen. Die Küche und der Abgang zu den Nebenräumen sind hinter einem Paravent aus Stahlgewebe verborgen. Im Sommer ergänzen ein Garten vis-à-vis des Doms das räumliche und eine mobile Bar das kulinarische Angebot.

The guests can devote their attention either to the goings-on in the urban space – in summer through the opened sliding windows – or to large scale video projections on themes relating to the financial world. The kitchen and the stairs leading down to the service rooms are concealed behind a screen made of steel mesh. In summer a garden opposite the cathedral completes the spatial variety and a mobile bar augments the culinary facilities.

An einem prominenten Eck der Stadtmitte soll eine innovative Kombination aus Kaffeehaus und Bankfiliale eingerichtet werden. Die Erdgeschoßfassade wird durch Stahlstützen und einen vorgestellten Glasvorhang zum belebten Platz geöffnet. Der Eingang ist als Windfang aus blauem Glas signalhaft erkennbar, der Bodenbelag ist mit rotem Teppich, die Wände und die Decke sind mit Edelstahl belegt. Zentrale Möblierung ist eine mobile Bank-Café-Einheit, die aus Richters Zeitungsstand von 1968 abgeleitet ist. An ihr sind alle Informationen über die globalen Finanzmärkte abrufbar, mit Personalcomputern können alltägliche Bankgeschäfte abgewickelt werden.

The idea was to set up an innovative combination of a café and branch bank at a prominent corner in the city centre. The ground floor facade is opened onto the lively square by the use of steel columns with a glass curtain wall in front. The entrance is a recognisable symbol, a blue glass draught lobby, the floor is covered with red carpeting, the walls and ceiling with stainless steel. The central fitting is a mobile bank-café unit which is derived from Richter's 1968 newspaper stand. Information on the global finance markets can be called up here and daily banking transactions carried out using personal computers.

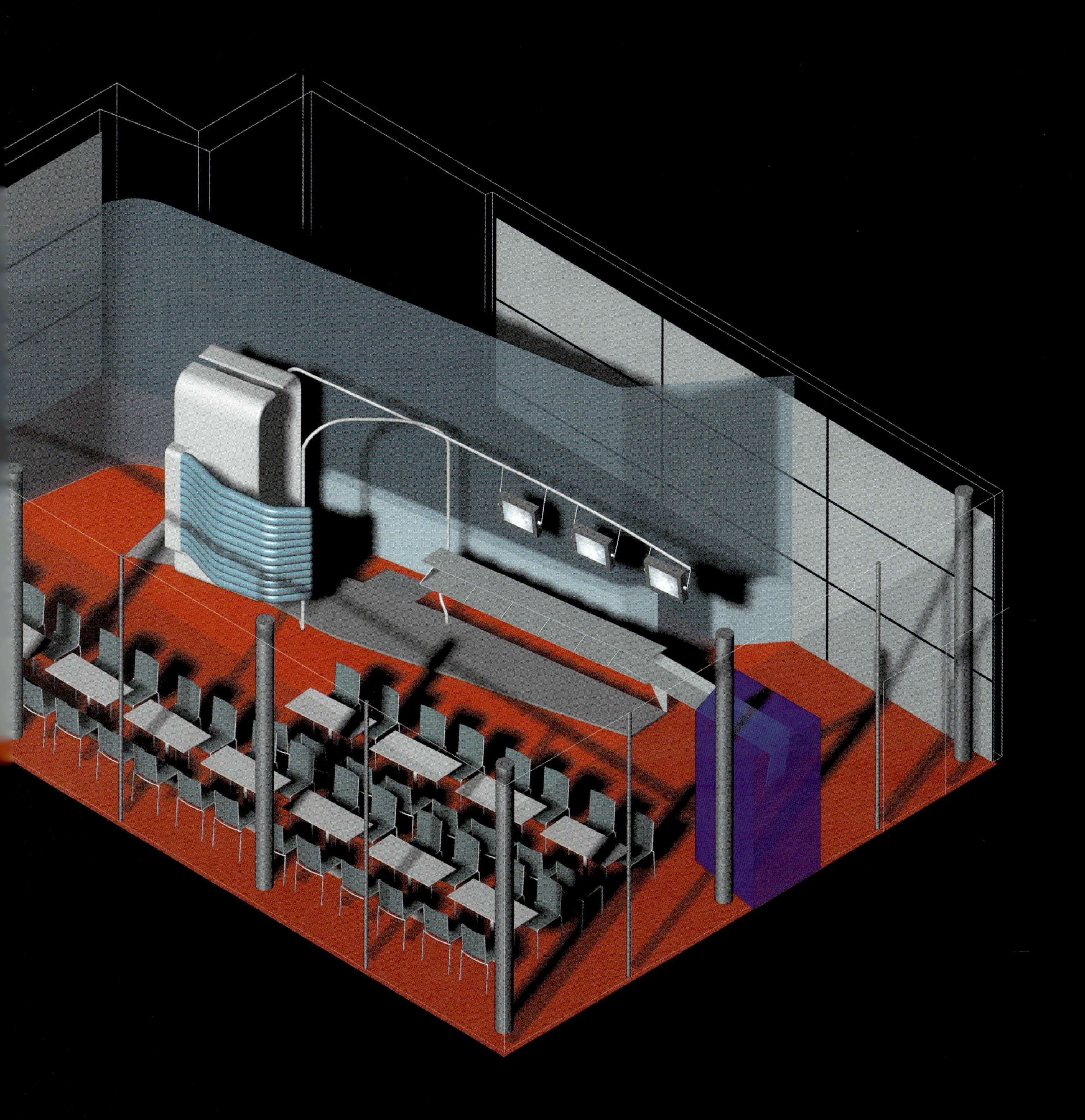

Neubau Hauptbetriebshof, Frankfurt
New Central Communal Facilities Yard, Frankfurt

1993

Geladener Wettbewerb
Frankfurt am Main

Invited competition
Frankfurt am Main

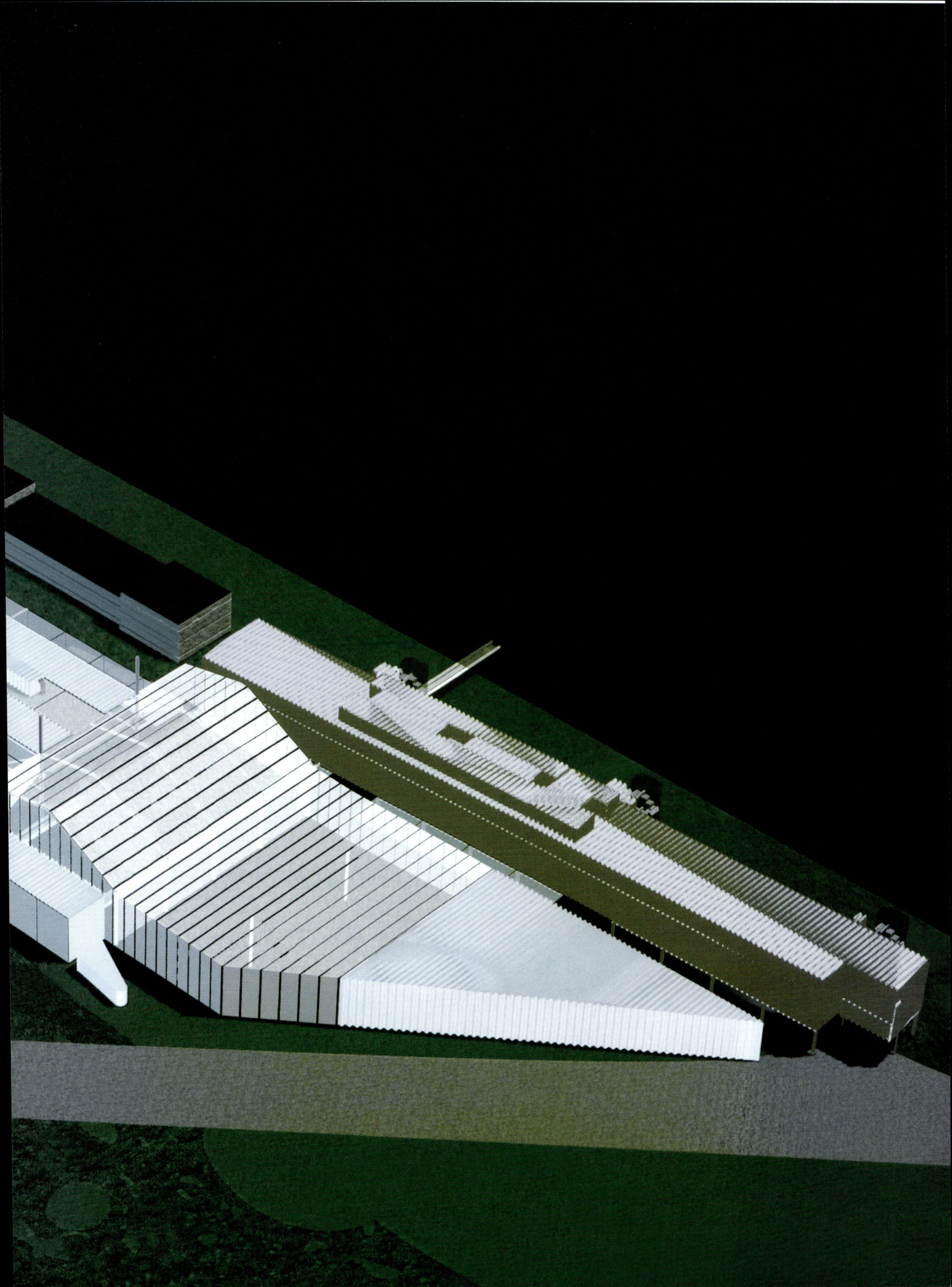

Im Hafengebiet sind Einrichtungen des Abfallwirtschaftsamts zu konzentrieren. Als Randbedingung ist vorgegeben, einen Industriebau von Peter Behrens zu erhalten, der sich etwa im Drittelpunkt des langgestreckten, einseitig spitz zulaufenden Planungsgebietes befindet. Der Entwurf integriert das Baudenkmal in eine vom Verkehrsfluß bestimmte Längsstruktur. Mit alten und neuen Nebentrakten für Verwaltung und Lagerung entsteht

The intention was that the facilities of the waste disposal authorities should be concentrated in the harbour area. An outline precondition was the preservation of an industrial building designed by Peter Behrens. This building is located approximately a third of the way along the rectangular planning area which on one side tapers to a point. The design integrated the historic monument in a longitudinal layout determined by the flow of traffic.

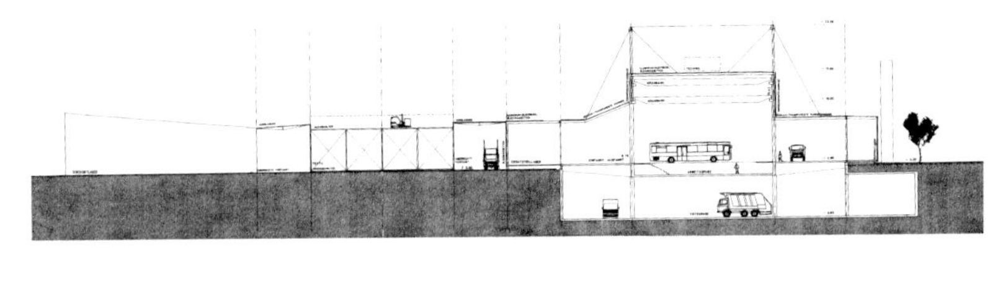

Die Stahlkonstruktion faßt die Funktionsbereiche der Fahrzeugwerkstätte zu einer signifikanten Großform zusammen, in der auch der Behrens-Trakt – transparent eingehüllt – aufgeht. Die Figur des Hauptbaus wirkt wie eine organische Fügung von Haupt und Körper, mit angelegten Gliedern – für einen kommunalen Wirtschaftshof eine beachtliche Identitätsstiftung.

Die große Halle hat ein erhöhtes Mittelschiff, über das Tageslicht einfallen kann. Die beiden Längsträger, die die Halle aufspannen, sind aus ebenem Stahlfachwerk und werden von 12 Stützen räumlich mehrfach abgehängt. Die Sichtflächen der Gebäude sind von industrieller Fertigung geprägt: punktgestützte Verglasungen für Vor- und Zwischendächer, transparente Wärmedämmung oder Aluminiumpaneele für die Außenwände, Blechdeckung und Solarzellen auf den Dächern.

The steel structure combines the functional areas of the vehicle repair workshops to create an impressive major form in which Behren's building, within a transparent shell, also emerges distinctly. The configuration of the main building seems like an organic composition made up of head and body with attached limbs which, for a communal rubbish disposal facility, represents a remarkable establishment of identity.

The higher central aisle in the main hall admits daylight. The two long beams spanning the length of this hall are made of an even steel truss and are hung spatially at several points from twelve posts. The visual axes of the building are dominated by its industrial fabrication, point fixed glazing for canopies and roofs, transparent thermal insulation or aluminium panels for the external walls, metal roofing and solar cells placed on the roofs.

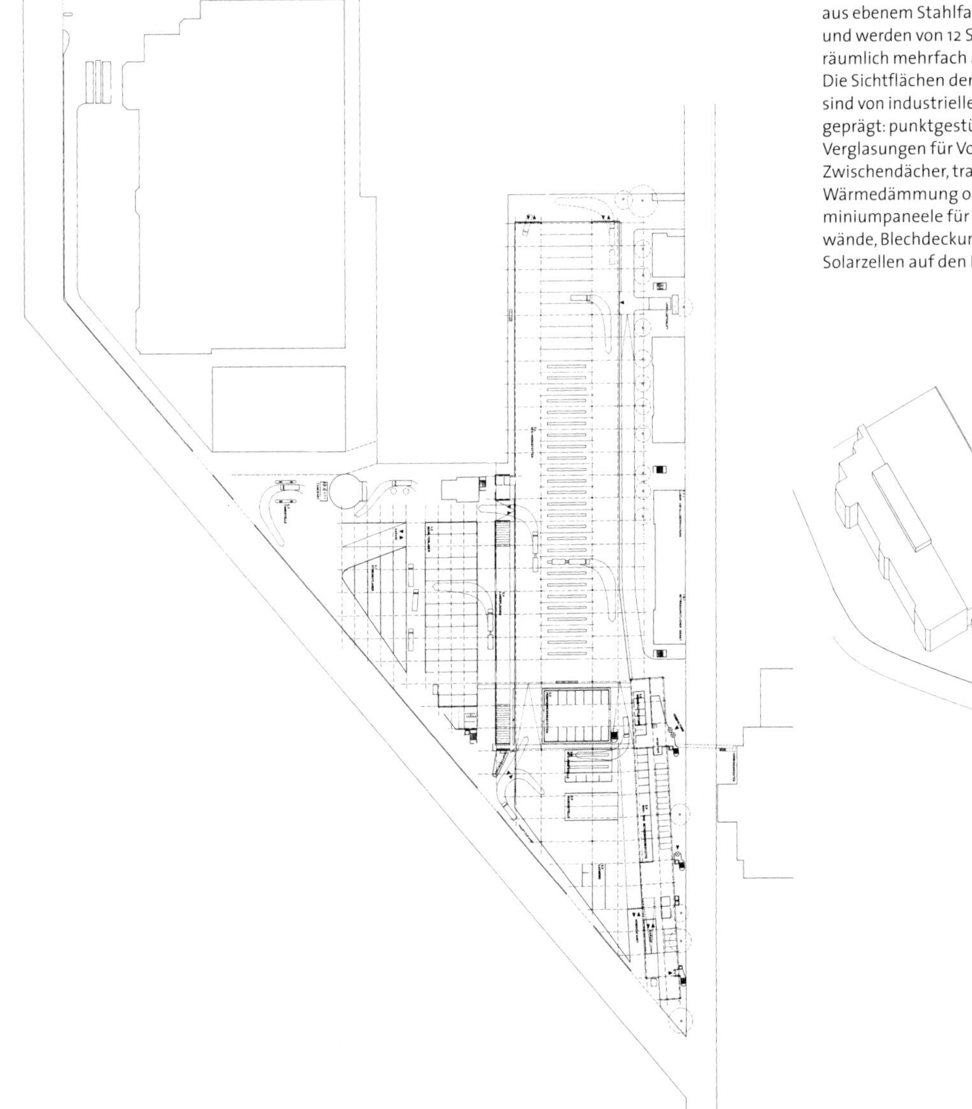

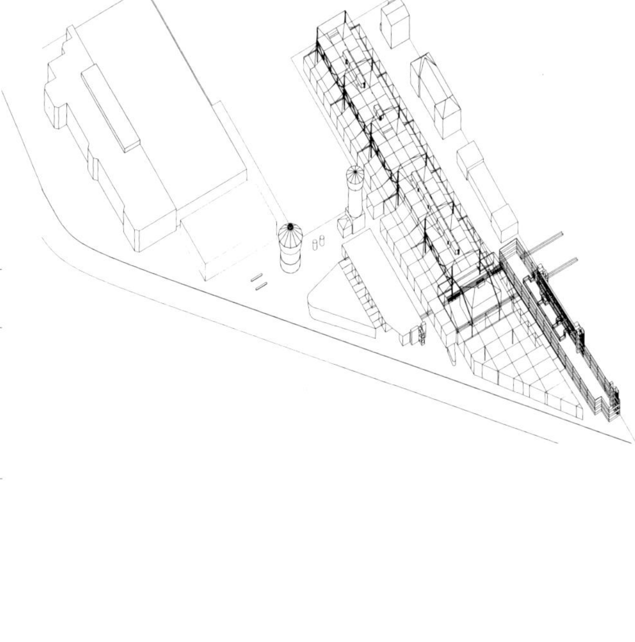

ein dichter Servicebezirk. Die über der Tiefgarage stehende, dreischiffige Haupthalle dient als KFZ-Werkstätte und Lager, der Behrens-Bau ergänzt sie mit spezialisierten Reparaturzonen.

A dense service area resulted including new and old ancillary tracts for the administration and for storage. The triple-aisled main hall stands above an underground car park. It serves as a vehicle repair workshop and store and augments the Behrens' building with specialised repair zones.

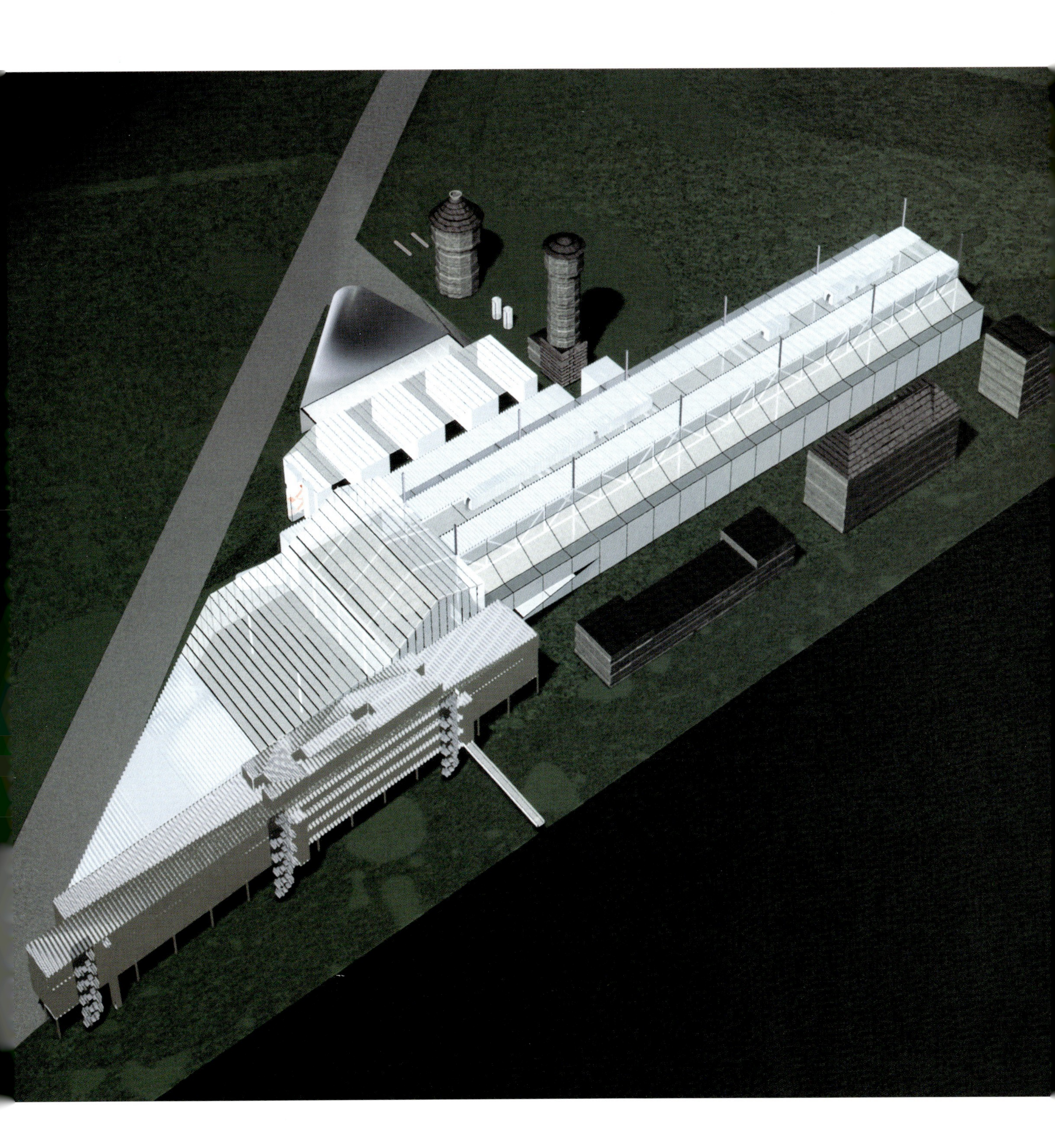

Projekt Donau
Danube Project

1991

Gutachten
(EXPO '95)
Wien

Expert report
(EXPO '95)
Vienna

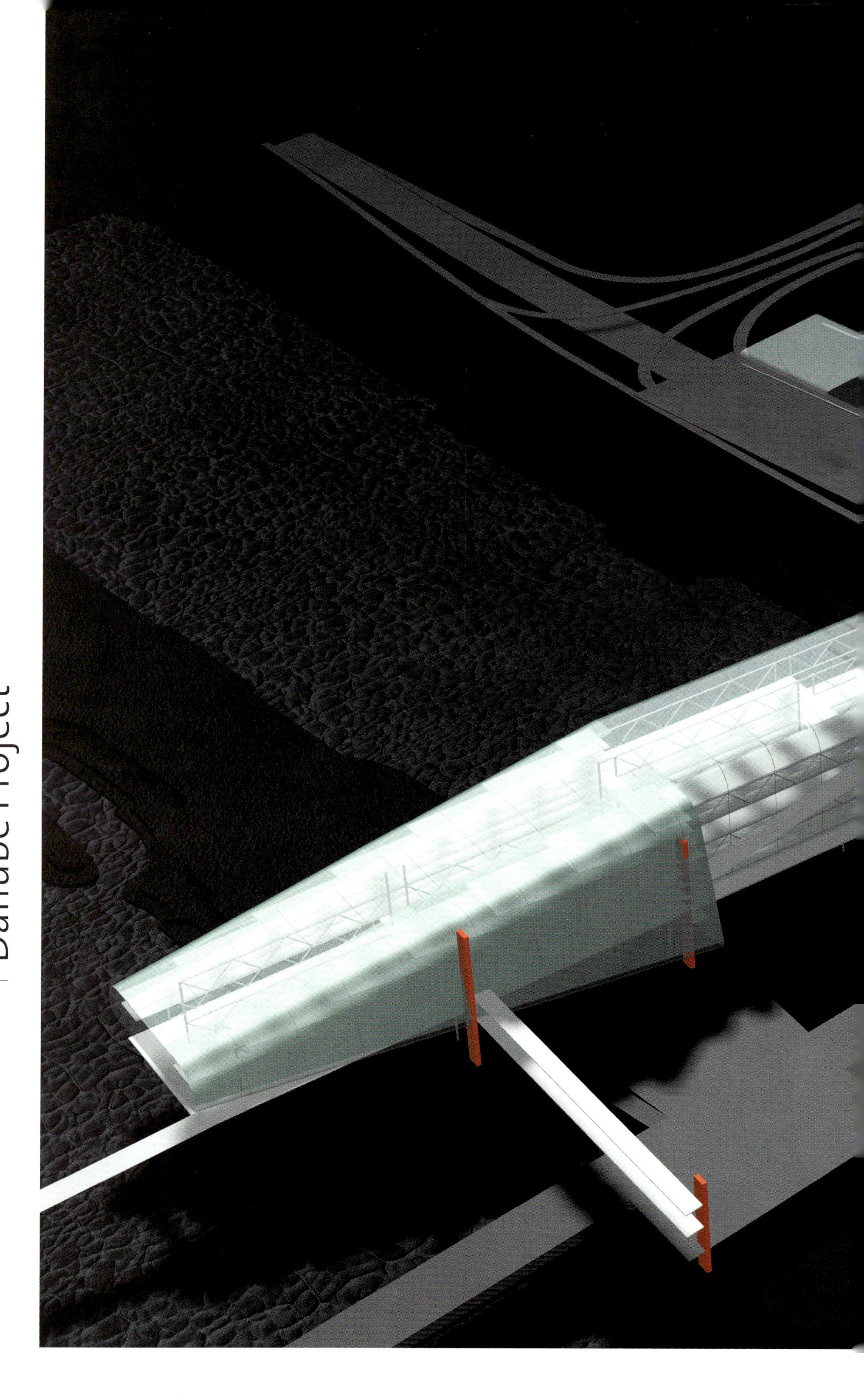

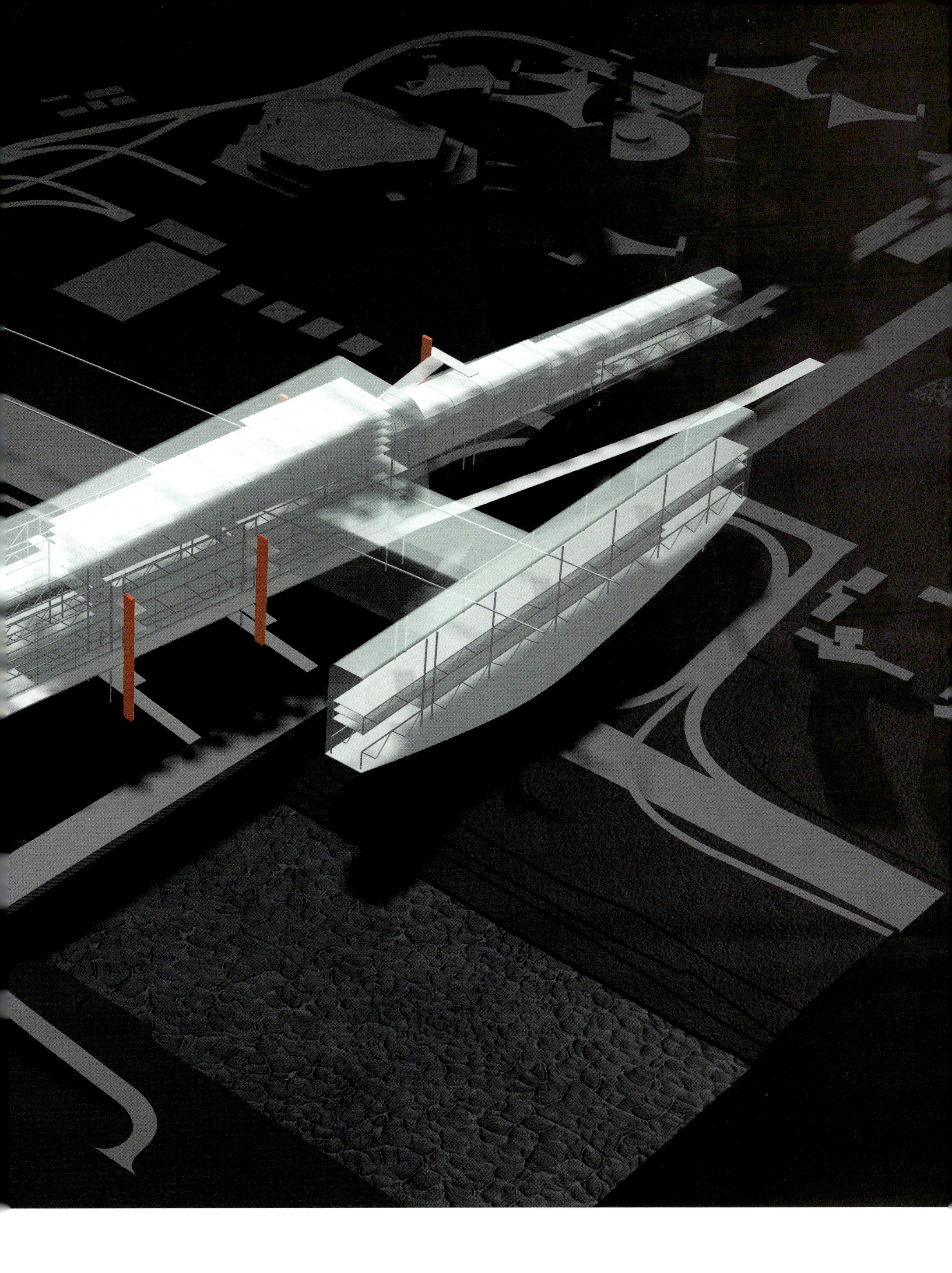

Wiens Lage an der »schönen blauen Donau« wird zwar seit langem von einem bekannten Walzer behauptet, städtebaulich ist sie aber noch immer nicht vollzogen. Die Stadt hat zu ihrem Strom bisher keine urbane, sondern nur eine technoide Beziehung über den Hochwasserschutz aufbauen können. Die Donau verbindet den Stadtkörper nicht, sondern teilt ihn in zwei ungleiche Hemisphären: den historischen Kern – tituliert als »die

Although Vienna's location on the "beautiful blue Danube" has long been celebrated in the familiar waltz tune, in urban terms the city has not yet arrived at this position. Up till the present the city has established, by means of the flood protection measures, merely a technoid and not an urban relationship to its river. The Danube does not connect the parts of the city but separates it into two unequal hemispheres: on the one

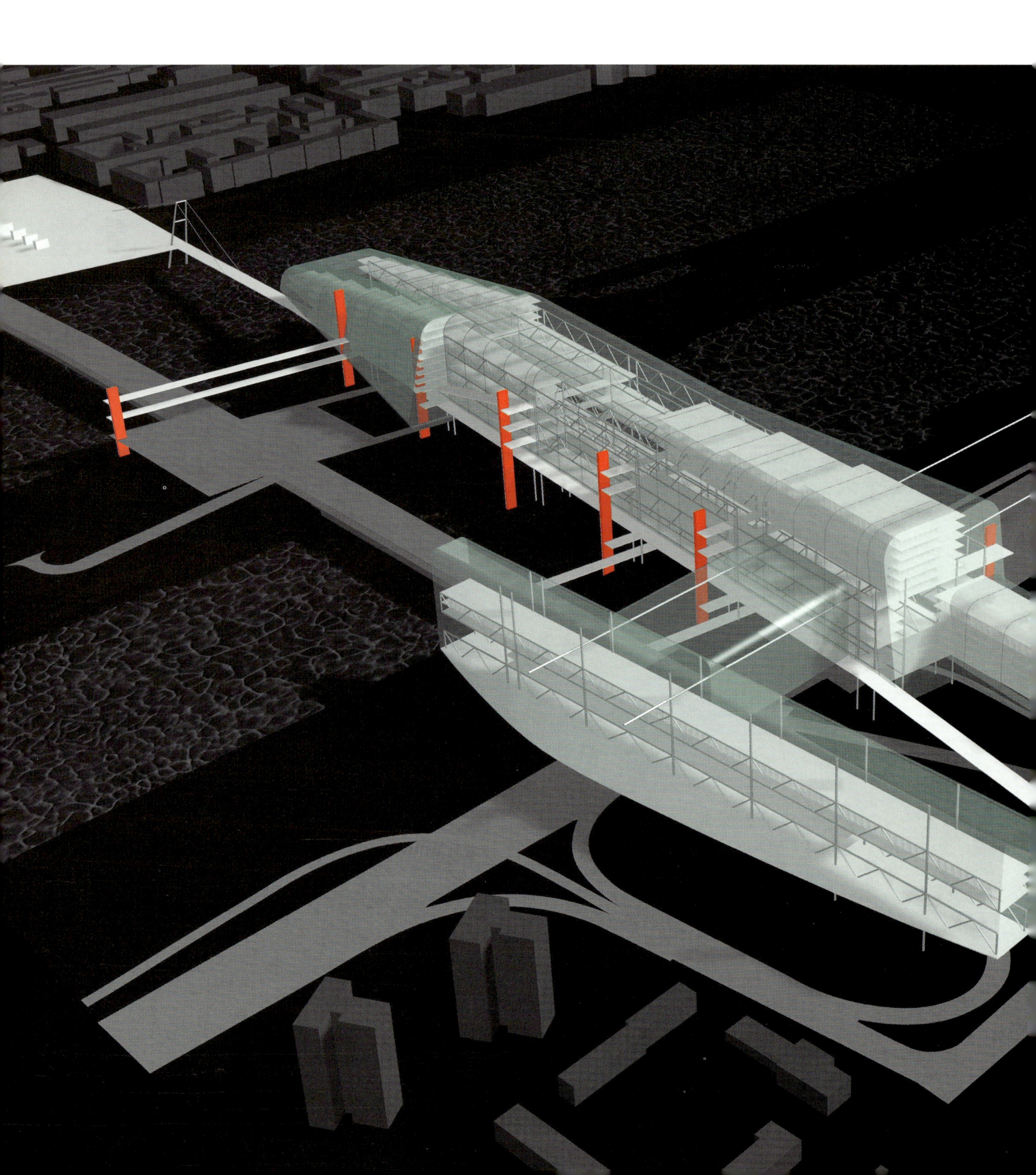

Stadt« – einerseits, ein expandierendes Hoffnungsgebiet andererseits. Vor der begradigenden, 1870 begonnenen Regulierung hat die Naturgewalt eine planmäßige Nutzung des Flußraums verunmöglicht. Ein Jahrhundert später wertet der Bau des nur bei Hochwasser durchflossenen Entlastungsgerinnes die urbanistische Fehlstelle zum populären Erholungsgebiet[1] auf. Anfang der neunziger Jahre wird die Bewerbung Wiens für die

hand, the historic core – dubbed "the city" – and, on the other, an expansion area, the source of many hopes. Before the regulation, started in 1870, which straightened the course of the river, the forces of nature made a planned use of the area along its banks impossible. A century later the relief channel (opened only at times of high water levels) has made this urban defect into a popular recreation area.[1] In the early nineties Vienna's

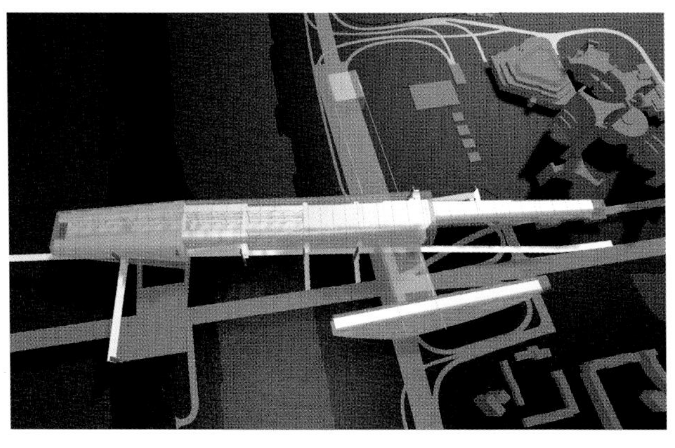

Mehr als ein Kilometer liegt zwischen den Bauten am Handelskai und dem Amtssitz der Vereinten Nationen am stadtäußeren Ufer der Neuen Donau. Diese trotz der Straßen- und U-Bahnverbindung über die Reichsbrücke nach wie vor markante Zäsur will das Projekt abschwächen. Die Länden der Donau und der Neuen Donau werden für Fußgänger besser miteinander verbunden. An die Querung werden attraktive Funktionen angelagert, die für Wien in diesem konzentrierten Angebot neu sind und daher dem bisher schwach determinierten Ort Zentrumscharakter verleihen sollen, ohne seine landschaftlichen Reize zu mindern, wie etwa die Fernsicht zum Wienerwald.

The buildings along Handelskai are more than a kilometre distant from the official seat of the UN situated on the bank of the New Danube lying further from the city. The intention was that the project should reduce the prominent caesura which exists here despite the road and Underground connections. The project offered a better link between the areas along the Danube and the New Danube. Attractive functions were to be added to the crossing, the concentrated supply which represented something new for Vienna was intended to give this previously weakly defined place a more central urban character while not reducing the charms of its landscape, for example the distant view of the Vienna Woods.

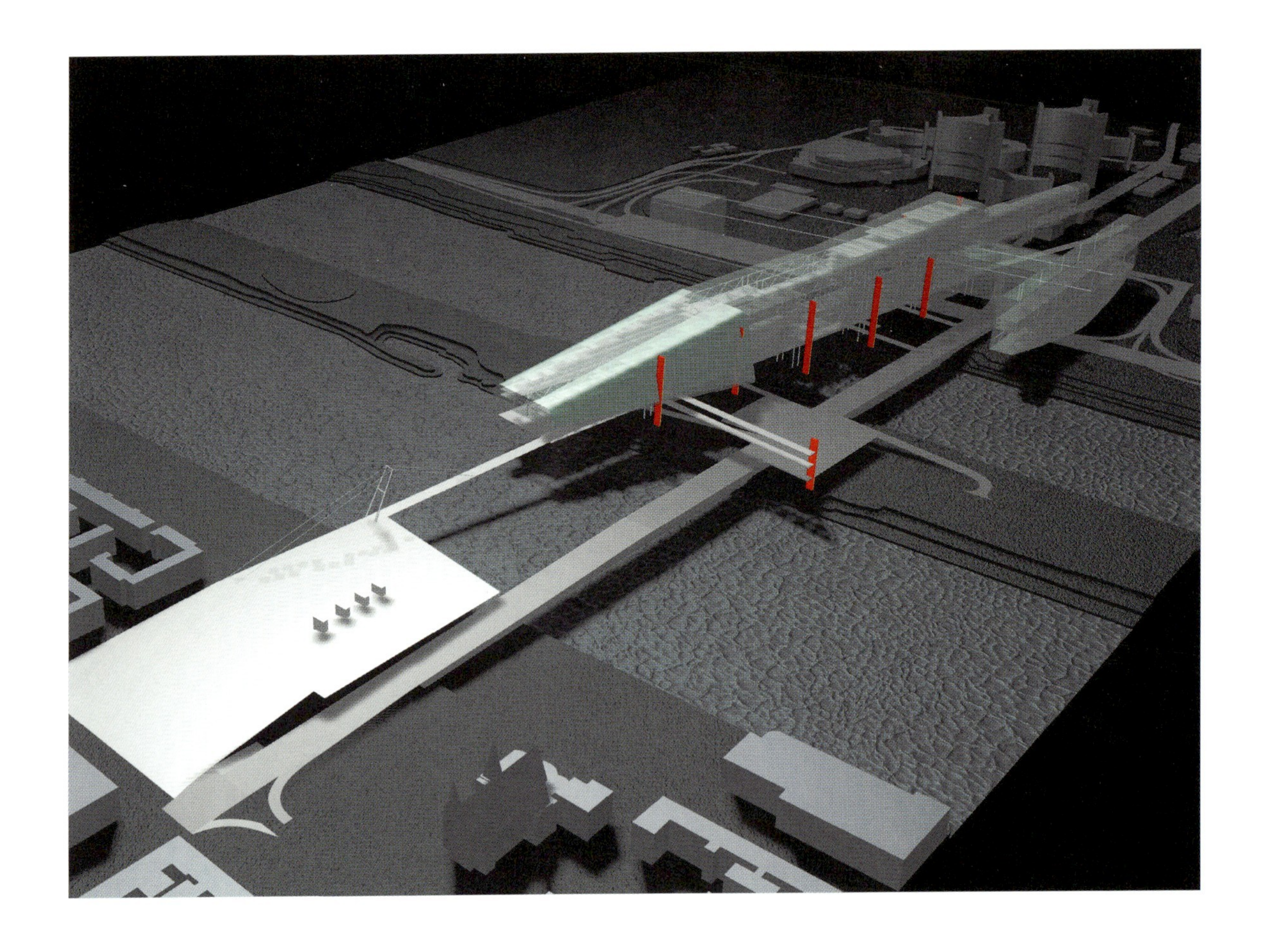

Das Projekt besteht aus mehreren, städtebaulich interagierenden Elementen: der 60 Meter hohen, ebenso breiten Brücke mit Büros, Wohnungen, Geschäften, Hotels, Kultur- und Freizeiteinrichtungen, die vom Vorfeld der UN-City über die Neue Donau zur Donauinsel führt; einer Fußgängerverbindung über den Hauptstrom; einem Bahnhof an der südlichen Lände samt unterirdischem Einkaufszentrum am Mexikoplatz; nicht zuletzt aus einem Bürobau, der den nördlichen Brückenkopf stärkt, indem er die Bebauung an die Wasserkante bringt. Diese Struktur sollte – vor allem über und in den Uferzonen – zuerst der EXPO '95, dann den dauerhaften Nachnutzungen dienen.

The project is made up of several integrated urban elements: the bridge, 60 meters high and wide with offices, apartments, shops, hotels and culture and leisure facilities, leading from the area in front of the UN City across the New Danube to the Danube Island. A footbridge across the main branch of the river, a railway station on the southern bank with an underground shopping centre at Mexikoplatz and, not least of all, an office building which would strenghten the northern bridgehead by extending the development to the water's edge. The aim was that this structure should – above all over and in the river bank zones – initially serve the EXPO '95 and afterwards permanent subsequent uses.

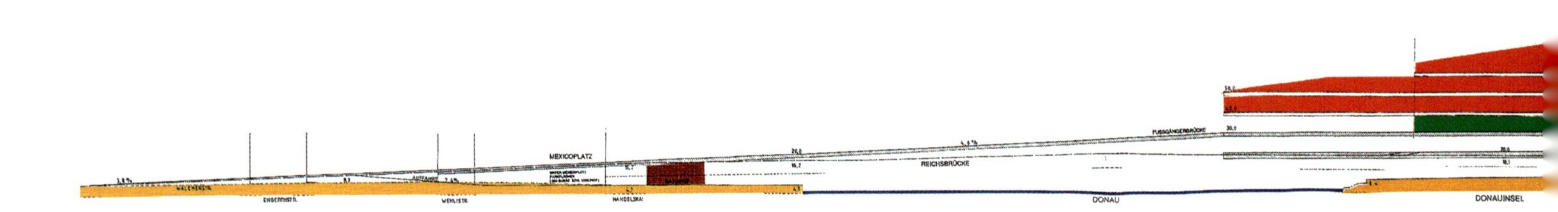

Weltfachausstellung 1995 als neuerlicher Impuls für den zentralen Donaubereich, ja für die ganze Stadt, verstanden. Am Ufer der Neuen Donau, vor der UN-City, soll ein repräsentativer Brückenkopf entstehen.[2] Da die als Teil der wichtigen Stadtentwicklungsachse hier querende Reichsbrücke zwar verkehrstechnisch, aber nicht stadträumlich ein Bindeglied abgibt, stellt ihr Richter eine signalhafte Struktur[3] bei. Die EXPO '95 findet nach einem negativen Volksentscheid in Wien allerdings nicht statt. Auch der Mitveranstalter Budapest zieht sich nämlich später von dem thematisch nie überzeugenden Projekt zurück.

application to hold the EXPO '95 was interpreted as a further impulse for the central Danube area and indeed for the entire city. The intention was that a new representative bridgehead should develop on the banks of the New Danube, in front of the UN City.[2] As the Reichsbrücke, which crosses the Danube at this point, represents part of an important axis in terms of traffic flow but fails to provide a connection in urban space, Richter lent it a demonstrative structure.[3] Following the negative outcome of a referendum in Vienna the EXPO '95 was not held in the city. Budapest, which had originally intended to be a partner, also later withdrew from this project which had never been convincingly defined thematically.

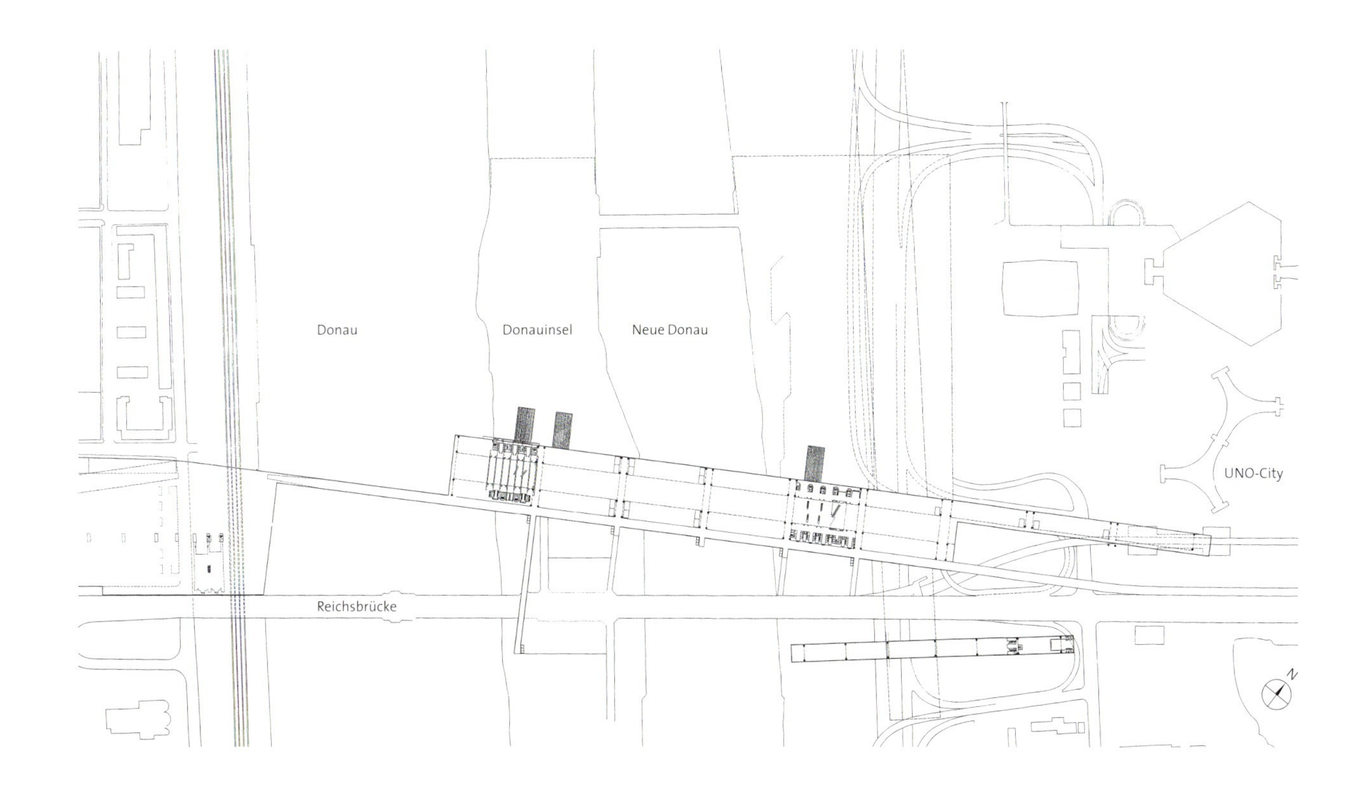

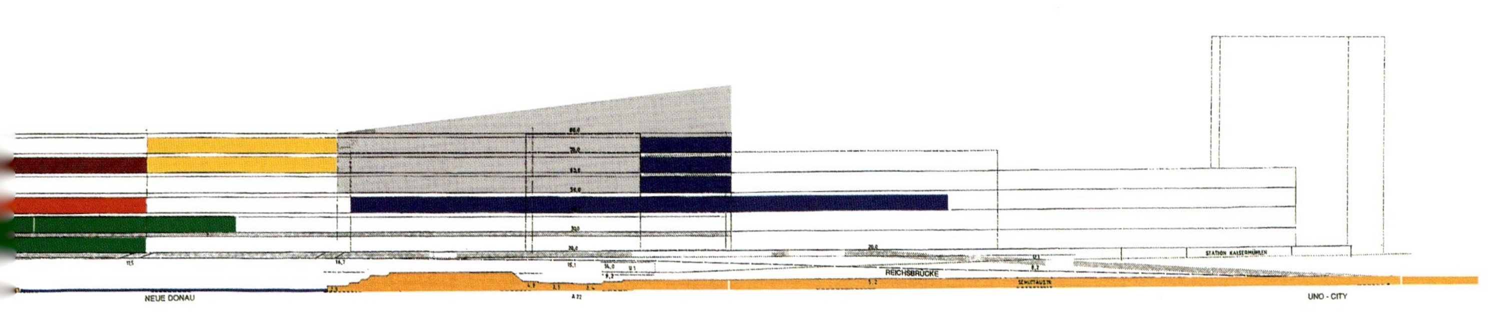

1) Maria Auböck, Gisa Ruland: Grün in Wien. Ein Führer zu den Gärten, Parks und Landschaften der Stadt, Wien 1994, S. 266 ff.
2) EXPO-Werkstatt – Astrid Gmeiner, Gottfried Pirhofer (Hrsg.): Donau(t)raum. Materialien zur EXPO '95, Band 2, Wien 1991, S. 97 ff.
3) a. a. O., S. 133 f.

1) Maria Auböck, Gisa Ruland: Grün in Wien [Green Space in Vienna]. A Guide to the Gardens, Parks and Landscapes of the City, Vienna 1994, p. 266 ff
2) EXPO-Werkstatt/EXPO-Workshop Astrid Gmeiner, Gottfried Pirhofer (eds.): Donau(t)raum. Materialien zur EXPO '95, Vol. 2, Vienna 1991, p. 97 ff
3) Loc. cit. p. 133 ff

Betriebsgebäude Kawasaki
Kawasaki Works

1992–

Gutachten
Maria Enzersdorf
am Gebirge,
Niederösterreich

Restricted
entry competition
Maria Enzersdorf
am Gebirge
Lower Austria

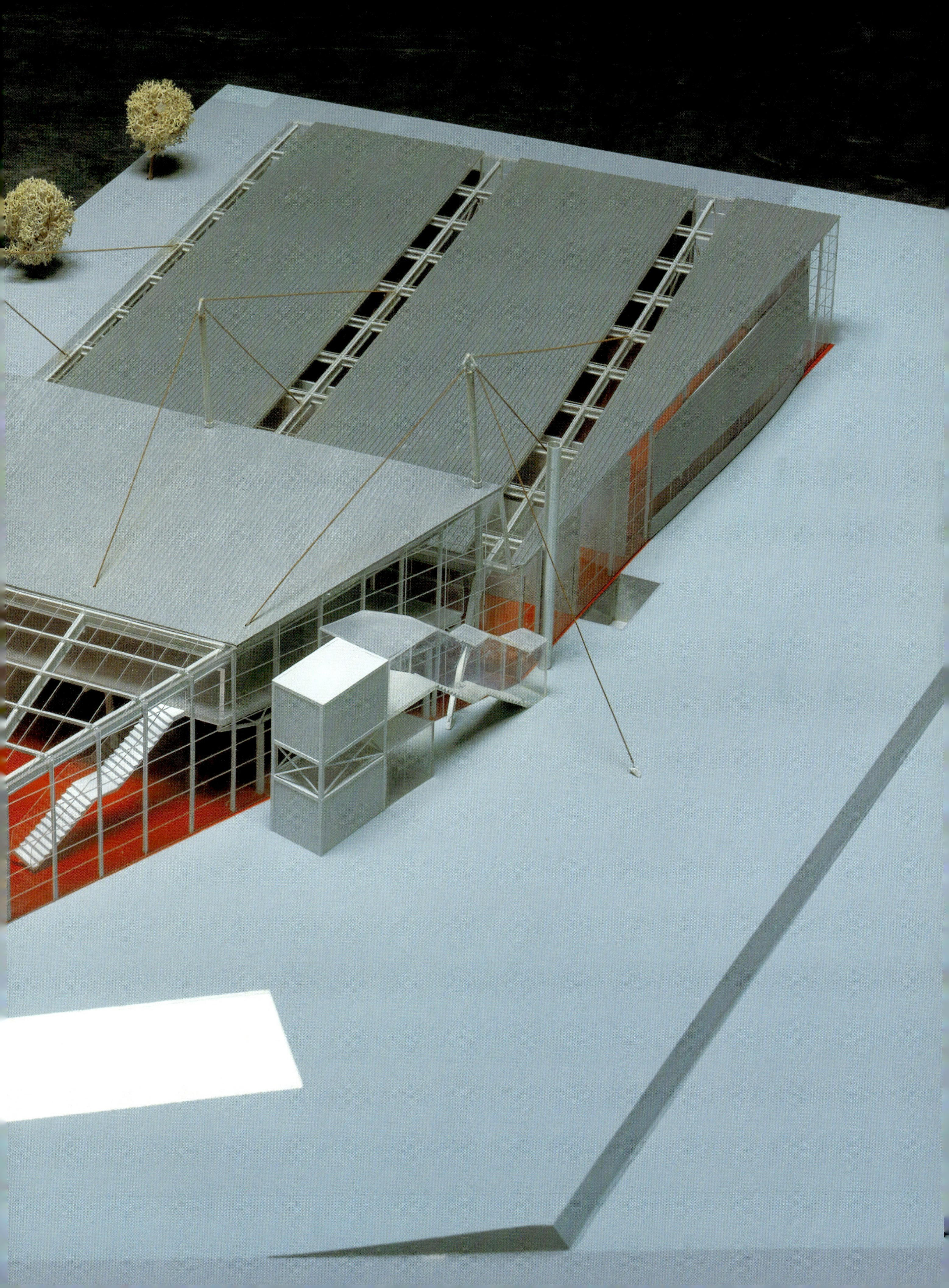

Motorräder und kleinere Wasserfahrzeuge garantieren nicht nur freizügige Fortbewegung, sie lassen den Fahrer, gerade bei international anerkannten Marken, auch am spezifischen Image der Produkte teilhaben. Die Verkaufsräume solcher Konsumgüter sollen Träger und sogar Verstärker der Aura der Produkte sein. In diesem Sinn beabsichtigt der Importeur der für ihren technischen Anspruch und ihre Schnelligkeit beliebten Fahrzeuge, ein Kunden- und Werkstättenzentrum südlich von Wien zu errichten. Als Hauptfunktionen sind Ausstellung, Lager, Werkstätte und Büro vorgesehen, die nach Richters Entwurf in einem Doppelbaukörper zusammengefaßt

Motor bikes and small speedboats not only guarantee freedom of movement but also allow the rider or person at the wheel to share a specific image of the particular product – especially in the case of internationally prestigious trade marks. The salesrooms for this kind of consumer goods are meant to support and indeed strengthen the aura of the product. In just such a context the importer of vehicles popular due to their technical finesse and speed wished to build a customer and workshop centre to the south of Vienna. The primary functions were to be display, storage, workshop and offices. In Richter's design these are contained in a pair of

werden. Pylone unterstützen über Zugelemente zwei Pultdächer, so daß sich zwei Nutzungszonen ergeben. Der schmälere Teil enthält ebenerdig den Schauraum und einen Schulungsbereich; das in die Eingangs- und Ausstellungshalle eingestellte bzw. abgehängte Plateau ist für die Büroarbeit vorgesehen und gleichzeitig Teil der primären Tragkonstruktion der beiden Hallen. Der rückwärtige Teil nimmt die Werkstätte und das Lager auf. Erweiterungen der Nutzflächen sind gegen Süden und Westen möglich, ohne daß dadurch die Verkehrsorganisation mit der Zufahrt von Norden und die Freiraumkonzeption aufgegeben werden müßten.

building elements. Pylons support, by means of tension cables, two mono-pitch roofs producing two functional zones. The narrower section contains the display space and a training area at ground floor level. The plateau positioned or hung in the entrance and display hall is intended as office space and at the same time forms part of the primary load-bearing structure of both halls. The rear part incorporates the workshop and warehouse. The floor area can be extended to the south and west without necessarily abandoning either the traffic organisation with the approach from the north or the concept for the outdoor spaces.

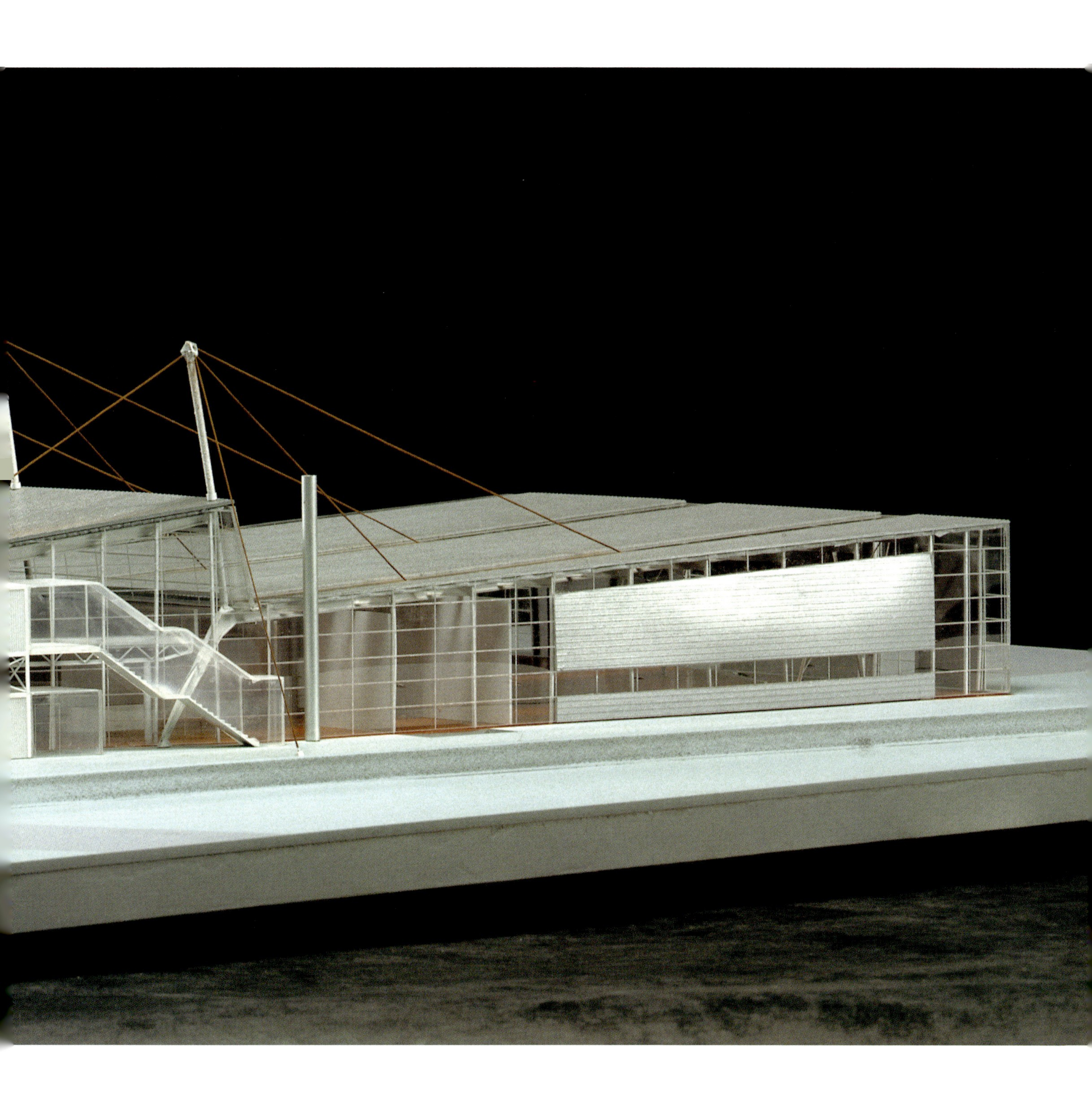

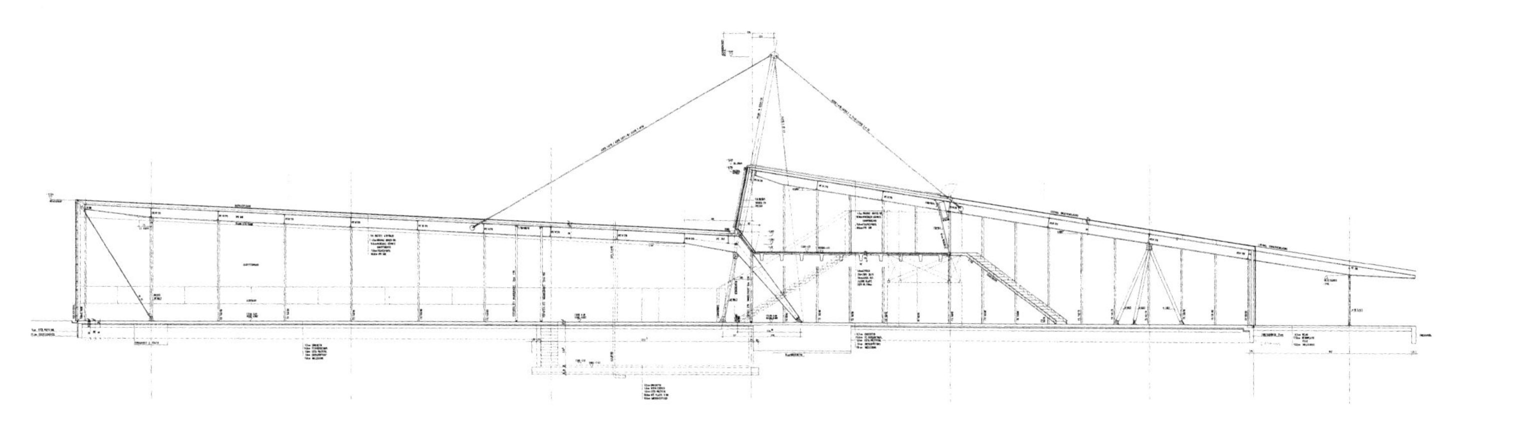

Außen gestaltprägend ist die weitgespannte Stahlkonstruktion, die im Inneren weitgehend stützenfreie, daher flexibel zu nutzende Räume bereitstellt. Das höhere Pult stützt sich auf dem niedrigeren ab, die Abspannungen der Hauptträger gehen von drei Stützen zu beiden Pultdächern aus. Dadurch entlasten sich diese Druckstäbe selbst von der horizontalen Komponente der beiden Dachlasten. Die Aussteifung des Systems gegen Wind- und Bebenkräfte erfolgt durch raumwirksame Dreigelenkrahmen. Wand und Dach des Schauraums wären mit punktgestütztem Glas bekleidet, die restlichen Fassaden mit Blechpaneelen.

From outside the wide-spanning steel structure dominates the appearance of the building and internally provides spaces largely without piers which can be used flexibly. The higher mono-pitch rests on the lower roof, the ties of the main beams run from the three pylons to both mono-pitch roofs. In this way these compression rods transfer the horizontal component of the two roof loads. The bracing of the system against wind and seismic forces is carried out by means of spatially effective three-hinged frames. The wall and roof of the showrooms were to be clad with point-fixed glazing, the rest of the facade with metal panels.

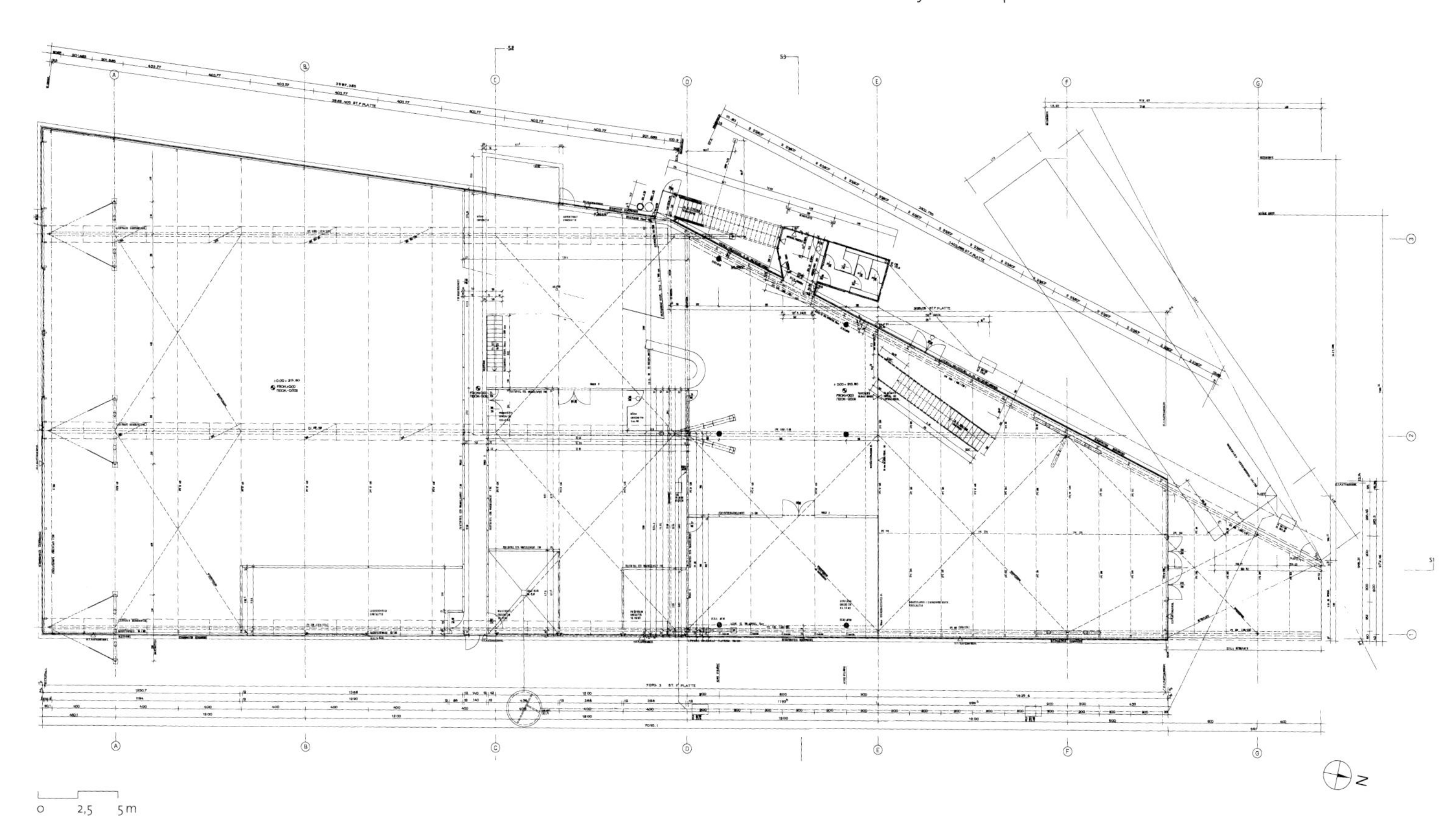

Wohnbau Grundäcker
Grundäcker Housing Development

1996–99

Wien / Vienna

Zur Verbesserung der Kosten-Nutzen-Relation im geförderten Wohnbau wurde Mitte der neunziger Jahre ein für Wien neues Instrument der Ideenfindung etabliert: der Bauträgerwettbewerb[1]. Die kooperative Planung durch Architekten und Bauträger soll höhere Wohnqualität bei niedrigeren Herstellungskosten gewährleisten.

In den von fünf Planern getrennt bearbeiteten Zonen treten grundlegende Differenzen in den architektonischen Auffassungen und bei den Wohnungstypologien zutage. Der Trakt Richters bildet den Abschluß des Projektgebietes im Norden und somit die Barriere zur etwa 20 Meter entfernten Bahntrasse. Die Grundrißorganisation basiert

To improve the cost-effect relationship in subsidised housing in the mid nineties a new instrument was created: the client builder-sponsored competition.[1] The intention was that co-operative planning between architect and builder should lead to higher residential quality and lower production costs.

In zones developed separately by five planners basic differences, as regards both the understanding of architecture and housing typology, emerge. Richter's tract forms the termination of the project area to the north and thus is the barrier to the train tracks about 20 m away. The organisation is based on the idea of placing all

An der zur Bahntrasse gewandten Nordseite ist der aus Stahlbetonfertigteilen errichtete Laubengangkörper gestaltbestimmend. Die zur Austeifung des Gebäudes dienenden A-Böcke sowie alle anderen Konstruktionselemente (Träger, Stützen, Stiegenläufe) bleiben für sich erkennbar.

On the north side facing towards the train tracks the access deck made of prefabricated concrete parts determines the design. The A-frames, which serve to stiffen the building, and all other structural elements (beams, piers and staircases) remain identifiable.

auf der Idee, alle Aufenthaltsräume an der ruhigeren Südseite anzuordnen und die Nebenräume mit vorgesetzter Laubengangerschließung nordseitig als Lärmpuffer zu nutzen. Auffälliges Merkmal des Laubenganges sind die vier gebäudehohen A-Böcke, welche die Ableitung der Horizontalkräfte aus den Deckenplatten des Gebäudes in die Fundierung übernehmen. Die Laubengangkonstruktion hält das Gebäude über die Zugangsstege, schalltechnisch von den Rohdecken durch Querkraftdorne entkoppelt. So bleibt das Innere des Gebäudes und die Fassade frei von in Längsrichtung aussteifenden Wandscheiben. Die Tragstruktur ist konsequent auf Wandschotten aus Stahlbetonfertigteilen im westlichen Teil, auf ein Ortbetonskelett im östlichen Teil reduziert.

Damit erfüllt sich an diesem Bau in eindrucksvoller Weise Richters Postulat nach flexiblen Raumstrukturen.

the living rooms on the quieter south side and using the ancillary spaces on the north side with an access gallery in front as a noise buffer. A prominent characteristic of the access deck is the four A-frames the full height of the building which transfer the horizontal loads from the floor slabs of the building to the foundations. The construction of the deck stabilises the building by means of the approach footbridges, which in terms of sound insulation are separated from the floor slabs by pins transferring the transverse forces. As a result the interior of the building and the facade remain free of stiffening wall panels in the longitudinal direction. The load-bearing structure is thus systematically reduced to transverse walls made of pre-cast concrete elements in the western part and an in situ concrete frame in the eastern section.

Das Laubengangsystem dient nicht nur der Horizontalerschließung, es nimmt auch die Treppen und den Aufzug auf. Zudem leitet es zu dem Stiegenturm über, von dem eine neuer Fußgängersteg über die Bahntrasse ausgeht. Diese Querung bindet das neue Wohnviertel an die vor Jahren eingeleitete Stadtentwicklung nördlich der Bahnlinie an.

The deck access system serves not only the horizontal circulation but also incorporates the staircases and the lift. In addition, it leads over to the tower from which a pedestrian footbridge extends above the railway line. This crossing connects the new residential district with the urban development to the north of the train tracks which was begun years ago.

Alle Wohnungen können im System dem unterschiedlichen Raumbedarf der Nutzer angepaßt und auch nachträglich verändert werden; ebensowenig legt die Fassade aus nichttragenden Blechelementen zukünftigen Nutzungen Beschränkungen auf. Auch die anderen Maximen Richters zum sinnfälligen Wohnbau sind verwirklicht. Es gibt keine Durchgangszimmer, dafür (Wirtschafts)Loggien; Terrassen, Winter- oder Mietergärten sind für jede Einheit Standard. Die Wohnungen sind beidseitig belichtet und querdurchlüftet, die Haustechnik konzentriert sich auf jeweils einen Schacht.

Durch die systematische Verwendung von weitgehend vorgefertigten und standardisierten Bauelementen setzt sich Richters Vision der industrialisierten Wohnungsproduktion hier im Vergleich zur konventionellen nicht nur räumlich, sondern erstmals im direkten Vergleich auch ökonomisch durch.[2)]

Thus this building fulfils in an impressive way Richter's call for a flexible spatial structure – all the apartments can be adapted within the system to suit the different demands of the user and also altered later. Similarly the facade made of non load-bearing metal elements does not impose any restrictions on future use. Richter's other maxims regarding sensible housing are also realised. There are no passageway rooms but (service) loggias: terraces, winter- or tenants' gardens are standard for each unit. The apartments are lit from both sides and are cross-ventilated, the services are in each case concentrated in a duct. Through the systematic use of predominantly pre-fabricated and standardised building elements Richter's vision of the industrialised production of housing emerges successful when compared to conventional systems, not only spatially, but, for the first time in direct comparison, also economically.[2)]

1) Bauträgerwettbewerb »Areal der Grundäcker« in: Wettbewerbe Nr. 147/148, Wien 1995, S. 17 ff.
2) a. a. O., S. 30 ff.

1) Client builder competition "Areal der Grundäcker" in: Wettbewerbe No. 147/148, Vienna 1995, p. 17 ff
2) Loc. cit., p. 30 ff

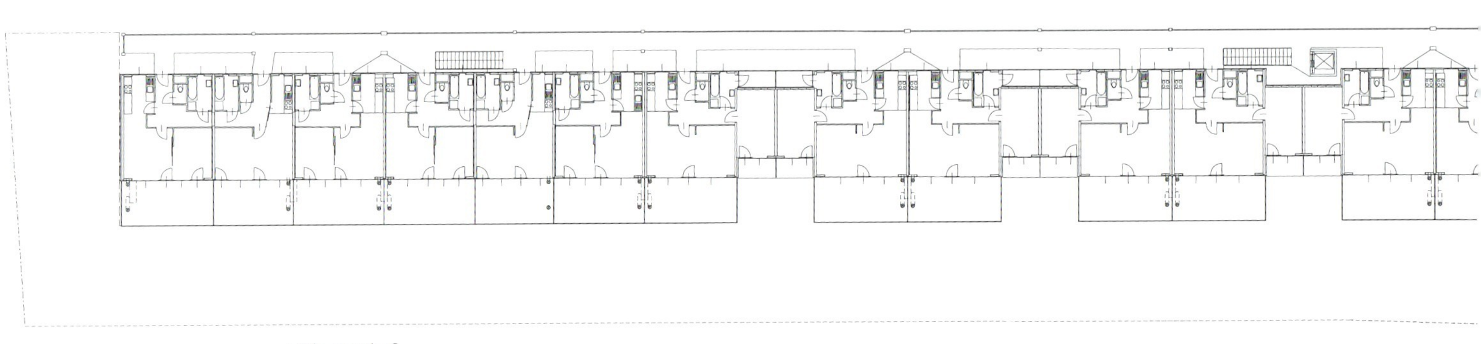

0 2,5 5 m

3. Obergeschoß
3rd floor

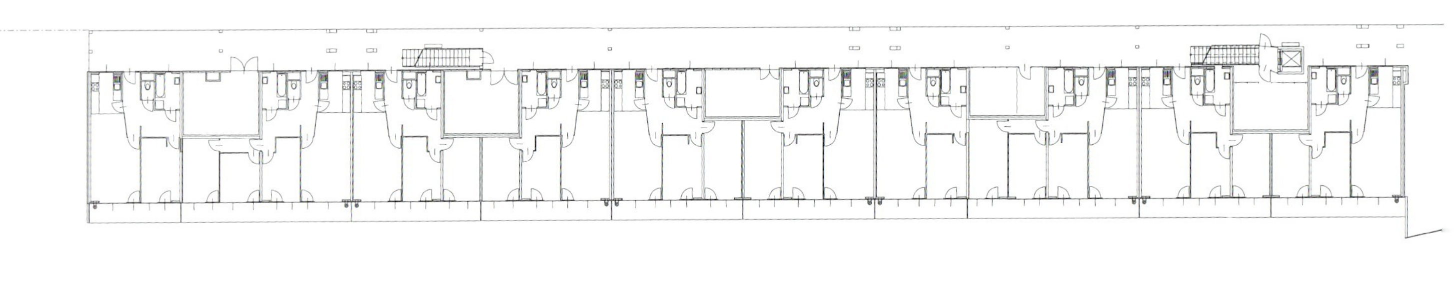

Erdgeschoß
ground floor

Der geschichtete, langestreckte Bau schirmt seine Nutzer und das neue Quartier nach Norden hin ab, er enthält eine Behindertenwerkstatt und 67 Wohneinheiten mit Nutzflächen zwischen 43 und 103 m². Der Standardtyp ist 80 m² groß und hat zwei Schlafzimmer. Die Terrassen umfassen 19 m², die Loggien 10 m². Die tragende Struktur schränkt die Flexibilität der Grundrisse so wenig wie möglich ein. Im Achsraster parallel gesetzt sind Querschotten aus 15 cm Stahlbeton (als Wohnungstrennwand mit Vorsatzschale) sowie Rahmentragwerke in Ortbeton, ausgefacht mit Gipskarton- bzw. Stahlblechkassettenwänden. Alle Zwischenwände im Wohnungsverband und die nichttragenden Wohnungstrennwände sind in Trockenbau erstellt.

The long, layered building screens its users and the new quarter towards the north. It contains 67 residential units with floor-areas ranging between 43 and 103 m² and a workshop for the handicapped. The standard apartment is 80 m² in area and has two bedrooms. The terraces are 19 m², the loggias 10 m². The load-bearing structure restricts the flexibility of the plans as little as possible. Cross walls, made of 15 cm thick reinforced concrete (where they form a party wall between apartments they have an additional insulating layer), are placed parallel on an axial grid as are load-bearing frameworks made of in situ concrete (infilled with plasterboard or steel sheet waffle walls). All internal walls within an apartment as well as the non load-bearing party walls were erected in a dry build system.

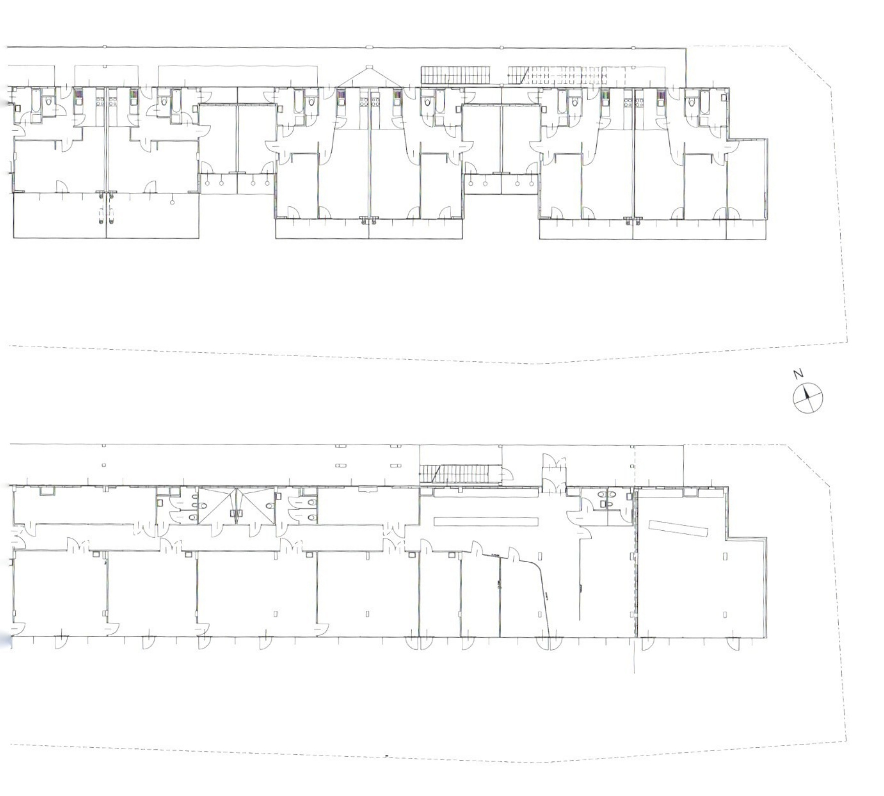

Museo del Prado
Museo del Prado

1995–96

Wettbewerb
Madrid

Competition entry
Madrid

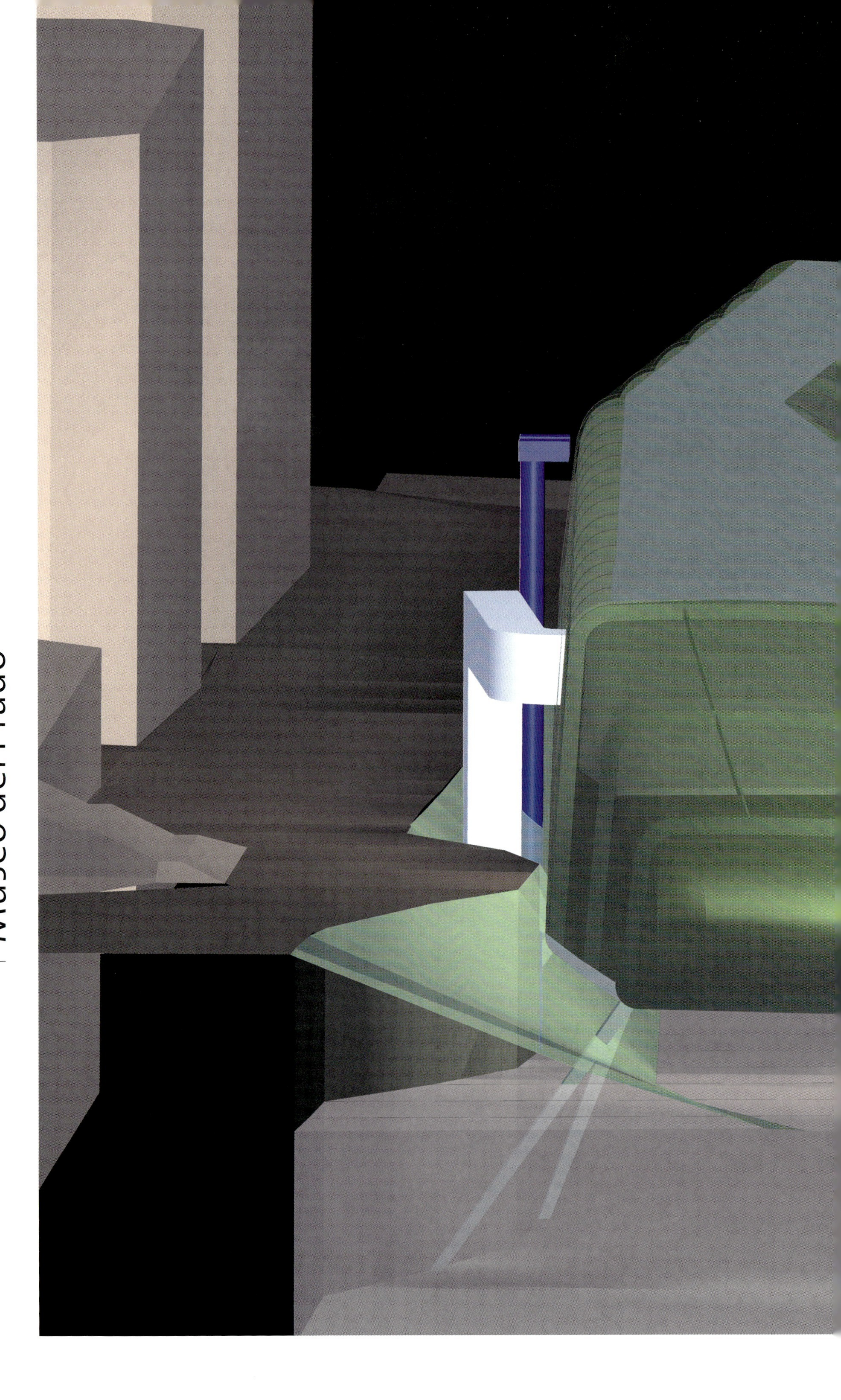

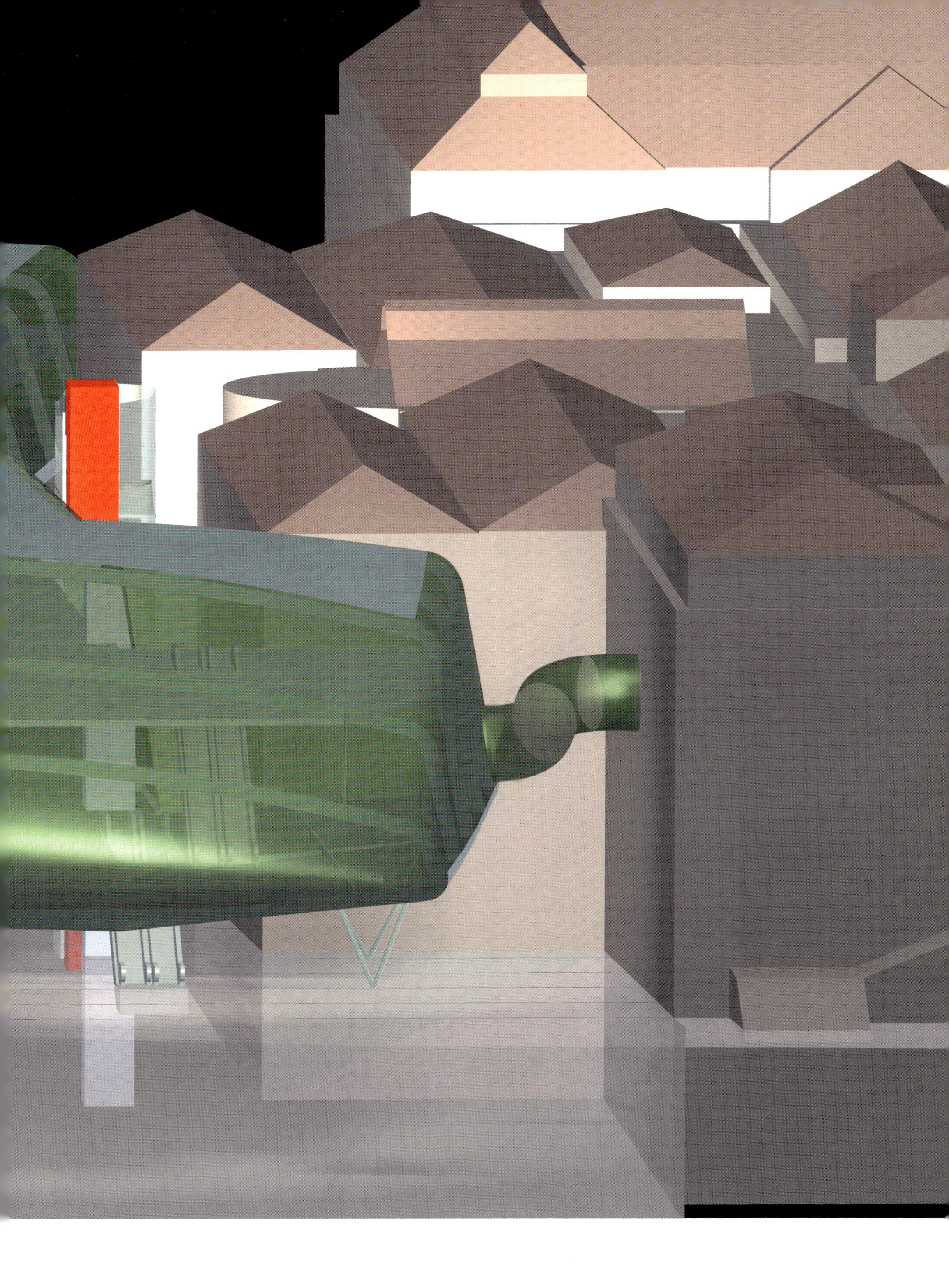

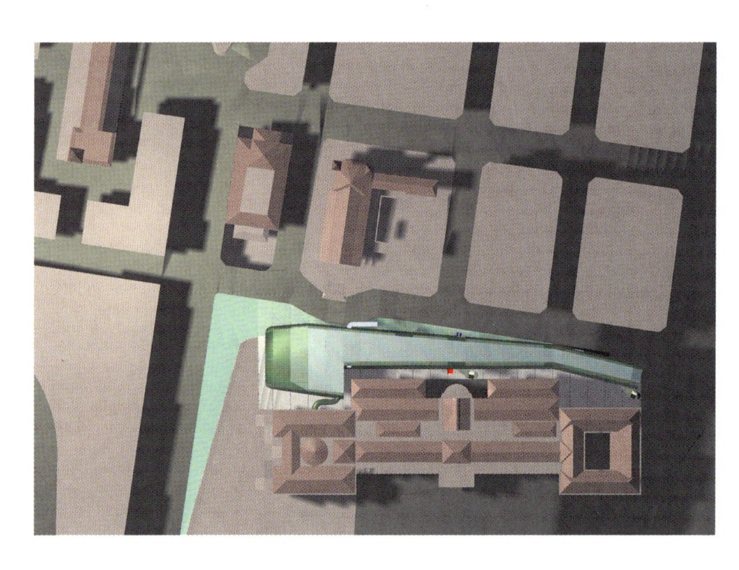

These und Antithese im engen Kontakt: ein traditionsreicher Kulturbau, dem der Eigentümer eigentlich keine oberirdischen Anbauten, sondern nur mehr unterirdische Verbindungstrakte zumuten will, wird doch direkt mit einem zeitgenössischen Raumkonzept konfrontiert. Die aktualisierten Serviceflächen eines traditionellen Kunstmuseums werden zur architektonischen Parallelhandlung, die auf eine Neubewertung der Institution abzielt.

Thesis and antithesis in close contact: a cultural building steeped in tradition to which the owner did not wish to allow any extensions above ground level but merely underground connecting tracts, is nevertheless confronted directly with a contemporary spatial concept. The modernised service areas of a traditional art museum become an architectural parallel treatment which aims a new evaluation of the institution.

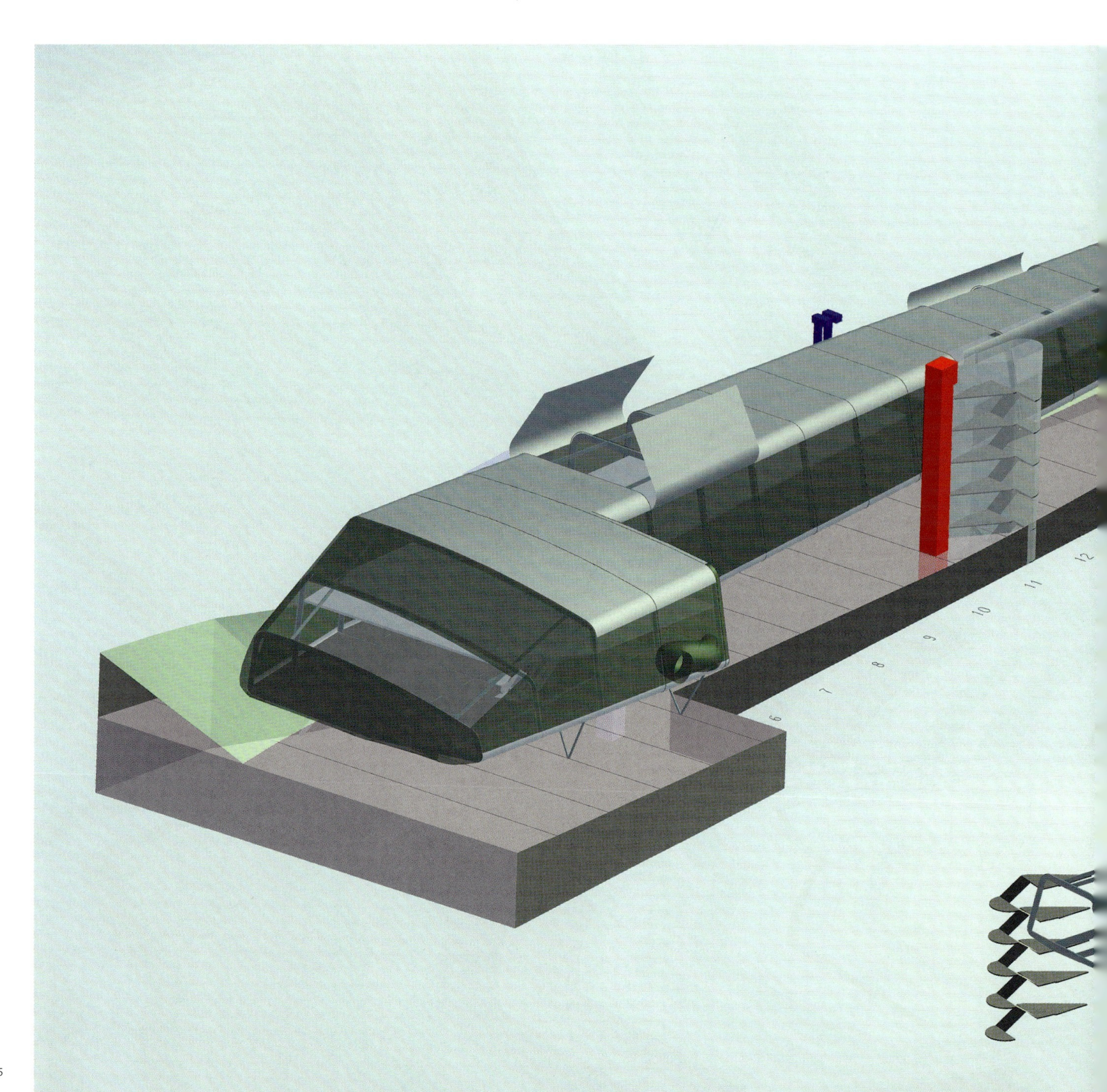

Das Museo del Prado, das die hervorragende Kunstsammlung der spanischen Könige präsentiert, ist in einem von Juan de Villanueva entworfenen klassizistischen Palais untergebracht. Der 1785 begonnene Bau muß derzeit etwa 2 Millionen Besucher pro Jahr verkraften und kann trotz mehrfacher Erweiterungen die umfangreichen Bestände an Gemälden, Skulpturen und Grafiken museologisch nicht mehr einwandfrei aufnehmen. Die Ausstellungsflächen wurden zwar immer wieder vergrößert, aber die wachsenden Raumansprüche für die Besucherinfrastruktur und die internen Dienste des Museums haben diese Raumgewinne kompensiert. Seit 1970 wurden daher immer wieder Projekte zur Neuordnung des Prado erwogen. Der internationale Wettbewerb sollte eine endgültige Klärung bringen. Viele hundert Einreichungen in der ersten und zehn Projekte in der zweiten

The Museo del Prado, in which the excellent art collection of the Spanish kings is presented, is housed in a classicist palace designed by Juan de Villanueva. This building, which was commenced in 1785, has to cope at present with around two million visitors yearly and despite a number of extensions can no longer adequately accommodate the comprehensive collection of paintings, sculptures and works of graphic art. Although the exhibition area has been repeatedly enlarged the increasing demands made by the infrastructure for visitors and the museum's internal services countered these gains in space. Since 1970 projects involving a reorganisation of the Prado have been repeatedly considered. The intention was that an international competition should finally provide clarification of the situation. Many hundred entries in the first stage and ten projects in the second

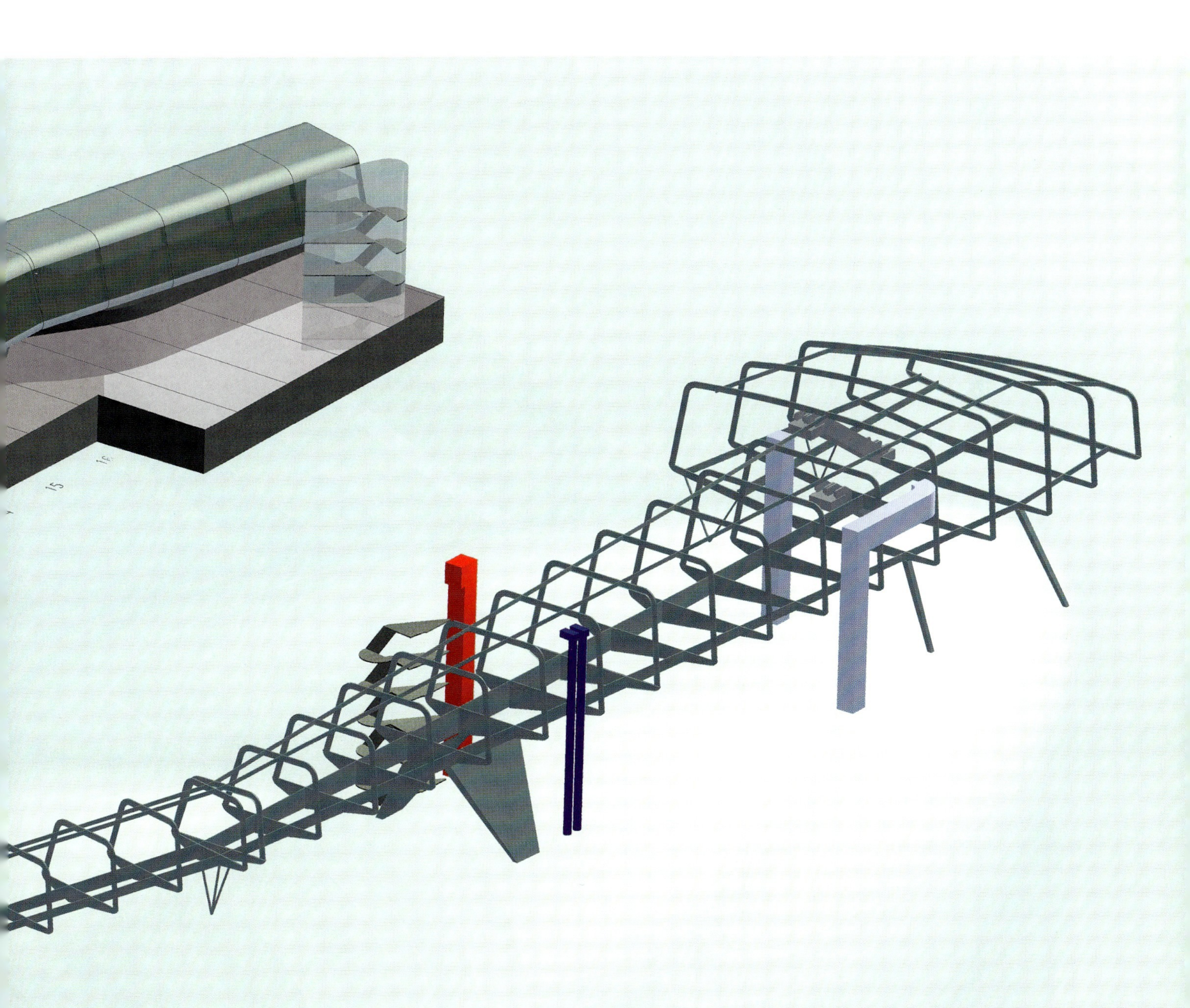

Stufe haben freilich nicht ausgereicht, um zu einer plausiblen Entscheidung zu kommen. Erst 1998 erhält Rafael Moneo nach einer weiteren Ideenkonkurrenz den Planungsauftrag für die Reorganisation.

Die Schwierigkeit für jede Erweiterung des Prado liegt darin, daß der Hauptbau als von Parkanlagen eingefaßter Solitär – aus der Sicht des Auslobers – eigentlich keinen größeren Anbau mehr zuläßt. Oberirdisch werden

did not suffice to arrive at a plausible decision. It was only in 1998 that, following a further ideas competition, Rafael Moneo received the commission to plan the reorganisation.

The difficulty in every extension to the Prado lies in the fact that the main structure, a free-standing building set in a park, does not, in the view of the competition organisers, actually allow any further major extension.

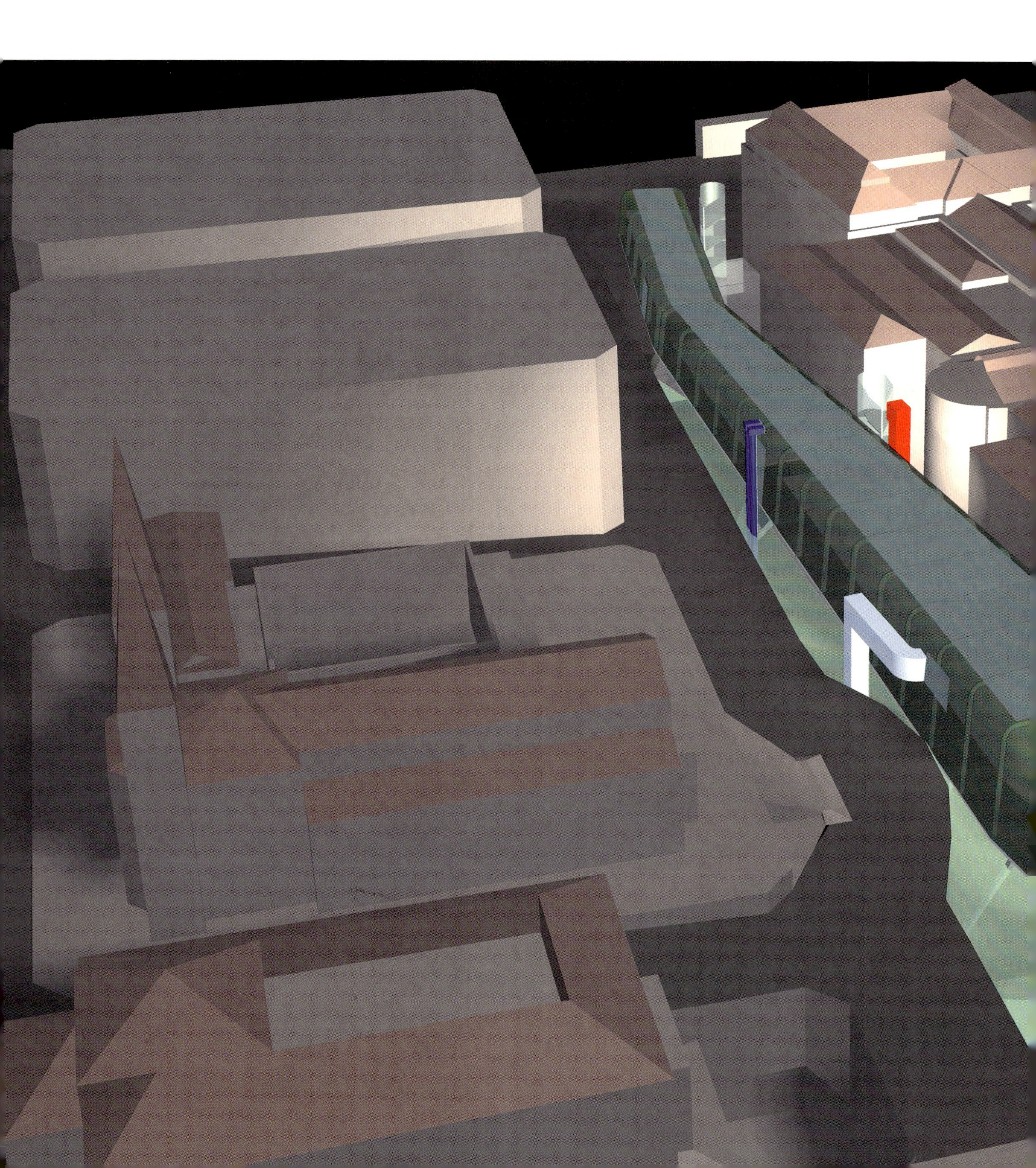

Baumassen nur in Zusammenhang mit drei nicht direkt benachbarten und oberhalb eines Geländesprungs befindlichen Bauten für sinnvoll erachtet. Das ist in erster Linie der verfallene Kreuzgang des Jerónimo-Klosters, weiter entfernt das Casón del buen retiro und das Heeresmuseum. Die Vielzahl widersprüchlicher Standortoptionen und die ausdrückliche Erwartung, daß aggressive architektonische Konfrontationen mit dem

Above ground level new building elements are seen as sensible only where linked to three not immediately adjacent buildings that lie above a change in level. These are, firstly, the ruined cloister of the Jerónimo monastery, further away the Casón del buen retiro and the Military Museum. The number of contradictory possible locations and the openly expressed expectation that an aggressive architectural confrontation with Villanueva's

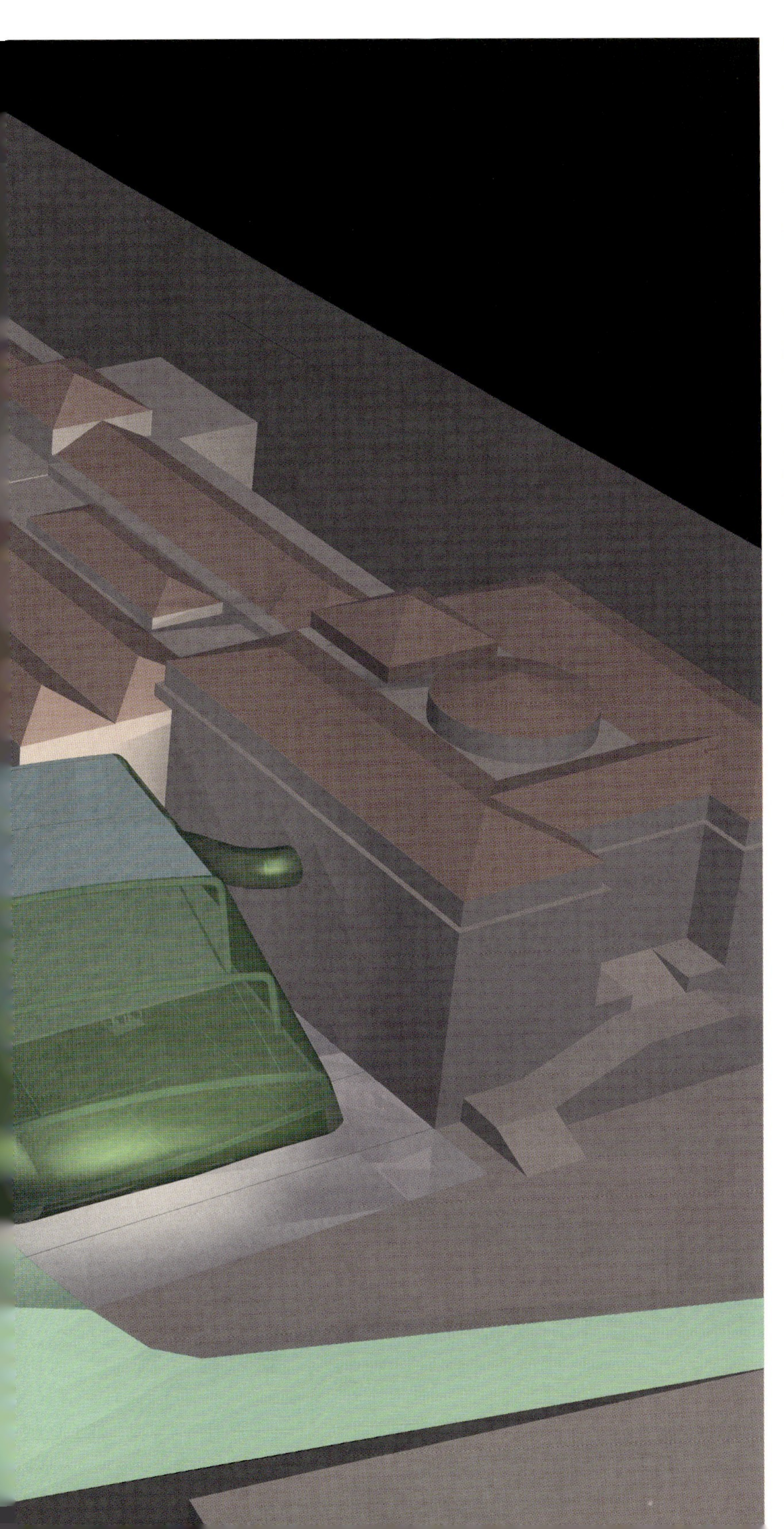

Der Entwurf Richters nutzt nicht die in der Ausschreibung vorgeschlagenen Bauplätze, sondern setzt sich direkt hinter den Villanueva-Bau in den Straßenraum unterhalb des Geländesprungs. Sein Konzept basiert auf der Minimierung des neu zu errichtenden Bauvolumens und der damit verknüpften Schonung der spezifischen Qualität des Ortes, der bewegten Topografie.

Dem durchaus nach mehreren Umbauten schon vielgliedrigen Solitär des Prado stellt der Entwurf einen eigenständigen Servicetrakt bei: nicht nur einen weiteren dienenden Appendix, sondern einen den Zugang neu definierenden Torbau. Richter unterwirft sich der traditionellen Palastarchitektur nicht, sondern setzt ihr seine Vision eines technisch und organisatorisch optimierten »Geräts« entgegen. Der stromlinienförmige Großkörper entzieht sich a priori den architekturhistorischen Bezugsgrößen im Umfeld und widersetzt sich damit den kleinlichen Grundsätzen der Ausschreibungsbedingungen.

Richter's design does not use the locations suggested in the competition specifications but is set directly behind Villanueva's building in the street space below the change in level. His concept is based on minimising the volume of the new building and thus protecting the specific quality of the place and of the animated topography.

The free-standing Prado which, following a series of alterations, is composed of a number of elements, is given the design of an independent service wing. It is not merely a further ancillary appendix but a gateway building that redefines the approach. Richter does not submit himself to the traditional palace architecture but rather contrasts it with his vision of a technically and organisationally optimal "appliance." The stream-lined major element disengages itself a priori from the major architectural references in the surroundings thus offering resistance to the small-minded concepts underlying the conditions which formed the basis for the competition.

Villanueva-Bau vermieden und die Würde der beliebten Kirche San Jerónimo el Real gewahrt werden sollen, erschweren eine klare Entscheidung.

Richters organisch anmutender Entwurf setzt sich naturgemäß über in Madrid vorherrschende kulturelle Kontexte hinweg. Als scheinbar über dem Gelände schwebender Fremdkörper kontrastiert er den Villanueva-Bau grundsätzlich. Er umspielt ihn in kritischer Nähe, so daß sich eine starke räumliche Wechselwirkung aufbaut: das Reptilhafte der aus opakem Glas über Stahl- und Stahlbetonskelett gebildeten Röhrenkonstruktion steht gegen den klassischen Kanon der Museumsarchitektur.

building would be avoided and the dignity of the much-loved church of San Jerónimo el Real preserved made a clear decision all the more difficult.

Richter's somewhat organic seeming design naturally extends beyond the prevalent cultural context in Madrid. As an alien element apparently hovering above the site it provides a basic contrast to the Villanueva building. It plays around it at a critical proximity establishing a strong spatial interaction. The reptilian character of the tube construction made of opaque glass over a steel and reinforced concrete skeletal frame is in opposition to the classical canon of museum architecture. The

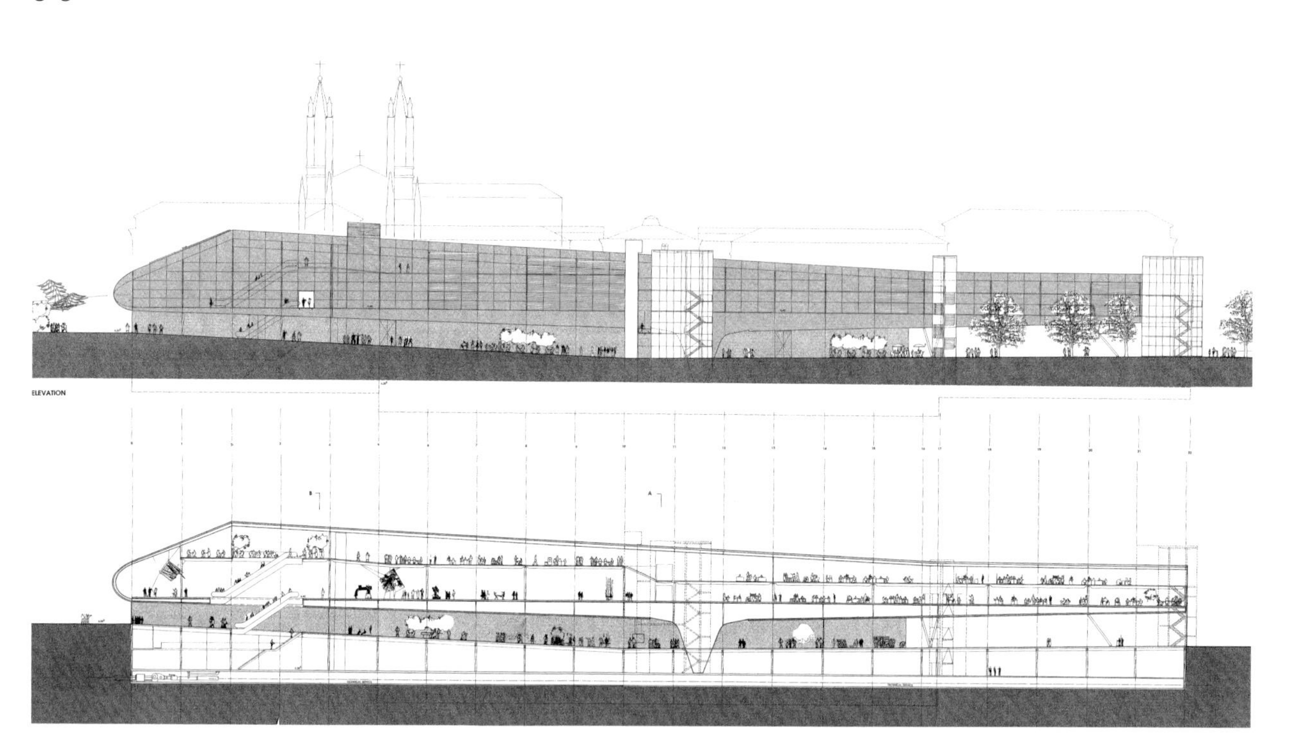

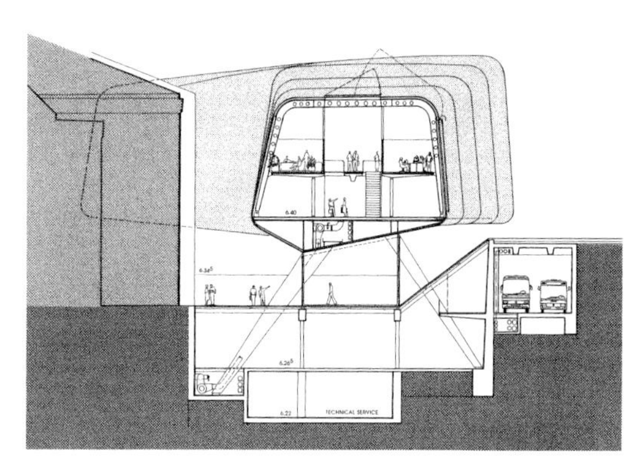

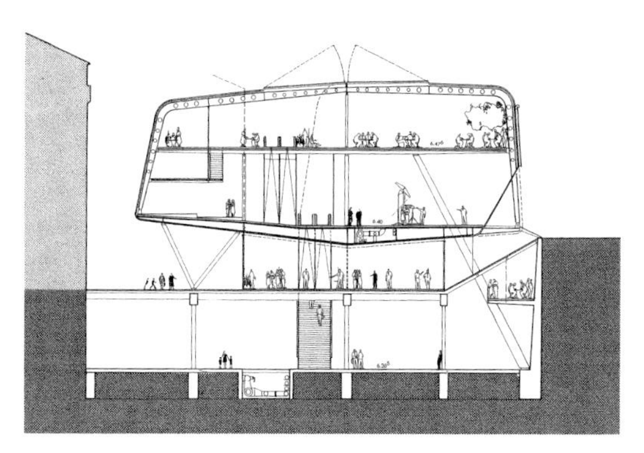

Der Zubau besteht einerseits aus einem dreigeschoßigen Sockel, andererseits aus einem annähernd gleich hohen oberirdischen Bau. Der untere Teil nutzt geschickt den remodellierten Geländesprung für die Parkierung der Personenkraftwagen bzw. Autobusse, nimmt aber auch Depots, Werkstätten, Vortragssaal, Seminarräume und die Bibliothek auf. Der Besucher betritt das Museum ebenerdig. Durch die Aufständerung der sich röhrenartig selbsttragenden Obergeschoße auf einem Rahmen und Pendelstützen entsteht ein sichtoffener Sockel mit dem Foyer und den Kassen.

The new building consists, on the one hand, of a three-storey plinth, on the other, of a building above ground level of approximately the same height. The lower part cleverly exploits the remodelled change in level to provide parking space for cars and buses while also incorporating depots, workshops, lecture room, seminar rooms and the library. The visitor enters the museum at ground level. By raising the self-supporting upper level on a frame and socketed stanchions an open base is created containing the foyer and cash desks.

Der einzige Kontakt durch einen schlauchartig gewundenen Verbindungsgang bringt die von Richter intendierte, radikale Respektbezeugung für Institution und Ort architektonisch auf den Punkt – das bedeutsame Alte gewinnt durch seine kontrollierte Nähe zum unbändig Neuen, nicht durch dessen vereinnahmende Bändigung.

single contact through a tube-like, curving connecting corridor brings Richter's intentionally radical respect towards institution and place to the point: the important old building profits from its controlled proximity to the unrestrained new element, not from any polite restraint on the part of the latter.

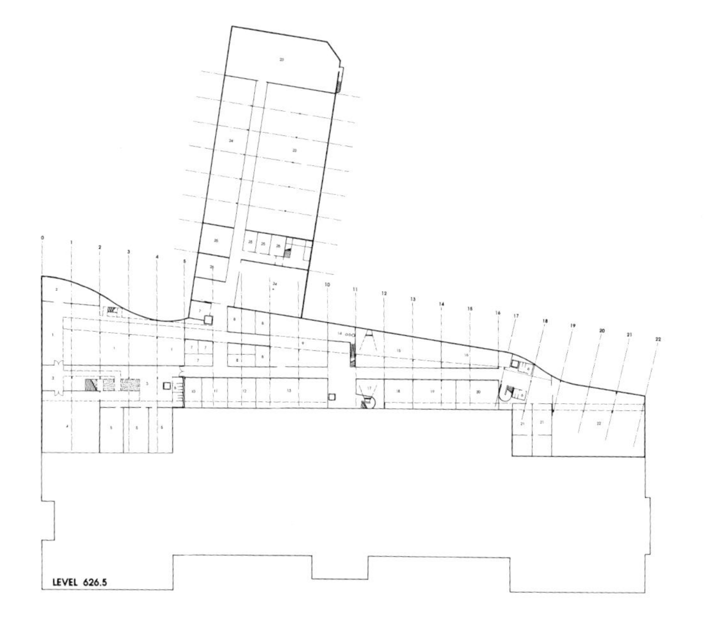

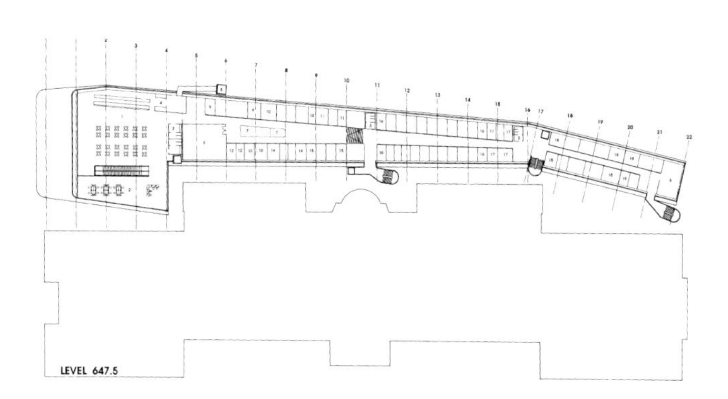

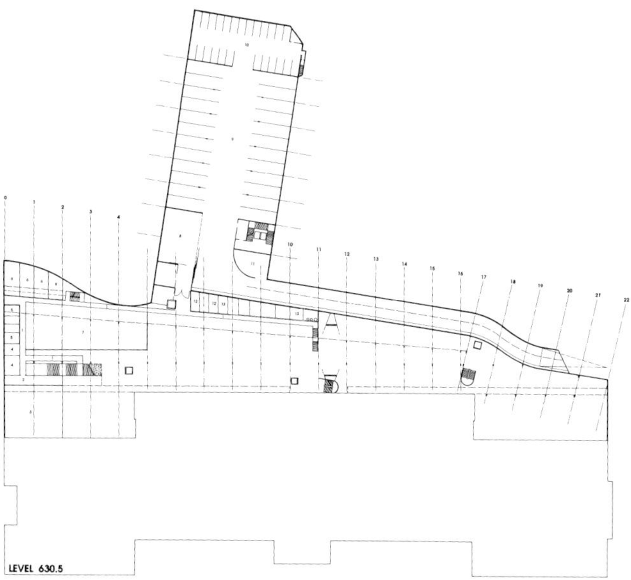

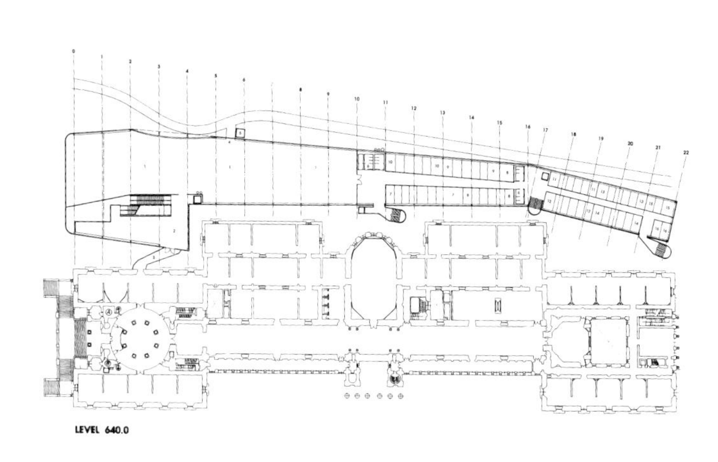

Über Rolltreppen und Aufzüge erreicht der Besucher das erste Obergeschoß mit den Räumen für Wechselausstellungen und dem Übergang zum bestehenden Museum. Das zweite Obergeschoß enthält ein Restaurant und eine Cafeteria, die sich durch ein bewegliches Dach in eine Aussichtsterrasse verwandeln lassen. Diese oberste Ebene des Zubaus enthält zudem auch die Büroräume für die Museumsverwaltung, für die königlichen Stifter und die Gesellschaft der Freunde des Prado.

The visitor reaches first floor level by escalator or lift. It contains the rooms for travelling exhibitions and the connection to the existing museum. The second floor houses a restaurant and cafeteria which, through an opening roof, can be transformed into a viewing terrace. This uppermost level of the extension also contains the offices of the museum administration, of the Royal Foundation and of the Society of Friends of the Prado.

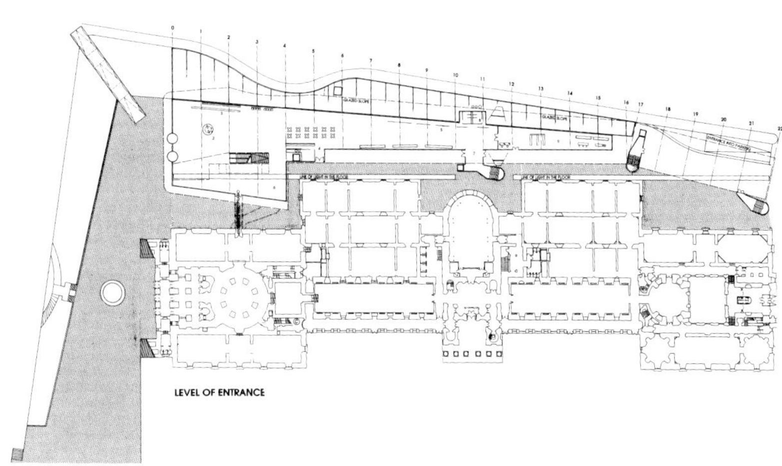

Bundesschulzentrum Schärding
Schärding Federal School Centre

1996–97

Wettbewerb
Schärding,
Oberösterreich

Competition entry
Schärding,
Upper Austria

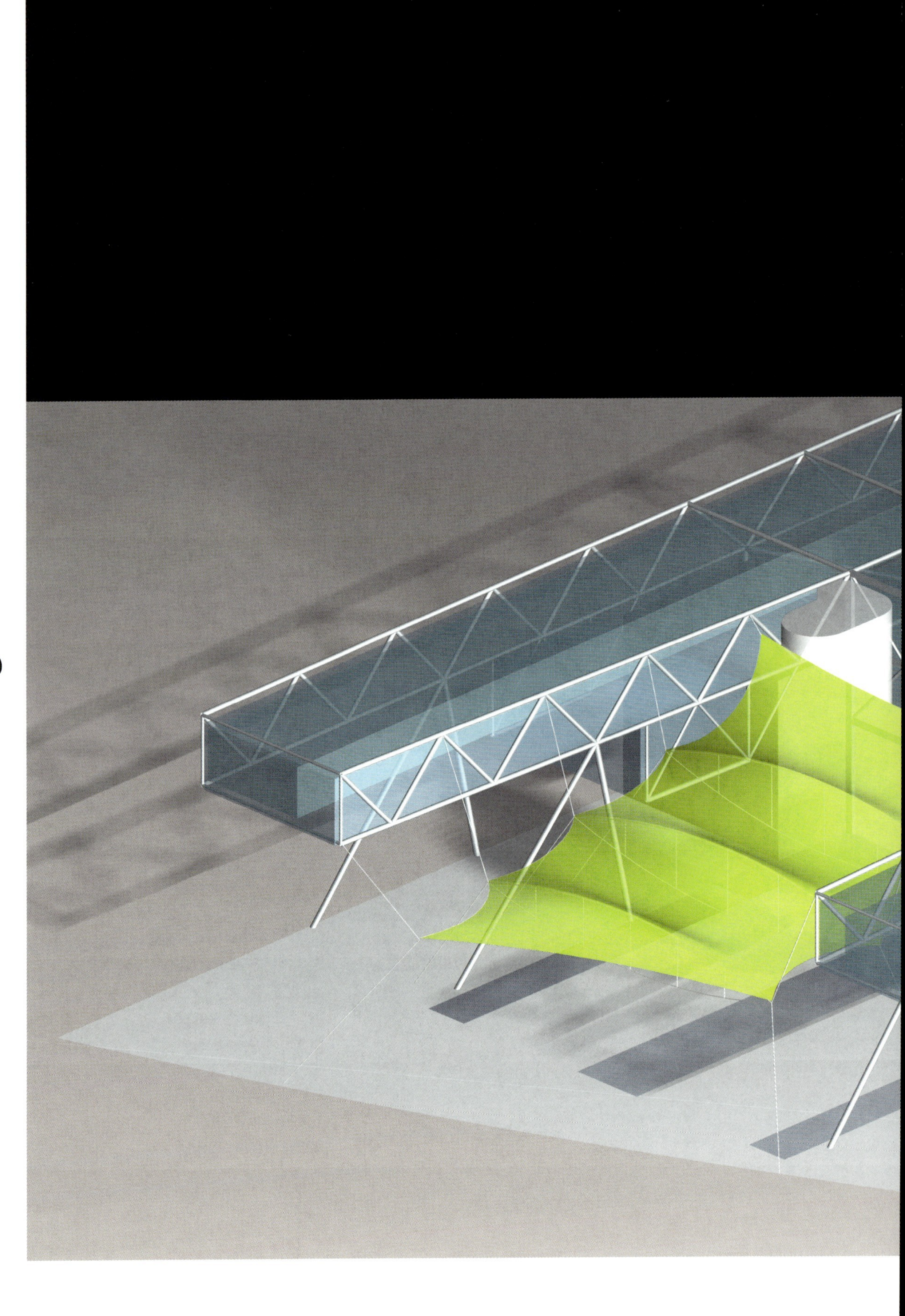

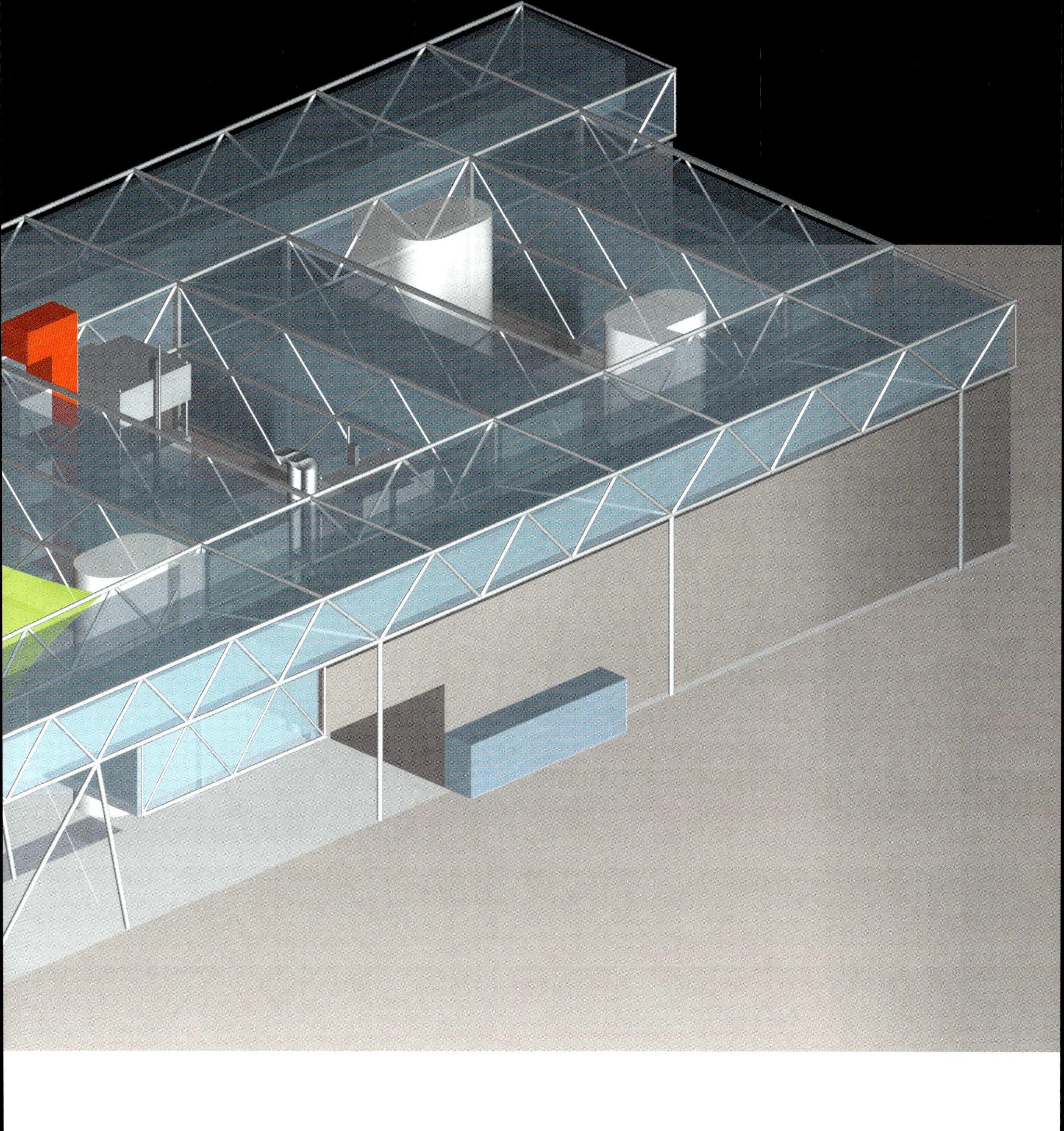

Die Erhaltung und Erweiterung allgemeinbildender höherer Schulen, eine Kompetenz des Bundes, wurde bis in jüngste Zeit kaum architektonisch überzeugend gelöst. Für den schwierigen Fall des Bundeschulzentrums Schärding am Inn, einer Kombination aus Handelsakademie und Gymnasium, konnte immerhin ein anonymer Wettbewerb mit vorgeschaltetem EU-weitem Bewerbungsverfahren abgehalten werden. Der Bestand von 51.000 m³ umbautem Raum war etwa um ein Viertel zu erweitern und grundlegend zu sanieren.

Dem erheblichen architektonischen Mißstand, den das Ensemble bisher darstellt, versucht Richter durch radikale

In recent times the maintenance and development of main stream secondary schools, which is a responsibility of the state, has hardly been convincingly solved at an architectural level. However in the difficult case of the Schärding am Inn Federal School Centre, a combination of commercial college and gymnasium, it was possible to set up an anonymous competition with an initial application process open throughout the EU. The intention was that the existing building of around 51.000 m³ should be expanded by about a quarter and thoroughly renovated.

Richter attempted to deal with the deplorable architectural state of the ensemble by employing radical

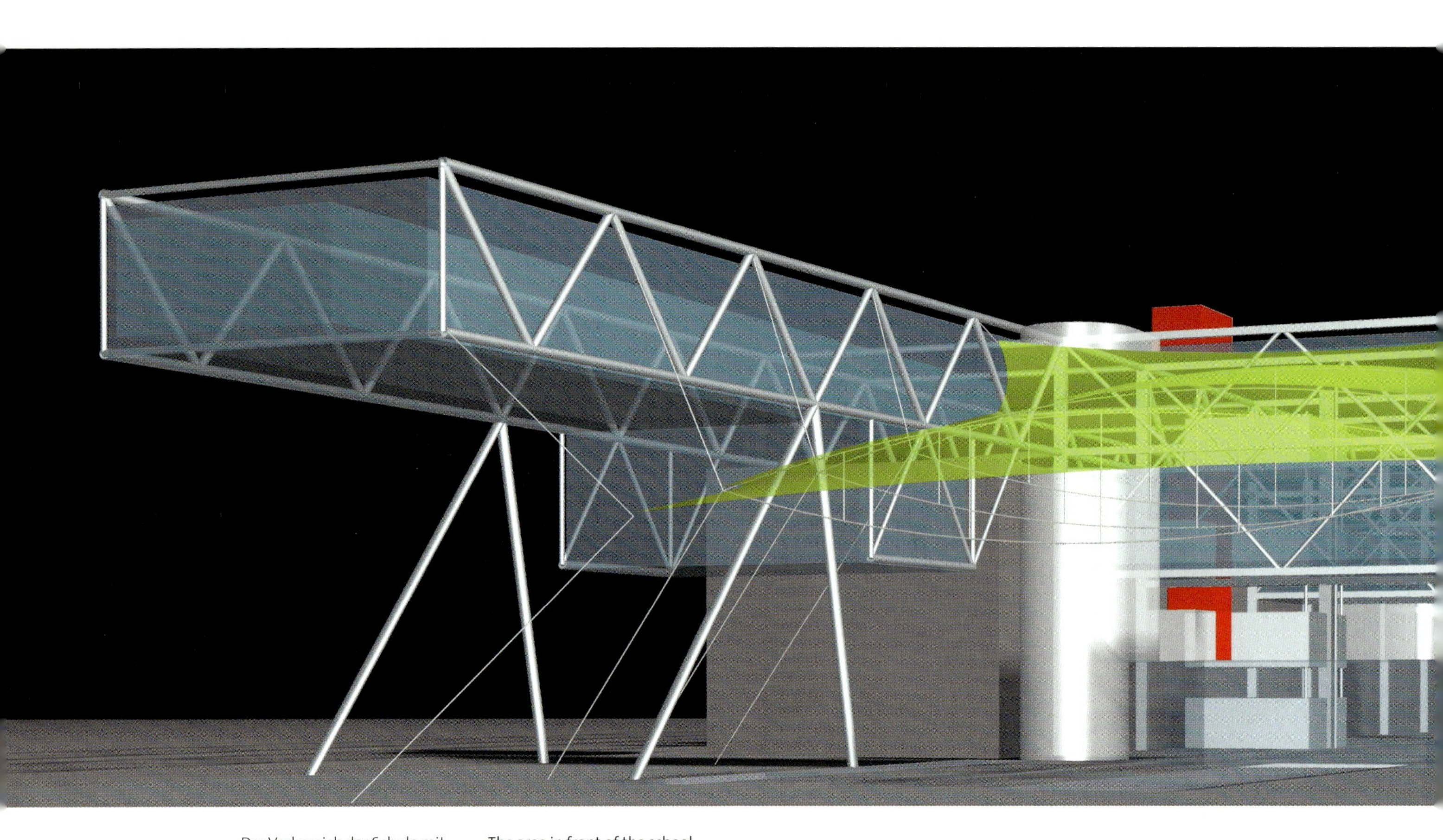

Der Vorbereich der Schule mit der Bushaltestelle wird neu definiert. Unter den auskragenden Brückenträgern und dem als Wetterschutz aufgefaßten Textildach entsteht ein urbaner Begegnungsbereich.

The area in front of the school with the bus stop is redefined. Below the cantilevered bridge beams and the textile roof, interpreted as a protection against the weather, a new place of urban encounter is established.

Maßnahmen beizukommen. Der Hof wird entkernt, die Quertrakte und die Turnhallen werden abgebrochen, so daß nur die Längstrakte verbleiben. Räumliches Konzept ist die getrennte Beheimatung der beiden Schultypen in aufgestockten Längstrakten (Handelakademie im Norden, Gymnasium im Süden), die durch gemeinsam mit Sonderunterrichtsräumen genutzte Brücken verbunden sind.

Über den als zweigeschoßigen Sockel beibehaltenen Bestand wird ein Raster aus geschoßhohen Stahlfachwerken gesetzt, so daß eine bessere Raumorganisation und -wirkung entsteht. Die neue Konstruktion zieht die

measures. The courtyard was cleared out: the transverse wings and the gyms demolished so that only the longitudinal wings remained. The spatial concept was based on the separate placing of the two school types in the long wings which were to gain a further storey (commercial college in the northern wing and the gymnasium in the southern one) and were to be connected by bridges with special teaching spaces used by both schools.

A grid made up of a storey-high steel trusses is placed on top of the existing structure which is, preserved as a two-storey plinth, resulting in an improved spatial organisation and effect. The new construction does not

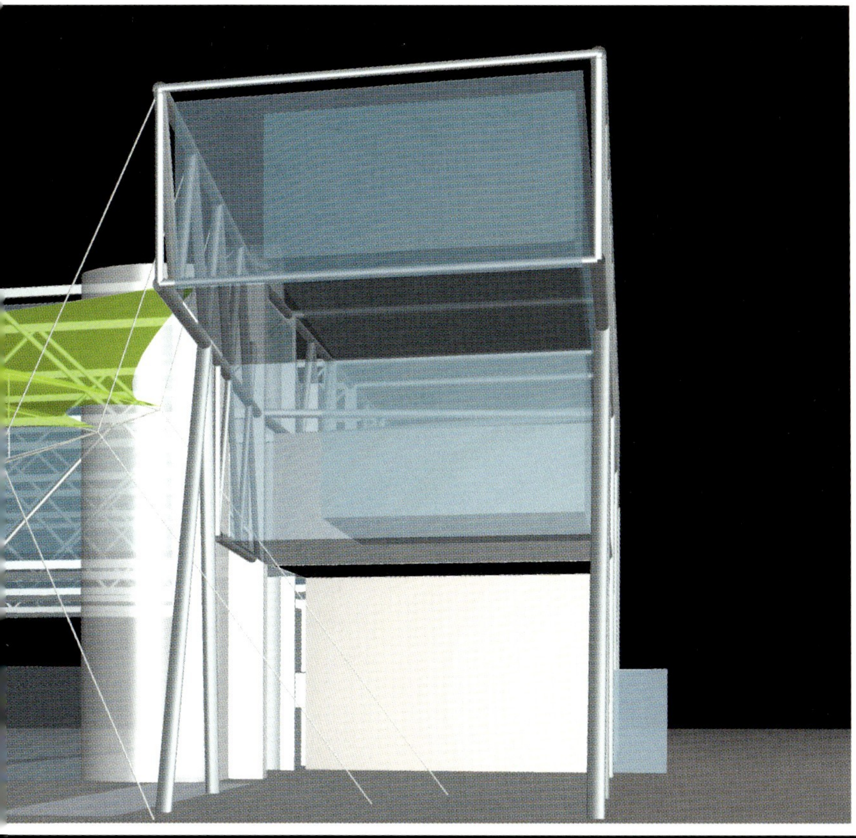

Obwohl es sich um einen Um- und Zubau handelt, deutet die Wirkung auf ein gänzlich neues Objekt hin – ein ambitiöser und schlüssig ausgeführter Ansatz an einem unter Denkmalschutz stehenden Objekt.

Although this project is in fact a reorganisation and extension its effect suggests a completely new building and an ambitious and consistently applied approach to an object standing under a preservation order.

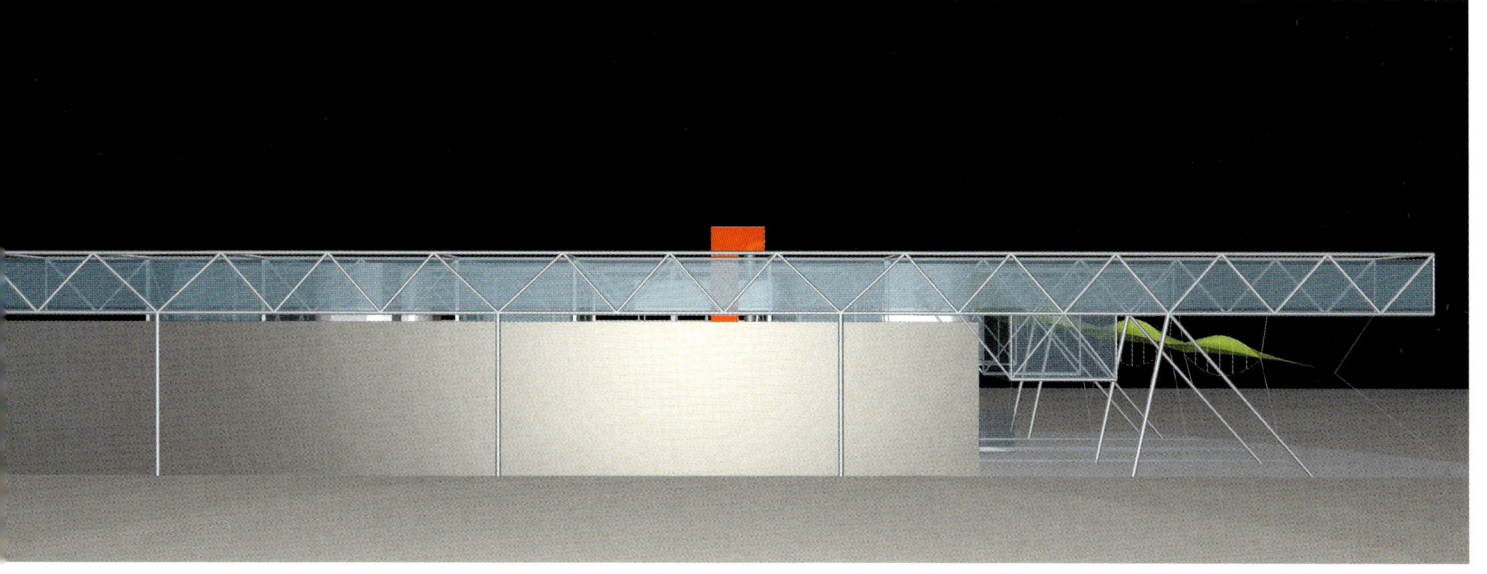

alte, indem sie die Kräfte vor den alten Fassaden in die Fundamente einleitet, statisch nicht heran, wertet sie aber naturgemäß gänzlich um. Durch die weite Auskragung der Brückenträger ergibt sich einerseits eine starke Längsorientierung des Komplexes, andererseits eine Neudefinition der stadträumlichen Bezüge. Unter den aufgeständerten Stahlfachwerken und dem Membrandach entsteht ein prägnanter Vorplatz, der den Übergang in die lichtdurchflutete Aula vermittelt. Diese kann – als Pausenhalle und Veranstaltungssaal ist sie das Herz der Anlage – über Glaslamellen geöffnet werden. Vier Stiegenhäuser und ein Lift leiten in die offenen Gänge der Unterrichtsgeschoße über. Die Doppelturnhalle liegt nun unter dem Vorplatz und wird von oben über drei 15 Meter lange und drei Meter breite, begehbare Verglasungen belichtet. Zur Reduzierung des Bauaufwandes könnte der Turnsaal bei eingeschränkter Großzügigkeit auch im Erdgeschoß errichtet werden.

Obwohl der Entwurf baulogistisch durch Vorfertigung und Trockenausbau – also kurze Bauzeit bei Aufrechter-

structurally engage the old building as it transfers the loads, in front of the old facades, directly into the foundations but naturally it re-evaluates the existing structure. The wide cantilever of the bridge beams results on the one hand in an emphasis of the longitudinal orientation of the complex and on the other in a new definition of the urban references. Beneath the supported steel trusses and the membrane roof a meaningful forecourt develops forming the transition to the light-flooded aula. This space, designed to be used during school breaks and for diverse functions, is the heart of the complex and can be opened through glass louvers. Four staircases and a lift lead into the open corridors of the teaching level. The double gym lies beneath the forecourt and is top-lit through three fifteen metre long and three metre wide areas of glazing which one can walk across. In order to reduce building costs the gym could, if resources were restricted, also be erected at ground floor level.

Although this building is optimal in terms of the logistics of building construction due to the use of prefabrica-

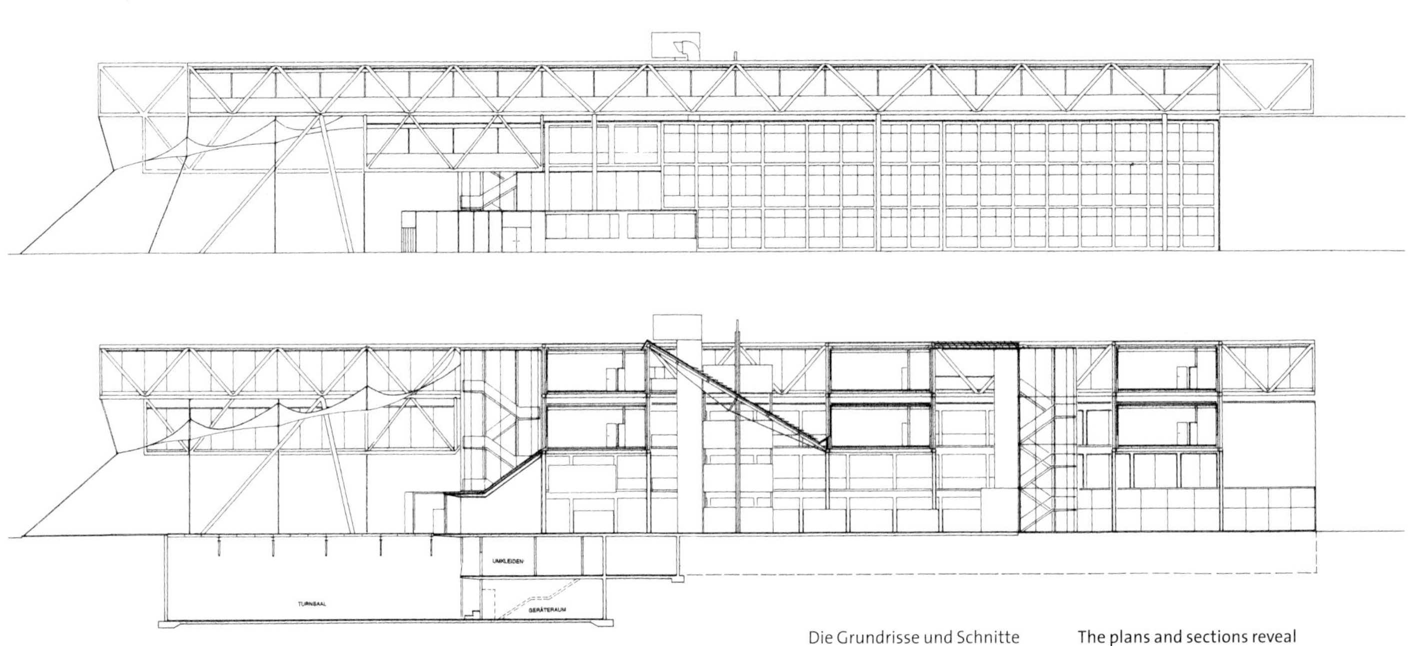

Die Grundrisse und Schnitte offenbaren sowohl die übersichtliche räumliche Matrix, die dem Projekt zugrunde liegt, als auch die Besonderheit der Raumfolge Vorplatz – Aula – Stiege – Gang – Klasse. Mit den Sockelkörpern aus dem Bestand und den schwebenden Balken hätten sich ausnehmend spannungsreiche Innen- und Außenräume ergeben.

The plans and sections reveal both the clear spatial matrix on which the project is based and also the special nature of the spatial sequence consisting of forecourt – aula – staircase – corridor – classroom. The use of the old building as a plinth and the hovering beams could have resulted in exceptionally exciting internal and external spaces.

haltung des Schulbetriebs – optimal anmutet, »geht das Projekt weit über den Bauwillen des Auslobers hinaus und ist daher wirtschaftlich nicht realisierbar«.[1] Die »städtebauliche Qualität« und die »architektonisch gehaltvolle Art« des Entwurfes wurden zwar gewürdigt, für die Endrunde reichte es nicht.[2] Die Eindeutigkeit des Neuen überforderte hier sichtlich die tradierten politischen wie räumlichen Strukturen.

tion and of dry build systems which both shorten the construction period and permit the school to continue functioning during the building phase, "the project goes far beyond the intentions of the competition organisers and is therefore not economically viable."[1] The "urban quality" and "architecturally significant approach" of the design were praised but did not suffice for it to reach the final competition phase.[2] The clarity of the new concept clearly placed too great a demand on the traditional political and spatial structures.

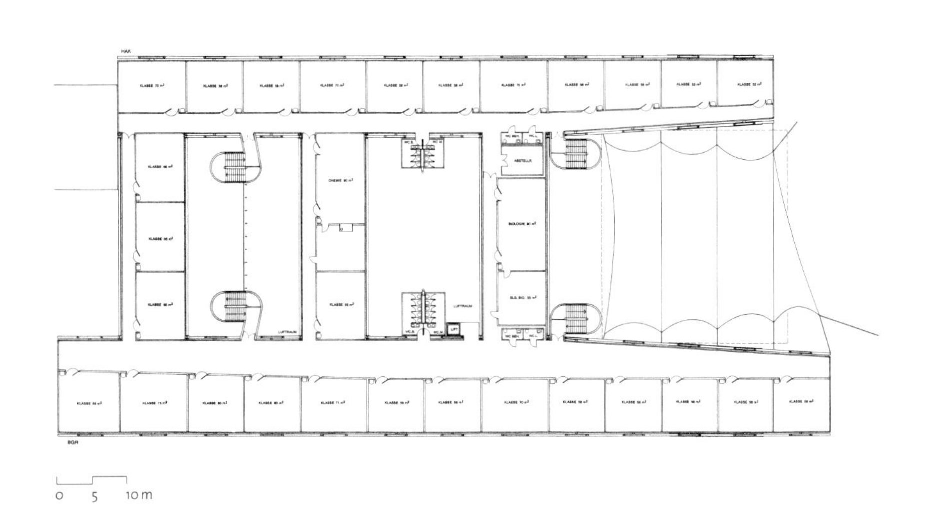

1) Wettbewerb Bundesschulzentrum Schärding, Oberösterreich, in: Wettbewerbe Nr. 161/162, Wien 1997, S. 153 ff.
2) a. a. O., S. 155

1) Competition: Federal School Centre Schärding, Upper Austria, in: Wettbewerbe No. 161/162, Vienna 1997, p. 153 ff
2) Loc. cit. p. 155

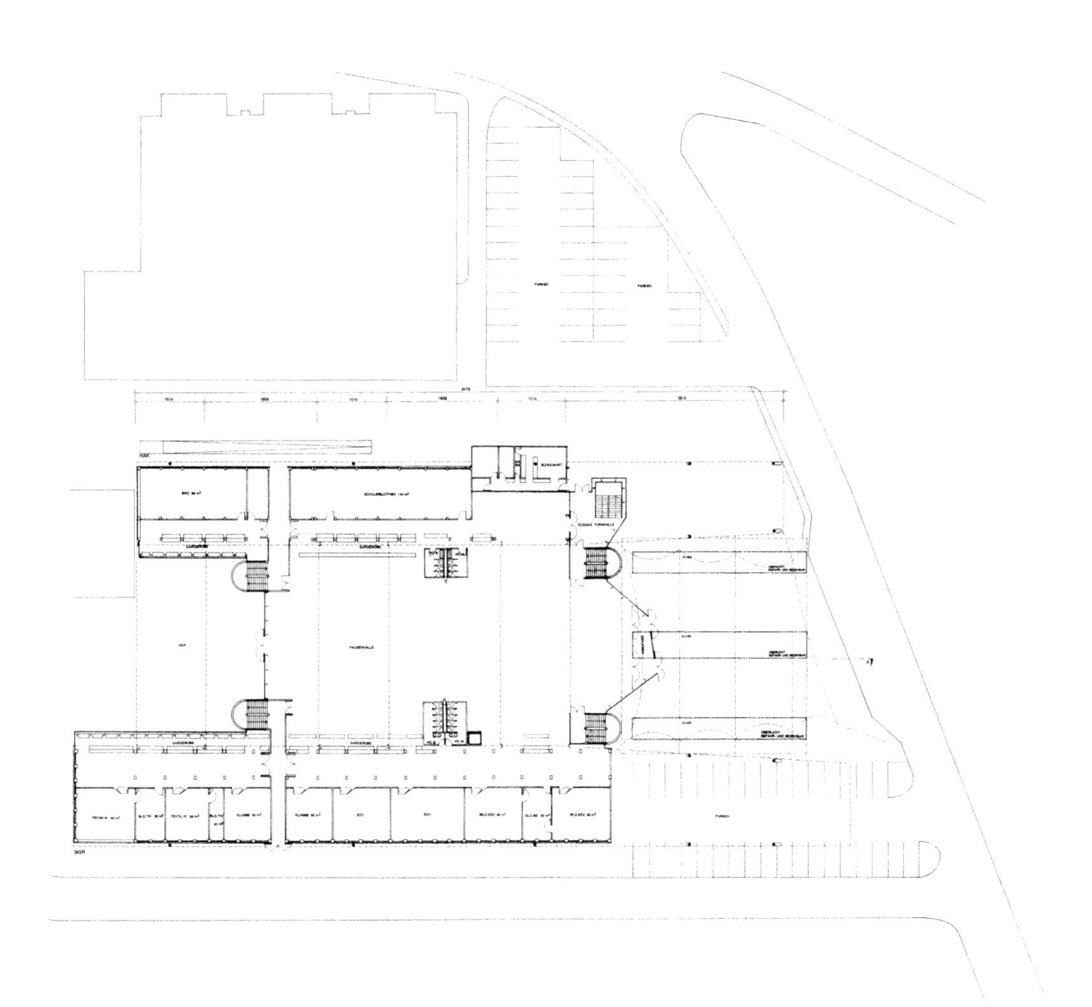

Restaurant Kiang 2
Restaurant Kiang 2

1996–97

Landstraßer Hauptstraße
Wien/Vienna

Auf die pure Anziehungskraft eines weit geöffneten Raumes zu setzen, ist ein gewagter Ansatz für ein neues Restaurant, aber an diesem zentralen Ort ein sinnstiftender. Selten zeigt sich die Stadt so direkt und trotzdem angenehm einem in einem Lokal sitzenden Betrachter, selten finden sich bei Dunkelheit speisende Besucher eines Lokals gleichsam auf einer urbanen Bühne wieder. Anders, direkter als beim Restaurant Kiang 1, setzt sich das zweite Restaurant mit dem Verhältnis von öffentlichem und privatem Raum auseinander.

Gerade dort, wo chinesische Küche sanft an europäische Erwartungen herangeführt wird und damit von der

To rely purely on the attraction of a wide open space is a daring starting point for a new restaurant but in this central location a sensible move. It is seldom that the city reveals itself to someone sitting in a restaurant in such a direct and yet pleasant way. Seldom too do visitors eating in a restaurant at night find themselves on an urban stage. In a different way and more directly than in "Kiang 1," the second restaurant deals with the relationship between public and private space.

Precisely at the point where Chinese cooking is gently adapted to meet European expectations and can therefore convert from an exotic to an everyday cuisine a

In Richters Architektur sind Türen Markierungen für Raumschichten und Lenkungsinstrumente bei der Raumwahrnehmung. Der Windfang ist ein sich verjüngender Vorraum, in dem sich das perspektivische Prinzip des Hauptraums ankündigt.

In Richter's architecture doors mark layers of space and are instruments that direct its perception. The lobby is a tapering space in which the perspective principle of the main room is announced.

Die Tür zum Untergeschoß schließt mit der Zwischenwand zur Küche einen bemerkenswerten Winkel ein, stellt diese Wand optisch frei. Damit wird sowohl der Abgang und die vorgeschaltete Garderobe als eigene Raumschicht lesbar, als auch durch die Stellung des gläsernen Türblattes eine Erwartung über den weiteren Weg aufgebaut – verfeinerte Kleingeometrien in einer großen.

Die äußere Tür liegt noch in der Ebene der Fassade, die innere orientiert sich etwa an den Querfugen der Deckenuntersicht, weist den Gast jedenfalls auf die Küche samt Personal hin, bevor er sich den Tischen zuwenden kann.

The door to the lower level meets the wall to the kitchen at a strange angle, setting this wall visually free. In this way both the descent and the cloakroom in front are legible as an individual spatial layer and, through the positioning of the glass door leaf, an expectation of the route ahead is awakened – refined small-scale geometries within the context of a greater order.

The outer door is set in the plane of the facade, the inner door follows the line of the transverse joints of the ceiling soffit, pointing the guest in the direction of the kitchen and staff before he/she can turn towards the tables.

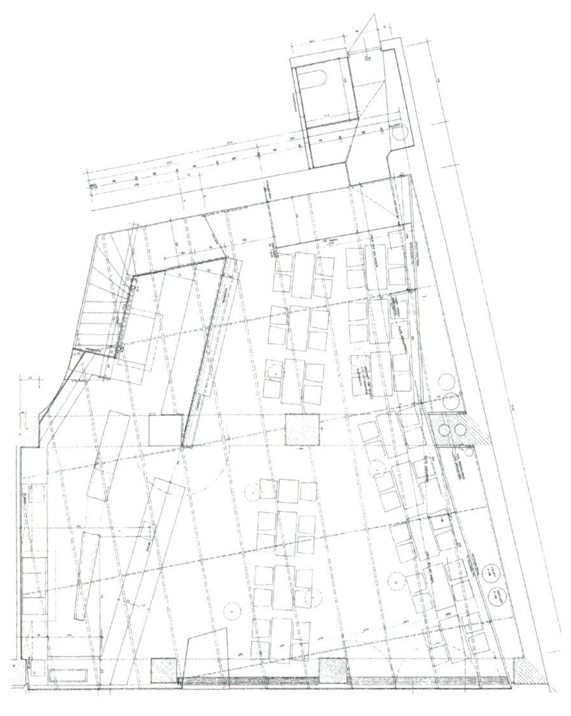
0 1 2m

Von der massiven Sockelzone des Wohnhauses sind nur zwei Pfeiler und zwei schmale Wandvorlagen übrig geblieben. Davor liegt nun ein Vorhang von maximal großen und minimal gestützten Isoliergläsern. Zur Offenhaltung des Fluchtwegs und zur Belieferung der im Gastraum integrierten Küche dienen zwei weitausladende Öffnungen. Die mächtigen Scharniere der Ganzglastüren zeigen exemplarisch die Leistungsfähigkeit dieser Technologie.

Only two piers and two narrow pieces of wall remain of the massive plinth zone of the apartment house. It is now fronted by a curtain made of insulating glass panes of maximum size employing a minimum number of supports. Two broad openings keep the escape route free and provide access for deliveries to the kitchen, which is integrated in the dining space. The powerful hinges of the frameless glass doors are excellent examples of the possibilities of this particular technology.

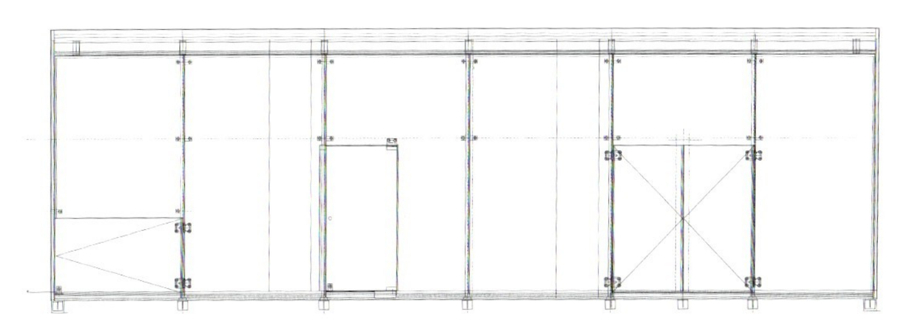

exotischen zur Alltagsküche konvertieren kann, erscheint eine dosierte Auseinandersetzung mit der asiatischen Stadt, also mit dem Phänomen des Ausgesetztseins des einzelnen in der dichten Masse von anonymen Menschen angemessen. Was in der relativen Ruhesituation Wiens immerhin zu einer Steigerung des Blickkontakts mit dem Öffentlichen, zu einer Teilentgrenzung des Privaten, beitragen kann, ist der Verzicht auf jeden dämpfenden Fassadenvorhang.

Richter setzt die punktgestützte Verglasung dazu ein, die in einem Massivbau der Gründerzeit dominante Front vergessen zu machen. Die innere Präsenz des

measured confrontation with the Asian city, that is with the phenomenon of the individual exposed within the dense mass of anonymous humanity, seems appropriate. Dispensing with the dampening effect created by a curtain can lead in the relatively calm situation of Vienna to a strengthening of visual contact with the public realm and a partial dissolution of the borders to the private realm.

Richter employs point-fixed glazing to obliterate the dominant front of a massive Gründerzeit building. The inner presence of the external space by daylight and the clear legibility of the illuminated interior space

taghellen Außenraums und die gute Ablesbarkeit des beleuchteten Innenraums garantieren jederzeit wechselseitige Anteilnahme am Geschehen: Der Stadtraum stülpt sich zeitweilig in das Erdgeschoß, und der Eßraum wirkt nicht so, als ob er an der Glashaut enden würde.

Der trapezförmige Grundriß erleichtert es Richter, bewährte Maßnahmen zur Raumbeschleunigung zu setzen. Der Großraum verengt sich mit zunehmender Tiefe. Diese angenehme Ausgangsbedingung wird radikalisiert durch die im Gefälle einwärts abgehängte Decke, durch die mit Hilfe breiter Fugen optisch besonders stark konvergierenden Stahlwände, durch die Bar

guarantee, at any particular time, mutual participation in what is going on: the urban space inserts itself intermittently in the ground floor and the dining space does not seem to end at the glass skin.

The trapezoid-shaped plan made it easier for Richter to employ his tried and tested measures to accelerate space. The space tapers as it deepens. This advantageous starting point is radicalised by means of the sloping suspended ceiling, through steel walls which, due to the use of wide joints, seem to converge particularly dramatically, through the bar and the glass display cases and through the translucent wall that separates the

Die Neigung der abgehängten Decke ist ein zentrales Merkmal des Kiang 2 und ein von Richter gerne eingesetztes Mittel zur Intensivierung einer Richtung. Nachvollziehbar wird die schiefe Ebene am ehesten im Verschnitt mit den Horizontalfugen der Wandverkleidungen. Die weiten Spalten zwischen den Deckenelementen dienen auch der Abfuhr verbrauchter Luft, während frische durch kreisrunde Öffnungen einströmen kann.

The slope of the suspended ceiling is a central characteristic of "Kiang 2" and is a device which Richter likes using in order to intensify a particular direction. The sloping plane can be most clearly traced where it meets the horizontal joints of the wall cladding. The broad gaps between the ceiling elements also allow the extraction of stale air whereas fresh air can enter through circular openings.

und die Glasvitrinen, durch die transluzente Zwischenwand zum verdeckten Teil der Küche. Nicht zuletzt vollenden die Scharen von Tischen, die drei Lichtlinien in der Decke und der subtile, blaue Windfang das perspektivische Verdichtungswerk. Das Ergebnis ist ein hochattraktiver, schallharter und emotional unterkühlter Neutralraum, der viele großstädtische Gebrauchsweisen nahelegt.

concealed part of the kitchen. To a not inconsiderable degree the layers of tables, the three lines of lighting in the ceiling and the subtle blue draught lobby complete this work of perspective intensification. The result is a highly attractive, resonant and emotionally cool neutral space which suggests many metropolitan ways of use.

Die konvergierenden Reihen von eigens entworfenen, einfachen Tischen mit den Sesseln von Alberto Meda vollenden auch ohne Gäste die Szene. Der rote Boden faßt die begehbaren Teile des Restaurants zusammen, das direkte, überall gleiche Licht vereinheitlicht die in ihrer Ausgesetztheit an der Straße unterschiedlichen Zonen des Gästebereichs. Dem räumlichen Konvergenzbemühen der Architektur steht die erhebliche kulturelle Divergenz zwischen Lokal und Lokalkolorit gegenüber.

The converging rows of simple tables designed by the architect with chairs by Alberto Meda complete the scene, even without guests. The red flooring combines the publicly accessible areas of the restaurant, the direct, even lighting unifies the different zones of the guest area which are exposed in varying degrees to the street outside. The considerable cultural divergence between the restaurant and the local environment is contrasted with the architect's attempts to establish convergence.

Helmut Richter

	Biographie	Biography
1941	geboren in Graz Studium der Architektur an der TU Graz	born in Graz studied architecture at the TU in Graz
1968	Graduierung, Dipl.-Ing.	Graduated with title Dipl.-Ing.
1969–71	Studium der Informationstheorie, System- und Netzwerktheorie an der UCLA, Los Angeles, Forschungsassistent an der UCLA	Studied information theory, system and network theory at UCLA, Los Angeles, research assistant at UCLA
1971–75	Professor für Architektur an der École Nationale Supérieure des Beaux Arts, UP8, Paris	Professor of Architecture at the École Nationale Supérieure des Beaux Arts, UP8, Paris
1977	Ateliergründung in Wien	Founded his studio in Vienna
seit/since 1986	Lektor an der Hochschule für angewandte Kunst in Wien	Lecturer at the Hochschule für angewandte Kunst in Vienna
1986–87	Gastprofessor an der GhK Kassel	Visiting professor at the GhK Kassel, Germany
seit/since 1991	o. Univ.-Prof. an der Technischen Universität in Wien	University professor at the University of Technology (TU) Vienna

	Auszeichnungen	Awards
1998	Adolf-Loos-Preis	Adolf-Loos-Prize
1995	Europäischer Stahlbaupreis	European Steel Construction Prize
1995	Bauherrenpreis (Hauptschule der Stadt Wien)	Client Prize (Secondary School of the City of Vienna)
1992	Preis der Stadt Wien für Architektur	Architecture Prize of the City of Vienna
1991	Architekturbiennale Venedig	Architecture Biennale, Venice
1990	Bauherrenpreis (Wohnanlage Brunner Straße)	Client Prize (Brunner Strasse Housing Development)

Chronologisches Werkverzeichnis
Chronological List of Projects

Liegen – Sitzen / Lying – Sitting
Wittmann-Möbelwettbewerb 1967
1. Preis / 1st prize
Prototyp / Prototype
1966 – 67

Entwurf / Design:
Helmut Richter

Photos:
Camela Haerdtl

Mobiles Büro / Mobile Office
Wettbewerb / Competition entry
1967

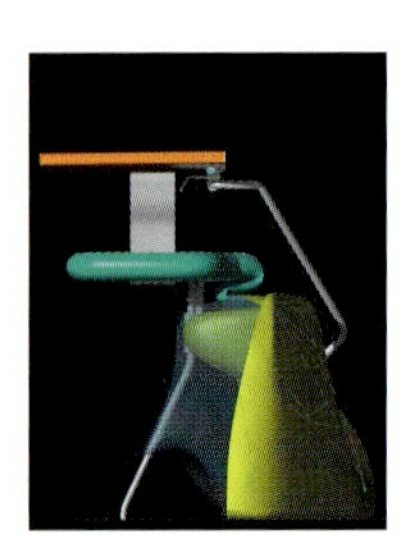

Entwurf / Design:
Helmut Richter

Renderings:
Petra Gruber

Fernsehsessel / TV Armchair
Prototyp / Prototype
1968

Entwurf / Design:
Helmut Richter

Auftraggeber / Client:
Franz Wittmann KG, Etsdorf am Kamp

Photos:
Barbara Pflaum

Zeitschriftenstand / Newspaper Stand
Staatsprüfung Technische Hochschule / State examination Technical University
Graz / 1968

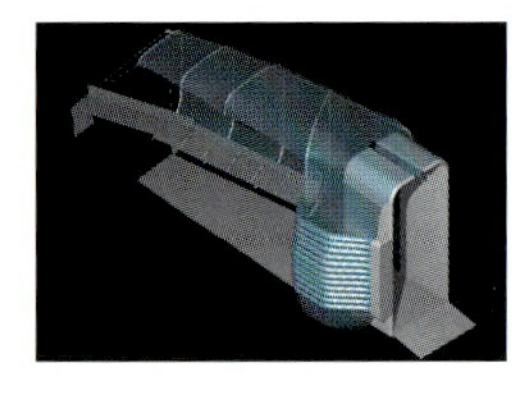

Entwurf / Design:
Helmut Richter

Renderings:
Petra Gruber

Haus Königseder / Königseder House
Baumgartenberg 55
Baumgartenberg, OÖ / Upper Austria
1977 – 80

Bauherr / Client:
Dr. Jörg Königseder

Architekten / Architects:
Helmut Richter,
Heidulf Gerngroß

Photos:
Helmut Richter

Zentrales Verwaltungsgebäude Linz / Central Administration Building, Linz
Wettbewerb Rathaus, Linz /
City Hall competition entry, Linz, 1978
(Richter – Gerngroß)

Haus Plattner / Plattner House
Heiderosengasse 15
Sollenau, NÖ / Lower Austria
1979 – 82

Bauherr / Client:
Reinhold Plattner

Architekten / Architects:
Helmut Richter,
Heidulf Gerngroß

Photos:
Helmut Richter

Berlin Friedrichstadt
Wettbewerb / Competition entry, 1982
(Richter – Gerngroß)

Wohnbau Gräf & Stift / Gräf & Stift Housing Development
Weinberggasse 70 – 74
Wien / Vienna 19
Wettbewerb / Competition entry
1981 – 88

Bauherr / Client:
Gemeinde Wien

Bauträger / Building contractor:
Gemeinde Wien

Architekten / Architects:
Helmut Richter,
Heidulf Gerngroß

Mitarbeiter / Assistants:
Richard Manahl

Photos:
Helmut Richter

Opéra de la Bastille
Internationaler Wettbewerb /
International competition entry
Paris
1982 – 83

Architekten / Architects:
Helmut Richter,
Heidulf Gerngroß

Mitarbeiter / Assistants:
Richard Manahl, Theo Lang, Karin Richter,
Bettina Götz

Statik / Structural engineer:
Wolfgang Vasko

Photo:
Franz Schachinger

Bad Sares / Sares Bathroom
Weyrgasse 2
Wien / Vienna 3
1983 – 84

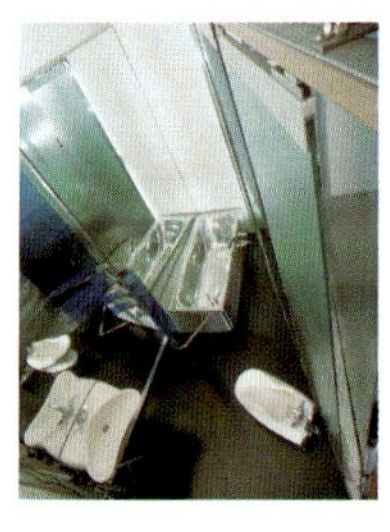

Bauherr / Client:
Stefan Sares

Entwurf / Design:
Helmut Richter

Mitarbeiter / Assistants:
Richard Manahl, Theo Lang

Photos:
Helmut Richter

Restaurant Kiang 1
Rotgasse 8
Wien / Vienna 1
1984 – 85

Bauherr / Client:
Thomas Kiang

Entwurf / Design:
Helmut Richter

Architekten / Architects:
Richter – Gerngroß

Mitarbeiter / Assistants:
Richard Manahl, Theo Lang

Statik / Structural engineer:
Vasko & Partner

Photos:
Helmut Richter

Wohnanlage Graz / Housing Development Graz
Peterstalstraße,
Graz, Steiermark / Styria
1985 – 92

Bauherr / Client:
ÖWGES – Gemeinnützige
Wohnbauges. mbH, Graz

Bauträger / Building contractor:
ÖWGES – Gemeinnützige
Wohnbauges. mbH, Graz

Architekt / Architect:
Helmut Richter

Mitarbeiter / Assistants:
Golmar Kempinger-Khatibi,
Bert Dorfner, Ute Burkhardt

Statik / Structural engineer:
Harald Egger

Photos:
Mischa Erben, Helmut Richter,
Manfred Seidl

Internationales Patentamt Den Haag / International Patent Office, Den Haag
Wettbewerb / Competition entry, 1986 – 87
(Richter)

Wohnhausanlage für Österreichisches Siedlungswerk / Housing Development for the Österreichisches Siedlungswerk
Wien, Autofabrikstraße, 1986–90
(Richter)

Wohnanlage Brunner Straße / Brunner Strasse Housing Development
Brunner Straße 26
Wien / Vienna 23
1986–90

Bauherr / Client:
Österreichisches Siedlungswerk, Wien

Bauträger / Building contractor:
Österreichisches Siedlungswerk, Wien

Architekt / Architect:
Helmut Richter

Mitarbeiter / Assistants:
Anne Hengst, Golmar Kempinger-Khatibi, Bert Dorfner, Harald Rosner

Statik / Structural engineer:
Vasko & Partner, Lothar Heinrich

Professionisten / Professionals:
Fa. Eckelt

Photos:
Mischa Erben, Nikolaus Korab, Helmut Richter, Margherita Spiluttini

Roßauer Kaserne / Rossauer Barracks
Gutachterverfahren, Wien, 1988
(Richter – Gerngroß)

Trigon Museum / Trigon Museum
Wettbewerb, Graz, 1988
(Richter)

Projekt Donau / Project Danube
Wien / Vienna
Gutachten (EXPO '95) /
Expert report (EXPO '95)
1991

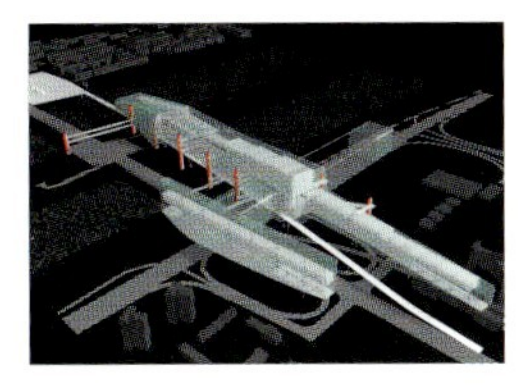

Architekt / Architect:
Helmut Richter

Mitarbeiter / Assistants:
Anne Hengst, Karin Ott, Martin Ritter

Visualisierung / Computer images:
Büro Richter

Festsaalgebäude der Veterinärmedizinischen Universität / Aula Maxima Building of the University for Veterinary Medicine
Wettbewerb, 1. Preis / Competition entry, 1st prize, 1991
(mit Valie Export; Mitarbeit / Assistant: Anne Hengst)

Bildlicht – Malerei zwischen Material und Immaterialität / Bildlicht – Painting between Material and Immateriality
Ausstellungsarchitektur
Museum des 20. Jahrhunderts / Exhibition architecture Museum of the 20th Century,
Wien / Vienna 3
1991

Autraggeber / Client:
Museum des 20. Jahrhunderts

Architekt / Architect:
Helmut Richter

Mitarbeiter / Assistants:
Ralph Brockmeier

Statik / Structural engineer:
Vasko & Partner, Fa. Klik, Lothar Heinrich

Photos:
Mischa Erben, Helmut Richter

Quartier Pulvermühle / Haselhorst / Pulvermühle District / Haselhorst
Geladener Wettbewerb / Competition entry
Berlin
1991–92

Auslober / Client:
Land Berlin, Berlin-Spandau

Architekt / Architect:
Helmut Richter

Mitarbeiter / Assistants:
Jakob Dunkl, Gerd Erhartt, Andreas Gerner, Anne Hengst

Photos:
Helmut Richter

Betriebsgebäude Kawasaki / Kawasaki Works
Gutachterverfahren, 1. Preis /
Restricted entry competition, 1st prize
Maria Enzersdorf am Gebirge
NÖ / Lower Austria
1992–

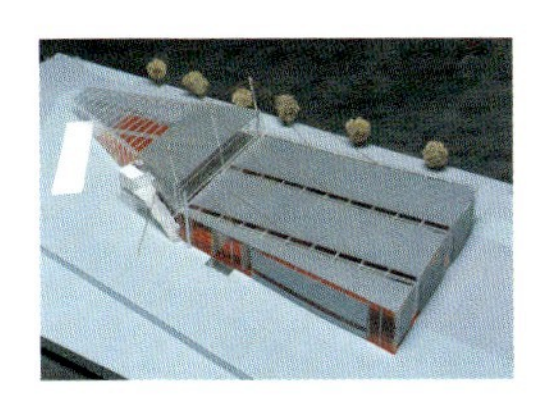

Bauherr / Client:
Firma MOTO Import- und Handelsgesellschaft m. b. H.

Architekt / Architect:
Helmut Richter

Mitarbeiter / Assistants:
Anne Hengst, Andreas Gerner

Statik / Structural engineer:
Vasko & Partner, Lothar Heinrich

Photos:
Franz Schachinger

Hauptschule der Stadt Wien / Secondary School of the City of Vienna
Kinkplatz 21,
Wien / Vienna 14
1992–94

Bauherr / Client:
Magistrat der Stadt Wien, MA 19, MA 26, MA 56

Architekt / Architect:
Helmut Richter

Mitarbeiter / Assistants:
Jakob Dunkl, Gerd Erhartt, Andreas Gerner, Heide Mehring, Halina Melnik, Saija Singer

Statik / Structural engineer:
Vasko & Partner, Lothar Heinrich

Bauphysik / Construction related physics:
Erich Panzhauser

Professionisten / Professionals:
Fa. Eckelt

Photos:
Croce + Wir, Mischa Erben, James Morris, Helmut Richter, Manfred Seidl, Rupert Steiner

Preise / Awards:
Europäischer Stahlbaupreis 1995 /
European Steel Construction Prize 1995

Neubau Hauptbetriebshof, Frankfurt / New Central Communal Facilities Yard, Frankfurt
Geladener Wettbewerb / Invited Competition
Frankfurt / Main
1993

Architekt / Architect:
Helmut Richter

Mitarbeiter / Assistants:
Jakob Dunkl, Gerd Erhartt, Andreas Gerner, Anne Hengst

Visualisierung / Computer images:
Harri Cherkoori / Christian Dögl

Vertreibung der Vernunft / The Cultural Exodus from Austria
Ausstellung der Biennale von Venedig / Exhibition at the Venice Biennale
Fondaco Marcello,
San Marco 3415, Venedig / Venice
1993

Auftraggeber / Client:
Peter Weibel, Biennale Kommissär i. A. d. BMUK

Architekt / Architect:
Helmut Richter

Photos:
Gerhard Koller

Museo del Prado
Wettbewerb / Competition entry
Madrid
1995–96

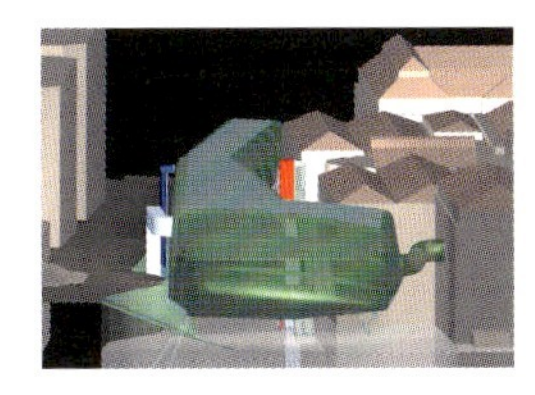

Auslober / Client:
Der Spanische Kulturminister / The Minister of Culture of the Spanish Government

Architekt / Architect:
Helmut Richter

Mitarbeiter / Assistants:
Oliver Eichhorn, Andreas Gerner, Petra Gruber, Anne Wagner

Statik / Structural engineer:
Vasko & Partner, Lothar Heinrich

Visualisierung / Computer images:
Büro Richter (Petra Gruber)

Restaurant Kiang 2
Landstraßer Hauptstraße 50
Wien / Vienna 3
1996 – 97

Bauherr / Client:
Thomas Kiang

Architekt / Architect:
Helmut Richter

Mitarbeiter / Assistants:
Andreas Gerner, Rames Najjar,
Ahmet Hulusi Alatas

Statik / Structural engineer:
Vasko & Partner

Professionisten / Professionals:
Fa. Eckelt, Fa. Bogner (Edelstahl)

Photos:
Rupert Steiner

Preise / Awards:
Adolf-Loos-Preis 1998

Wohnbau Grundäcker / Grundäcker Housing Development
Wien / Vienna 10
1996 – 99

Bauherr / Client:
ÖSW

Bauträger / Building contractor:
ÖSW

Architekt / Architect:
Helmut Richter

Mitarbeiter / Assistants:
Oliver Eichhorn, Ahmet Hulusi Alatas,
Rames Najjar, Martin Ritter, Alfred Ritter,
Petra Gruber

Statik / Structural engineer:
Vasko & Partner, Lothar Heinrich,
Fa. Mischek

Visualisierung / Computer images:
Büro Richter

Photos:
Monika Nikolic, Helmut Richter

Preise / Awards:
Bauträgerwettbewerb, 1. Preis / 1st prize

Einfamilienhaus Hummel-Jüliger / Hummel-Jüliger House
Mannersdorf, Projekt / Project, 1997 –
(Richter)

Siedlung Buchholz-Ost / Buchholz-Ost Housing Development
Demonstrativwohnbau bei der Bauausstellung Berlin 1999 / Modelhousing project at the Berlin Building Exhibition, 1999
1997 –

Bauherr / Client:
Dr. Upmeier Verwaltungsges. mbH.

Bauträger / Building contractor:
Dr. Upmeier Verwaltungsges. mbH.

Architekt / Architect:
Helmut Richter

Mitarbeiter / Assistants:
Ahmet Hulusi Alatas

Statik / Structural engineer:
Peter Bauer

Bauphysik / Constructionrelated physics:
Erich Panzhauser

Photos:
Franz Schachinger

Visualisierung / Computer images:
Büro Richter

Bundesschulzentrum Schärding / Schärding Federal School Centre
Wettbewerb / Competition entry
Schärding, OÖ / Upper Austria
1996 – 97

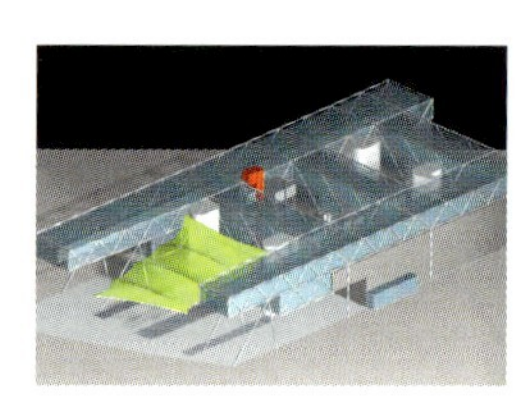

Auslober / Client:
Bundesministerium für wirtschaftliche Angelegenheiten

Architekt / Architect:
Helmut Richter

Mitarbeiter / Assistants:
Ahmet Hulusi Alatas, Oliver Eichhorn,
Rames Najjar, Petra Gruber

Statik / Structural engineer:
Vasko & Partner, Lothar Heinrich

Visualisierung / Computer images:
Büro Richter (Petra Gruber)

Bank-Café
Geladenes Gutachterverfahren, 1. Preis /
Restricted competition entry, 1st prize
Stephansplatz
Wien / Vienna 1
1997 – 98

Bauherr / Client:
Meinl Bank AG, Wien

Architekt / Architect:
Helmut Richter

Mitarbeiter / Assistants:
Ahmet Hulusi Alatas, Sigrid Schönenberger,
Oliver Eichhorn, Martin Ritter, Alfred Ritter

Konstruktion und Statik / Structural engineer:
Peter Bauer

Visualisierung / Computer images:
Büro Richter, Petra Gruber

Sport- und Freizeitpark Tivoli / Tivoli Sport and Leisure Park
Wettbewerb / Competition entry
Innsbruck, Tirol / Tyrol
1997 – 98

Auslober / Client:
Innsbrucker Sportanlagen Errichtungs- und Verwertungsg. m. b. H. (ISpa GmbH)

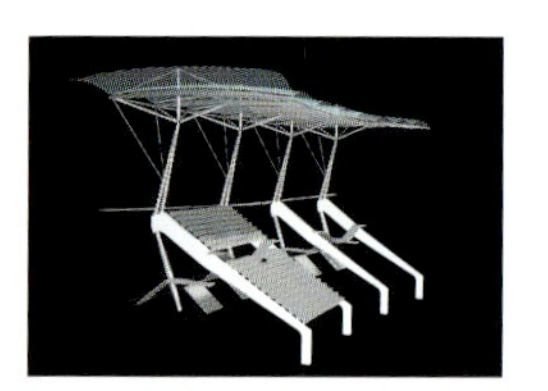

Architekt / Architect:
Helmut Richter

Mitarbeiter / Assistants:
Ahmet Hulusi Alatas, Oliver Eichhorn,
Martin Ritter, Alfred Ritter

Konstruktion und Statik / Structural engineer:
Vasko & Partner, Lothar Heinrich

Visualisierung / Computer images:
Büro Richter

Bibliographie (Auswahl)
Bibliography (Selection)

1967

Franz Wittmann KG (Hrsg.): Wittmann-Möbelwettbewerb 1967, Katalog zur Ausstellung im Museum für angewandte Kunst in Wien, Etsdorf am Kamp, 1967.

1969

Hollein, Hans/Hafner, Bernhard (Red.): Neue Konzepte aus Graz, in: Bau (Wien), 1969, H. 4/5, p. 25 ff.

1970

Domus, April 1970, H. 485, pp. 44–52: Il pianeta Vienna. Haus-Rucker Co./Pichler, Walter/Frank, Heinz/Baucooperative Himmelblau/Richter, Helmut/Peintner, Max.

1974

Richter, Helmut: Entwurf eines Modells für eine objektive Planung. Elemente einer Agglomerationstheorie, in: Baukultur, 1974, pp. 18–20.

1978

Architektur Aktuell, Dezember 1978.
Wettbewerbe, September 1978, p. 58: Verwaltungsgebäude Linz.

1979

Architektur Aktuell, 1979, H. 70, pp. 15–17: Organäismus. Unsere Verantwortlichkeit.

1980

Künstlerschaufenster, Graz, 1980, pp. 50–51: Tonmonument.

1981

Dezzi-Bardeschi, Marco: Manierismo organico/Organic Mannerism, in: Domus, 1981, H. 622, pp. 12–13.
Dimitriou, Sokratis: Graz ist anders, in: Architektur aktuell, 1981, H. 83, pp. 19–21.
Giencke, Volker: Architektur aus Graz, in: Architektur aktuell, 1981, H. 83, p. 68.
Architektur aktuell, 1981, H. 82, pp. 13–24: Organäismus. Unsere Verantwortlichkeit II (Untertitel: Das Elend der »Postmoderne«).
Architektur aus Graz, Katalog zur Ausstellung, Künstlerhaus Graz, 1981, pp. 86–89.
Domus, 1981, H. 622, pp. 28–37: Casa Dr. Königseder. Casa Plattner.

1982

Biennale de Paris/section architecture 1982 (Hrsg.): La modernité ou l'esprit du temps, Paris, 1982, pp. 94–99.
Emery, Marc: Six Architectures, in: L'Architecture d'Aujourd'hui, 1982, H. 222, pp. 36–47.
Richter, Helmut: Bemerkungen zum Wohnbau, in: Wettbewerbe, 1982, H. 23, p. 20.
Archithese, 3/1982, pp. 34–35: Haus Plattner, Haus Dr. Königseder.
Wettbewerbe, Februar 1982, pp. 42–43.

1983

archithese, 4/1983, pp. 7–9.
das Kunstwerk, 36, 1983, H. 3–4, p. 50.
The Face, November 1983, p. 42: Europe a catalogue of Creativity – 70 new ideas from Europe.
tip, magazin, 23/1983, p. 84: Wiederleben in Europa – Neue Ideen für die 80er Jahre.
Wettbewerbe, November 1983, pp. 30–32.

1984

Lootsma, Bart: architectuur als houding/architecture as an attitude, in: Forum, 29, 1984, pp. 172–175.
Forum Stadtpark (Hrsg.): Architektur – Investitionen. Grazer Schule. 13 Standpunkte, Graz, 1984, pp. 32–33, 98–103, 156–159.
Österreichische Gesellschaft für Architektur (Hrsg.): Bad S. Sares. Wien 3, in: UmBau (Wien), 1984, H. 8, pp. 76–83.
Szambien, Werner: Opéra de la Bastille, Paris – ein Sieg der Quantität über die Qualität, in: Bauwelt, 1984, H. 8, p. 278 ff.

1985

Eichinger oder Knechtl: Die wiederentdeckte Metropole oder: Dining For Mental Health, in: Falter, 1985, H. 4, p. 14.
archithese, 1/1985, p. 55: Bad Sares.
Bauwelt, 15. Februar 1985, p. 231.
der aufbau, 1985, H. 7/8, pp. 476–477.
Quaderns, Oktober/November 1985, pp. 134–141.
Wettbewerbe, November/Dezember 1985, p. 109.

1986

Achleitner, Friedrich: Nieder mit Fischer von Erlach, Salzburg, 1986.
Gerrit-Rietveld-Academie (Hrsg.): Quelle der Inspiration. Architekten sprechen über Einflüsse auf ihr Schaffen, Amsterdam, 1986, pp. 1–4, 7–14.
Steiner, Dietmar: Die Hollywood-Wiener, in: Visa-Magazin (Wien), Mai 1986, pp. 40–45.
ZV der Architekten Österreichs, Landesverband Steiermark (Hrsg.): Wohnbauvorhaben St. Peter, in: Wohnbau in der Steiermark 1980–86, Bauten und Projekte, Graz, 1986, pp. 148–149.
L'Architecture d'Aujourd'hui, 1986, H. 243, p. 98.
The Architectural Review, 1986, H. 8, pp. 34–39.
Umriss, 1986, H. 2/3, p. 6: Standpunkte – Museen und Opernhäuser würden wir gerne bauen.

1987

Bru, Eduard/Mateo, Josep Lluis: Baño S. Sares, Viena. Vivienda unifamiliar »Konigseder«, Baumgartenberg, in: Arquitectura europea contemporánea, Barcelona, 1987, pp. 96–97.

1988

Feuerstein, Günther: Visionäre Architektur. Wien 1958–1988, Wien 1988.
Küng, Moritz: Kiang. Wenen en terug, in: Forum, September 1988, pp. 24–29.
Queysanne, Bruno: Die Macht der Träume, in: Archithese, 4/1988, pp. 55–60.
Radkte, Gabriele: Architektur ist Sache des Charakters, in: Bauwelt, 1988, H. 37, pp. 1620–22.
Schöllhammer, Georg: Phrasieren und Frisieren, in: Die Presse, 23./24. April 1988, p. 5.
Steiner, Dietmar: H. Richter. Brunnerstraße, in: ders.: Werkstatt Metropole Wien, Band 2, Die Kultur des Wohnens, Wien, 1988, pp. 104–105.
Architektur aktuell, Dezember 1988, pp. 25–28.
Architectural Review, Dezember 1988, pp. 51–53.
Freizone Dorotheergasse, Galerie Metropol, Dorotheergasse 12, 1010 Wien, 1988, pp. 68–69.
Umriss, 1988, H. 1/2, pp. 54–56.

1989

Richter, Helmut: Erläuterung zur Oper Paris, in: Kapfinger, Otto/Kneissl, Franz E.: Dichte Packung. Architektur aus Wien, Salzburg/Wien, 1989, pp. 96–97. Zu anderen Projekten: pp. 34–35, pp. 78–79, p. 139, pp. 172–73.
Werk, Bauen, Wohnen, 5/1989, p. 56f.
Wettbewerbe, Januar/Februar 1989, p. 37.

1990

Achleitner, Friedrich: Wien 1. Rotgasse 8. Restaurant Kiang, in: ders.: Österreichische Architektur im 20. Jahrhundert. Ein Führer in vier Bänden. Band III/1, Residenz-Verlag, Salzburg/Wien 1990, p. 78.
Leising, Denise: ZV-Bauherrenpreis 1990, in: Architektur aktuell, Oktober 1990, pp. 48–49.
Käfer, Andreas: Projekt Donau – Zur stadtstrukturellen Einbindung der EXPO '95, in: Architektur Aktuell, Juni 1990, H. 137, p. 36.
Tabor, Jan: Wohnen hinter Glas, Arbeiterzeitung, 17. November 1990, p. 40.
Walden, Gert: Auseinandersetzung mit der Zukunft, in: Der Standard, 22. 11. 1990.
Zschokke, Walter: Weder bekleidet noch nackt. Helmut Richters Wohnbau an der Brunnerstraße, in: Die Presse, 27./28. Oktober 1990, p. 11.
Zillner, Christian: Helmut Richter – Ein Architekt trotz Österreich, in: Falter, Nr. 7/1990, pp. 10–11.
Kurier, 26. 3. 1990, p. 13.
Wettbewerbe, November/Dezember 1990, pp. 10–11.

1991

Chramosta, Walter M.: Fragmentierung von Weltbild und Bildwelt, in: Perspektiven, 1991, H. 3, p. 5.
Chramosta, Walter M.: Die Struktur als Gestaltbildner – Ein Wohnbau manifestiert Konsequenz, in: Stadtplanung Wien (Hrsg.): Wien, Architektur. Der Stand der Dinge, Wien 1991, pp. 22–23.
EXPO-Werkstatt – Gmeiner, Astrid/Pirhofer, Gottfried: Donau(t)raum, Materialien zur EXPO '95, Band 2, Wien 1991, p. 97 ff.
Hollein, Hans (Hrsg.): 13 Austrian Positions. Biennale di Venezia 1991, Klagenfurt, 1991, pp. 56–61.
Kapfinger, Otto: Raumgerüst mit Transparenz bekleidet, in: Zement & Beton, Wien 1991, pp. 26–30.
Christian Knechtl im Gespräch mit Helmut Richter: Museum des 20. Jahrhunderts: Ausstellung Bildlicht – Malerei zwischen Material und Immaterialität. farbe ist befreit. form besiegt, in: Wettbewerbe, Juni/Juli 1991, pp. 96–101.
Knechtl, Christian: Helmut Richter. Edificio residenziale nella Brunner Strasse. Vienna, in: Domus, Juli/August 1991, pp. 40–45.
Knechtl, Christian: Wohnbau Brunner Straße, Wien, in: Werk, Bauen und Wohnen, Nr. 11/1991, pp. 54–58.
Kulcsar-Mecsery, Volker: Integrierte Lösung – Wettbewerb Kunst und Design für die Universität für Veterinärmedizin, in: Architektur aktuell, 1991, H. 145, pp. 75–76.
Museum moderner Kunst (Hrsg.): Bildlicht – Malerei zwischen Material und Immaterialität, Katalog zur Ausstellung im Museum des 20. Jahrhunderts, Wien 1991.
Lootsma, Bart: Helmut Richter: badekamer in Wenen, in: De Architect, März 1991, pp. 52–53.
Richter, Helmut: Zur Situation des Wohnbaus am Beispiel Wien 23, Brunner Straße, in: Architektur aktuell, Februar 1991, pp. 38–41.
Waechter-Böhm, Liesbeth: Wiener Wohnbau. Der Genossenschaftswohnbau von H. Richter, in: Parnass, Jänner 1991, pp. 82–83.
Zschokke, Walter: Beinah schwerelos. Wohnanlage Brunnerstraße, Wien, 23. Bezirk, in: Bauwelt, 1991, H. 11, pp. 494–497.
AZ, 4. Mai 1991.
Biennale di Venezia – Quinta Mostra Internazionale di Architettura, Milano, 1991, p. 65.
Falter, Nr. 18/1991, pp. 30–32.
Perspektiven, Nr. 5/1991, p. 42.
Der Standard, 5. 12. 1991.
Der Standard, 31. 10./1. 11. 1991.
Wettbewerbe, 1991, H. 103/04.

1992

Achleitner, Friedrich: Laudatio auf Helmut Richter, gehalten anlässlich der Verleihung des Preises für Architektur der Stadt Wien, unveröffentlichtes Manuskript, 1992.
Richter, Helmut: 500 lfm Hängefläche. Raumgestaltung für die Wiener Ausstellung »Bildlicht«, in: Umriss, 1992, H. 1/2, pp. 64–65.
Architektur. Wien zum Beispiel, Katalog Galerie Aedes und Architekturforum, April/Mai 1992, pp. 56–61.
Falter, 35/1992, pp. 24–28.
Wettbewerbe, Nr. 11/112, 1992, p. 136.

1993

Achleitner, Friedrich: Gibt es eine »Grazer Schule«?, in: Mitteilungen der 7. Österreichischen Kunsthistorikertagung, 1993, p. 99.
Houzelle, Beatrice: Démonstration – Logements sociaux à Vienne, in: Techniques & Architecture, Oktober/November 1993, pp. 54–57.
Müller, Dirk (Hrsg.): Projekt Wasserstadt Berlin Overhavel. Quartier Pulvermühle Spandau Haselhorst. Städtebaulicher Realisierungswettbewerb, Dokumentation der Senatsverwaltung für Bau- und Wohnungswesen, Berlin 1993.
Weibel, Peter/Stadler, Friedrich: Vertreibung der Vernunft. The Cultural Exodus from Austria. Katalog zur gleichnamigen Ausstellung in Venedig, Wien 1993.
Ziviltechniker-Forum/Zentralvereinigung der Architekten Österreichs, Landesverband Steiermark (Hrsg.): Wohnbau in der Steiermark 1986–92. Bauten und Projekte, Graz 1993, pp. 132–33.
Zschokke, Walter: Derrière une paroi de verre – Immeuble d'habitation à la Brunnerstrasse, Vienne-Liesing, in: Faces, 1993, H. 28, pp. 21–25.
Wettbewerbe, 1993, H. 125/126, pp. 62–65: Schule der Stadt Wien. Waidhausenstraße, Wien 14. Helmut Richter.

1994

Eichinger oder Knechtl: raum hat gewalt und bestimmt verhaltensweisen, in: Wettbewerbe, 1994, Nr. 137/38, pp. 20–31.
Fercher, Doris: Utopien sind notwendig. Ein hoffnungsvolles Plädoyer wider den Zeitgeist. Umriss sprach mit Helmut Richter, in: Umriss, 1994, H. 26, pp. 51–52.
Noever, Peter: Ein Stein für die Kunst – Das MAK-Terrassenplateau in Wien, Verlag Gerd Hatje, Stuttgart, 1994.
Tillner, Silja: Helmut Richter – Brunnerstrasse, in: Vienna Housing. Trends and Prototypes, Katalog zur Wanderausstellung des Österreichischen Kulturinstituts, New York, 1994, pp. 28–29.
Waechter-Böhm, Liesbeth: Der Petersdom war auch ein Aufwand, in: Die Presse, 12. November 1994, p. 11.
Waechter-Böhm, Liesbeth: Ohne einen Glaspalast ist das Leben eine Last. Schulbau mit Dreifachturnsaal in Wien, in: Architektur aktuell, November/Dezember 1994, pp. 40–47.
Wanderausstellung des Österreichischen Kulturinstituts, New York, 1994, pp. 28–29.

1995

Achleitner, Friedrich: Wien 14. Waidhausenstraße/Kinkplatz. Doppelhauptschule, in: ders.: Österreichische Architektur im 20. Jahrhundert. Ein Führer in vier Bänden, Band III/2, Residenz-Verlag, Salzburg/Wien, 1995, pp. 85–86.
Becker, Annette/Steiner, Dietmar/Wang, Wilfried (Hrsg.): Österreich. Architektur im 20. Jahrhundert, Katalog zur gleichnamigen Ausstellung im DAM, München/New York, 1995, pp. 248–49.
Bode, Peter M.: Hier leben die Schüler im Glashaus, in: Art, November 1995, pp. 50–55.
Bucher, Viktor: Interview, Architektur- & Bauforum, 1995, H. 170, p. 64.
Chramosta, Walter M.: Unklassische Kathedralkunst, in: Architektur- & Bauforum, 1995, H. 173, pp. 92–105.
Knopf, Bella: School Glaze, in: The Architectural Review, September 1995, pp. 72–73.
Kraft, Benedikt: Eine Schule in Wien, in: DBZ, Mai 1995, pp. 79–88.
Krewinkel, Heinz W.: Doppelhauptschule Waidhausenstraße in Wien, in: Glas, Architektur und Technik, Nr. 2/1995, pp. 40–46.
Kühn, Christian: Knoten im Wald, in: Die Presse, 20. 5. 1995, Spectrum p. 9.
Magistratsabteilung 19 der Stadt Wien (Hrsg.), Konzeption: Chramosta, Walter M.: Helmut Richter, Ganztagshauptschule Kinkplatz, Wien 14, Stadtplanung Wien, Reihe Projekte und Konzepte, H. 3, Wien, 1995.
Valazza, Brigitte: Murnockerl statt Fliesen, in: Trend Spezial. Der beste Weg zum Haus, Nr. 1/1995, pp. 79–82.
Waechter-Böhm, Liesbeth: Mit Rotstift und Wortbröseln, in: Die Presse, 16. Dezember 1995, p. 9.
Wettbewerbe, 1995, H. 147/48, pp. 25–39: Bauträgerwettbewerb Areal der Grundäcker, Wien 10.
Beton, H. 1/1995, pp. 44–45.
Glasforum, 4/1995, pp. 41–46: Doppelhauptschule der Stadt Wien.

1996

Bott, Helmut/von Haas, Volker: Brunner Straße, in: Verdichteter Wohnungsbau, Verlag W. Kohlhammer, Stuttgart 1996, pp. 106–107.
Dungl, Leopold: Wohnen plus, in: Zeitschrift der gemeinnützigen Bauvereinigung, 1/1996, H. 1, p. 7.
Dungl, Leopold: Man muß diese intellektuelle Behäbigkeit überwinden, in: Architektur aktuell, 1996, H. 142, pp. 56–57.
Graf, Ursula: Helmut Richter – Architektur aus dem Erleben der sechziger Jahre in Graz, Diplomarbeit, Institut für Kunstgeschichte, Universität Wien, 1996.
Herzog, Thomas: Solar Energy in Architecture and Urban Planning, Prestel München/New York, 1996, pp. 80–81: Triple Sports Hall for the School in Kinkplatz, Vienna.

Hoppe, Diether S.: Schulbau in Österreich – Eine qualitative Bestandsaufnahme, Studie im Auftrag des BMUK, Österreichische Staatsdruckerei, 1996, pp. 166–169.

Hubeli, Ernst / Luchsinger, Christoph: Helmut Richter – Ganztageshauptschule Kinkplatz, in: Werk, Bauen + Wohnen, Mai 1996, pp. 9–15.

Michler, Alexandra und Pech, Michael, »Es ist notwendig, beweglich zu sein«. Gespräch mit Helmut Richter, in: Fundament, Neues Wohnen, hg. vom Verein zur Förderung des sozialen Wohnbaues in Österreich, 3/1996, pp. 24–26.

Pelkonen, Eeva-Liisa: Achtung Architektur! Bild und Phantasma in der zeitgenössischen österreichischen Architektur, Klagenfurt, 1996.

Rodermond, Janny: Het exceptionele is volstrekt logisch, Hauptschule Kinkplatz van Helmut Richter, in: De Architect, April 1996, pp. 21–25.

Steiner, Dietmar: Scuola in Waidhausenstrasse, in: Domus, September 1996, pp. 44–51.

1997

Chramosta, Walter M. (Hrsg.): Das neue Schulhaus in Wien. 1990–1996. Katalog zur Ausstellung der Kammer der Architekten und Ingenieurkonsulenten, Künstlerhaus, Wien, 1997, pp. 122–135.

Helsing-Almaas, Ingerid: Kinkplatz School, in: ders.: Vienna. Objects and Rituals, Köln, 1997, pp. 50–65.

Richter, Helmut: Wenig zu Archigram, in: Louis, Eleonora / Stooss, Toni: Archigram. Symposium zur Ausstellung, Schriftenreihe der Kunsthalle Wien, Klagenfurt, 1997, pp. 88–98.

Slessor, Catherine: Schulgebäude. Helmut Richter. Wien, in: ders.: Eco-Tech. Umweltverträgliche Architektur und Hochtechnologie, Ostfildern-Ruit 1997, pp. 58–61.

Waechter-Böhm, Liesbeth: H. Richter – Glasklar, innen und außen, in: Architektur aktuell, März 1997, pp. 50–61.

Walden, Gert: China-Restaurant Kiang in Wien, in: Baumeister, April 1997, p. 8.

Walden, Gert: Neues Raumbild der Kulturen. Die Architektur für ein China-Restaurant löst sich von Klischees, in: Der Standard, 15. Jänner 1997, p. 15.

Wettbewerbe, März / April 1997, pp. 60–61: Domico-Baupreis 96/97.

Wettbewerbe, 1997, H. 178–80, p. 164: Bundesschulzentrum Schärding, OÖ.

Wettbewerbe, Juli / August 1997, p. 105: Adolf-Loos-Architekturpreis 1997 – Schulbauten in Wien.

AW Architektur + Wettbewerb, Dezember 1997, pp. 40–43: Ganztageshauptschule Kinkplatz in Wien.

Das Bauzentrum, September 1997, pp. 87–89: Domico Baupreis 96/97.

1998

Krewinkel, Heinz W.: Hauptschule Kinkplatz, in: ders.: Glasarchitektur. Material, Konstruktion und Detail / Glass Buildings. Material, Structure and Detail, Birkhäuser – Verlag für Architektur, Basel / Berlin / Boston, 1998, pp. 28–33.

Wettbewerbe, August / September 1998, pp. 52–53: Adolf-Loos-Architekturpreis 1998.

Wettbewerbe, Okt. / Nov. / Dez. 1998, pp. 98–101: Adolf-Loos-Architekturpreis 1998.

1999

Senatsverwaltung für Bauen, Wohnen und Verkehr und ARGE Bauausstellung (Hrsg.), Bauausstellung Berlin 1999, 1. Werkbericht, Berlin 1999, pp. 88–91.

Waechter-Böhm, Liesbeth: Ein Wohnbau, der dahinpfeift, in: Die Presse, 4. 9. 1999.

Wettbewerbe, 1999, H. 178–80, pp. 218–229: LKW-Mautstellen Österreich.

Ursula Graf

Wir danken folgenden Firmen für ihre Unterstützung:

We wish to thank the following firms for their support: